전환

전환

대한민국 재설계 프로젝트 53

미래전환 지음

학고재

추천사

우리는 담대한 미래도전에 나서야 합니다. 디지털과 에너지를 비롯해 모빌리티, 해양, 우주, 주거, 음식 등 우리 삶의 거의 모든 영역에서 새로운 기회가 오고 있습니다. 바꾸면 더 잘살 수 있고, 함께하면 더 행복할 수 있습니다.
설레는 마음으로 미래를 향해 나아갑시다. 그러기 위해 이 책에서 펼치는 다양한 생각과 아이디어들이 토론을 통해 더욱 풍성해지고 현실적 대안으로 발전하기를 응원합니다. 또한 '미래전환'의 생각과 만남을 통해 새로운 나라를 이끄는 연대와 공론이 이뤄지기를 기대합니다.

- 더불어민주당 전 대표 이재명

혼돈의 시대입니다. 세계화 깃발은 내려갑니다. AI는 인류를 위협합니다. 도깨비 리더와 파시즘도 출몰합니다. 온통 크고 작은 지옥만 보일 수 있습니다.
뭔가, 전환이 필요합니다. 그것도 그랜드 전환, 미래 전환이어야 합니다. 앙드레 말로가 그랬던가, 오랫동안 꿈을 그리는 사람은 마침내 그 꿈을 닮아간다고.

- 미래학회 회장 이규연 (세명대 저널리즘대학원 교수)

탄핵 이후, 다시는 이전으로 돌아가지 않겠다는 다짐을 떠올립니다. 굳건한 마음만큼 중요한 것은 새로운 세상에 대한 현실적인 준비입니다.
거대한 전환의 물결 속에서 살아남으려면 시대의 방향을 읽을 줄 알아야 합니다. 이 책은 디지털, 에너지, 바이오 등 우리 사회를 뒤흔들 변화를 날카롭게 분석하고, 기회로 만드는 법을 제시합니다. 무기력한 미래가 아닌 진취적인 내일을 펼쳐봅시다.

- (사)한국사회주택협회 이사장 이한솔

과학과 기술을 통한 미래 성장 동력의 확보가 그 어느 때보다 중요한 시점입니다. 특히 디지털 전환과 에너지 전환은 단순히 산업 성장의 수단을 넘어, 더 나은 지속 가능한 사회를 실현하기 위한 핵심 자산입니다. 이제는 과학기술을 통해 사회적 가치와 환경, 삶의 질을 함께 향상시키는 새로운 시대적 전환이 절실한 때입니다.
이 책이 우리나라 과학기술의 발전이 산업을 넘어 지속 가능한 미래로 나아가는 데 기여하고, 진정한 선진국으로 도약하는 데 든든한 길잡이가 되기를 기대합니다.

- (주)테스트웍스 대표 윤석원

대전환의 시기를 맞이하여, 과학기술 감수성을 갖춘 민주적 리더십이 더욱 필요해졌습니다. 특히 AI와 디지털 전환, 기후위기 대응과 에너지 전환은 피할 수 없는 시대적 과제입니다. 이 책은 두 가지 전환을 중심으로 다양한 산업 분야의 발전 방향을 제시하며, 제도와 정책을 포함한 거버넌스 혁신까지 다룹니다.

특히 '임무 지향 정부'는 실리콘밸리에서 주목받고 있는 경영방식인 '창업가 모드'와 유사합니다. '관리자'가 아닌 '창업가'로서의 정부를 기대하는 분들에게 특히 추천합니다.

- (주)식스티헤르츠(60Hertz) 대표 김종규

AGI(일반 인공지능)에 근접한 AI 기술의 출현과 인간의 지적·육체적 노동을 대체할 수 있는 휴머노이드의 등장, 우주 자원 채굴 역량은 과연 지속 가능하고 포용적인 풍요로운 사회를 실현할 수 있을까? 이 책은 급변하는 세계정세와 혁명적인 디지털 전환 시대에서 대한민국의 미래를 이끌어갈 핵심 연구와 산업 분야 및 이를 지원하기 위한 정책적·제도적 혁신에 관한 중요한 통찰을 제공합니다.

차기 임무지향 정부와 함께 국내 산·학·연 체계가 국가의 미래 비전을 확립하고 우주경제와 AI 혁신 시대를 주도하는 글로벌 선두그룹의 일원으로 대한민국을 자리매김하기를 기대합니다.

- (주)케이티샛(KT SAT) CTO 최경일

"지구의 지속 가능한 성장을 위해 육해공 운송수단의 친환경 전동화는 필수적입니다. 특히 해상 운송수단의 친환경화는 전 세계적으로 시급한 과제입니다."

이 책은 해상 운송수단의 친환경화를 기반으로 해양레저 및 조선 산업의 발전 방향을 펼쳐 보입니다. 디지털 전환(DX)을 넘어 인공지능 전환(AIX) 시대를 맞이하여 대한민국 해양산업의 미래를 이끌 핵심 연구 및 산업 분야에 대한 정책적·제도적 혁신 방안을 구체적으로 제시하고 있습니다. 수천 년의 지식과 정보가 수 시간만에 정리되어 분석되는 시대에서 빠른 판단과 행동으로 산·학·연 협력을 통한 국가 혁신을 주도하고 국가경쟁력을 강화하여 세계 기술 및 경제 패권의 국가에 우뚝 서기를 기대합니다.

- (주)일렉트린(ELECTRIN) 대표 원준희

추천사 4

1 총론

새로운 시작 | 임문영 14
대체 불가한 산업국가로 | 윤의준 20
기본사회, 기본소득, 기본서비스 | 김선우 26

2 디지털 전환

기술과 사회의 공진화 | 오성탁 34
고유의 인공지능으로 | 조중혁, 한대희 40
AI 인재 육성 | 황보현우 46
클라우드 네이티브 | 이규엽 52
정보통신기술 플랫폼 혁신 | 강충구 58
AI 산업생태계의 심장, 데이터센터 | 송명호 64
AI 휴머노이드 로봇 생태계 구축 | 조영훈 70
AI 산업 경쟁력 강화 정책 | 신정규, 황은진 76

3   에너지 전환

기후 위기의 해법, 태양광 시대 ǀ 박승용	84
지속 가능한 에너지 전환, 풍력발전 ǀ 위진	90
미래 전력망의 핵심, 전력 저장 장치 ǀ 오영현	96
탄소중립을 위한 그리드 비전 ǀ 박승용	102
온실가스 감축을 위한 열에너지 종합계획 ǀ 손정락	108

4   미래 모빌리티

모빌리티 패러다임 전환, 융합과 공유 ǀ 이재관	116
탄소중립을 실현하는 친환경 자동차 ǀ 신외경	122
소프트웨어로 달리는 자동차 ǀ 박지훈	128
서비스형 모빌리티를 적용한 관용차 ǀ 위정호	134

5   바이오헬스

지속 가능한 고령화 사회 ǀ 이승재	142
정밀 의료를 위한 고품질 코호트 구축 ǀ 김종일	148
중독 기전에 기반한 공중보건 정책 ǀ 김정훈	154
의료 인공지능의 도입과 확산 ǀ 고태훈	160

6 농식품 경제

푸드테크 혁명 ǀ 이기원	168
농정 철학의 전환 ǀ 정혁훈	174
농업 경쟁력 강화 정책 ǀ 이주량	180
지속 가능한 식량자원, 블루푸드 ǀ 오운열	186
농식품산업 규제 개혁 ǀ 권오상	192

7 우주 경제

우주항공 전략에 기반한 컨트롤타워, 우주 거버넌스 ǀ 이준	200
미래사회로의 게이트웨이, 우주 기간망 ǀ 이준	206
신 골드러시, 우주 자원 ǀ 정서영	212
메이드 인 스페이스, 우주 공장 ǀ 최기혁	218
인류 활동 영역의 확장, 유인 우주 ǀ 최기혁	224

8 해양 경제

휴식과 힐링, 해양레저산업 ǀ 김충환, 정우철	232
스마트 조선, 친환경 조선 ǀ 이장현, 류민철	238
탄소중립 해양에너지 ǀ 이진학	244
지속 가능한 해양자원 개발 ǀ 김종욱	250

9 도시 주거 혁신

도시 공간의 미래전환 ǀ 김현수	258
콤팩트-네트워크 도시 ǀ 김동근	264
제로에너지, 저탄소주택, 그린리모델링 ǀ 고배원	270
건설 방식의 전환, 제조화 건설^{OSC} ǀ 안용한, 박철홍	276
지역 중심 시니어 돌봄 ǀ 홍선	282
공간복지 ǀ 김세용	288

10 R&D혁신

미래전환을 대비하는 빅사이언스 ǀ 이주한	296
혁신 인재 양성을 위한 일반대학연구진흥금^{GUF} ǀ 이재호	302
과학연구 지원체계의 대전환 ǀ 박인규	308
미래 성장을 위한 국가전략기술 ǀ 한선화	314
과학 외교의 초점은 인재 확보 ǀ 구본경	320
R&D 거버넌스 전환 ǀ 홍성주	326

11 추진 전략

임무 지향 정부, 융합형 거버넌스 ǀ 홍석빈	334
전환 성장과 임무 지향 산업정책 ǀ 유승경	340
미래전환펀드 ǀ 김정기	346

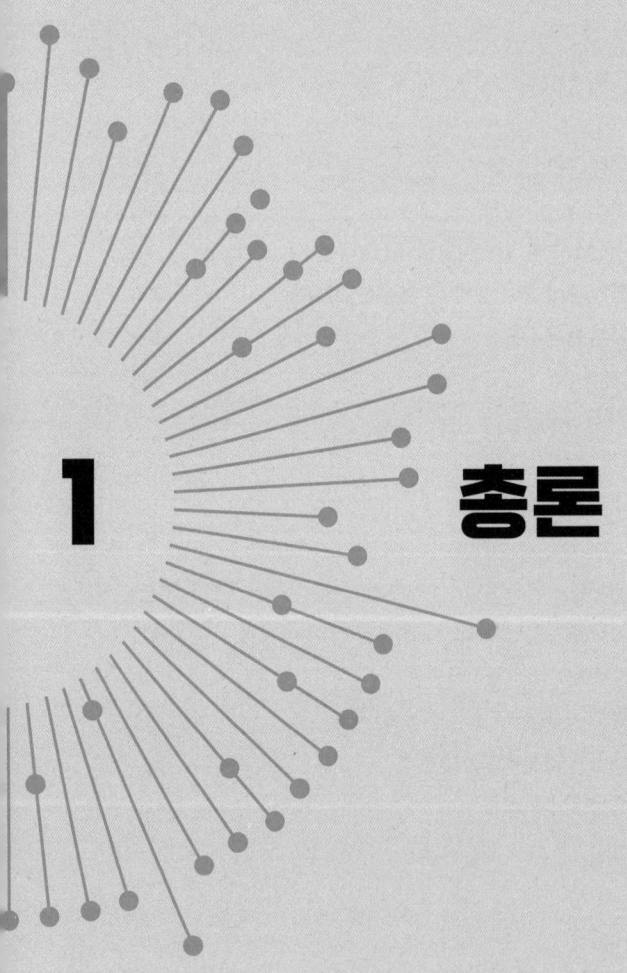

1 총론

더 똑똑한 기계와 살아야 하는 디지털 전환, 지구와 생명체의 공멸공존이 걸린 에너지 전환. 거대한 전환은 완전히 다른 미래를 예고한다. 문제가 확대된 것이 아니라 문제 자체가 달라졌다.
우리는 새롭게 생각해야 한다. 한 번도 가지 않은 이 길을 나서는 데 필요한 것은 과학기술에 기반한 민주적 리더십이다. 지식 민족인 우리는 전환을 기회로 만들 수 있다. '미래전환' 모임은 연구 조직이자 운동 조직이다. 정책의 발굴과 제안, 새로운 가치를 찾아 힘을 모으려 한다. 시대정신을 가진 지식인들의 조직화된 열정이 필요하다.

새로운 시작

임문영

미래전환 대표. 연세대 정외과를 졸업하고, 연세대 언론홍보대학원에서 석사, 호서대학교 기술경영전문대학원에서 박사학위를 받았다. 하이텔, 나우누리 운영자를 거쳐 iMBC 미디어센터장, 국회뉴스ON 편집장, 경기도 미래성장정책관, 경기경제과학진흥원 상임이사 등을 지냈다. 저서로는 『디지털 세상이 진화하는 방식』, 『디지털 시민의 진화』, 『파레오로스』 등이 있다.

시작과 끝

영화 아포칼립토Apocalypto의 엔딩은 강렬하다. 미증유의 시대를 예고하면서 영화가 끝난다. 제목은 새로운 시작을 뜻하지만, 그 시작이 '어둡고 불안한 파멸Apocalypse'을 느끼게 한다. 우리는 이를 지난 세기에 경험했다. 극우 파시즘과 제국주의 전쟁, 극한의 이념대립, 대공황의 비극…. 21세기의 사반세기를 지나는 지금 그런 일이 다시 일어나고 있다. 안토니오 그람시Antonio Gramsci가 "낡은 것은 죽어가는데 새로운 것은 아직 탄생하지 않은 사실 속에 위기가 존재한다"고 했던 병적 징후다. 나치와 백골단 같은 극우적 광기가 고개를 들고, 빈부격차와 불평등은 더 심해지며, 망상에 사로잡힌 지도자를 민주적 선거 절차로 뽑는 이상한 일이 세계 곳곳에서 벌어지고 있다. 기계 지능은 수년 안에 인공일반지능AGI에 도달할 것으로 예상되는데 인간계에선 오히려 '뇌 썩음brain rot'이라는 격한 표현이 올해의 단어로 선정되었다. 인류는 어리석음을 극복하고 이 시기를 슬기롭게 '전환'할 수 있을까?

세기적 불안과 동요를 일으키는 것은 거대한 변화다. 변화의 방향은 디지털 전환과 에너지 전환이다. 디지털 전환은 세상이 디지털로 재구성되는 것이다. 전설적 투자자 마크 앤드리슨Marc Lowell Andreessen의 말처럼 "소프트웨어가 세상을 잡아먹고 있다". 매그니피센트7Magnificent 7이라 불리는 거대 기술기업들이 황야의 무법자처럼 그들의 법칙으로 세상을 바꾸고 있다. 이 전환은 인간의 두뇌까지 디지털로 바꾸기에 이르렀다. 인공지능은 인간의 평균 지능을 넘어섰다. 딥러닝deep learning의 창시자 제프리 힌튼Geoffrey Hinton 토론토대 명예교수는 "우리는 지금까지 우리보다 뛰어난 것과 살아본 적이 없다"고 경고한다. 똑똑한 것이 우둔한 것을 지배해 온 것이 진화의 법칙이었으나 우리는 이제 우리보다 똑똑한 것과 사는 법을 알아야 한다.

다른 하나는 에너지 전환이다. 수백 년 동안 세상을 움직여온 화석 에너지로 인한 기후 위기는 지금까지 겪어온 문제들과 차원이 다르다. 지구의 모든 생명체가 공존공멸을 결정해야 하는 유례없는 위기다. 기후 위기는 환경의 파괴와 오염, 변동성을 키우며 감염병 확산에도 영향을 미친다. 에너지 전환 과정에서 혁신과 저항의 갈등은 국제질서의 재편으로 이어진다. 러시아-우크라이나, 이스라엘-하마스 사이의 국제 분쟁에는 자원을 둘러싼 이해관계가 얽혀있으며 미국 우선주의를 비롯한 새로운 민족주의의 부상, 탈세계화, 국제 공급망의 재편 형태로 나타날 것이다. 지구는 심판의 날을 받아놓은 행성처럼 째깍째깍 벼랑 끝으로 내몰리는데 국제 갈등은 갈수록 깊어지고 있다.

새로운 리더십

이런 대전환은 문제가 확대된 것이 아니라 문제 자체가 달라진 것이다. 따라서 새로운 해답을 찾아야 한다. 먼저 지금까지 당연하게 생각해 왔던 것을 다시 생각해야 한다. 인간은 무엇이며, 우리가 원하는 것은 무엇인가에 대한 근본적 성찰이 필요하다. 국내총생산GDP 수치를 기준으로 관성적인 성장 가도를 추구해온 경제정책, 이념대립으로 세계를 나누던 이항대립식 사고에서 벗어나야 한다. 과감한 상상과 구체적 대안도 필요하다. 우리가 마주한 문명대전환은 원시사회에서 농업사회로 그리고 산업사회로 바뀌었던 자연발생적 변화와 다르다. 사회의 필연적 변화에 맞서 정부와 국제기구들이 인위적 노력을 기울여 만들어내는 변화다. 새로운 가치를 향해 사회 변화의 물길을 바꾸는 최초의 일이다. 한 번도 가본 적 없는 길이다.

대전환의 위기를 기회로 만들며 돌파할 수 있는 리더십이 절실한 때이다. 분석과 계산만으로 불가능한 일에 도전하는 용기, 다른 이들이 주저할 때 실천하고 꿈을 향해 나아가는 의지를 가진 리더십이 필요하다. 올바름이라는 당위적 주장만으로는 리더가 될 수 없다. 새로운 리더십이 갖춰야 할 덕목은 첫째, 민주적 리더십이다. 민주적 리더십은 선거를 통해 선출된 권력으로 합법성을 얻지만, 지금은 그것만으로 부족하다. 선거라는 기술적 절차를 넘어 국민을 통합하고 새로운 시대를 설득하는 정당성까지 갖춰야 한다. 즉, 정당성과 합법성을 통해 비전을 제시할 수 있는 민주적 리더십이어야 한다. 둘째, 대전환을 돌파하는 데 필수적인 과학기술에 대한 식견과 감수성이다. 인류 역사에서 과학은 해답을 찾아냈고, 기술은 이를 적용해 삶을 발전시켜 왔다. 특히 지금의 문명대전환은 과학기술 지식의 혁명적 도약에 따른 변화이기에 과학기술에 무지한 리더십으로는 대응할 수 없다. 과학은 합리성과 개방성을 가진 진정한 진보의 수단이다. 과학은 공상이 아닌 상상을 가능하게 한다.

유보된 기회, 미래전환

우리 민족은 근대화를 이뤄냈다. 지난 60년 동안 분단과 전쟁, 독재와 부패를 겪으면서도 산업화와 민주화를 거쳐 쟁취했다. 원조를 받던 나라에서 원조를 주는 나라로 스스로 위상을 바꾼 세계에서 유일한 국가이다. 동북아의 이웃 국가들은 대부분 권위주의 정권 또는 일당 장기 지배 체제에 갇혀 있거나 아직 산업화를 이루지 못하였다. 우리가 놀라운 성과를 만들어낸 저력은 인적 자원, 바로 지식의 힘이다. 우리는 세계에서 가장 오래된 금속활자본을 갖고 있으며 유일하게 글자를 창조한 나라이며 세계 두 번째로 인터넷을 성공한 나라다. 지식 민족으로서 우리가 가진 지적 역량이 우리를 이끌어온 것이다.

그러나 최근 우리는 '잃어버린 20년'을 경험하고 있다. 이명박 정부는 토건 시대로 돌아갔고, 박근혜 정부는 개발독재 향수에 젖었으며, 문재인 정부는 적폐 청산을 외쳤으나 미래로 나아가지 못했다. 그리고 윤석열의 내란 획책은 역사를 수십 년 뒤로 되돌려놓은 퇴행적 폭거였다. 새로운 리더십은 앞으로 나아가야 한다. 디지털과 에너지의 대전환은 낡은 사회 문제와 갈등을 해결하는 기회이다. 분산 에너지 그리드는 국토의 균형 발전과 자영업자를 필두로 하는 새로운 교외 중산층을 형성할 수 있게 한다. 인공지능과 로봇, 디지털 트윈은 인구 감소와 노령화에 대응하여 제조업의 활로를 찾아낼 것이다. 탄소중립의 완성은 에너지 자립을 실현하여 해마다 100조 원 이상의 에너지 비용을 절감할 수 있다. 성장에서 성숙으로, 좌우 분열에서 미래 도약으로 나아갈 기회다.

시대의 과제 앞에서 국가 전략을 구체화하는 것은 지식인의 책무다. 전통적인 학문적 권위와 이념적, 당파적, 관료적 칸막이와 전문 분야별 울타리를 뛰어넘어 백지에서 대한민국의 미래를 만드는 실천 방법을 찾으려 한다. 예산과 소관 부처, 이념과 이해관계에 얽매이면 돌파할 수 없다. 전략적이고 통합적이고 미래 지향적 논의가 필요한 때다.

'미래전환' 모임은 연구 조직이자 운동 조직이다. 연구는 정책의 발굴과 제안으로 이어지고 운동은 새로운 가치를 찾는 힘을 모아 나갈 것이다. 이를 위해 가장 필요한 것은 시대정신을 가진 지식인들의 조직화된 열정이다. 과학적 지식과 근거에 기반한 연구와 토론, 목표를 향해 나아가는 지치지 않는 실천, 대한민국의 미래를 위한 열정이 우리의 갈림길을 선택할 것이다.

대체 불가한 산업국가로

윤의준
서울대 재료공학부 특임교수. 한국공학한림원 회장을 맡고 있다. 서울대 금속공학과에서 학사, 석사, 미국 MIT에서 전자재료로 박사학위를 받았다. AT&T Bell 연구소에서 박사후과정을 거쳐 서울대 재료공학부 교수, 차세대융합기술연구원 원장, 산업통상자원 R&D전략기획단 주력산업 MD, 서울대 연구처장 및 산학협력단장, 한국에너지공과대 초대 총장을 역임했다.

대체 불가한 산업국가가 되려면

우리나라가 이룩한 산업발전의 성취는 제조업과 떼서 설명할 수 없다. 제조업 강국의 지위를 앞으로도 유지할 수 있을까? 저출산 고령화로 생산인력이 줄고, 이공계 대학 진학의 인기는 좀체 좋아질 기미가 보이지 않는다. 글로벌 산업환경도 급변한다. 미국과 중국 사이의 기술패권 경쟁은 우리 경제가 성장해온 토양인 자유무역체제를 붕괴시키며 궤도 수정을 강요한다. 기후변화에 따른 탄소국경조정 문제도 산업 전반에 걸친 도전과제이다. 우리는 기로에 서 있다. 위기를 기회로 삼아 대체 불가한 산업국가로 우뚝 서기 위한 단기적, 장기적 대응 방안을 찾아보자.

2024년 노벨 물리학상과 화학상은 인공지능^AI 연구자들에게 돌아갔다. AI는 우리 삶에 중대한 변화를 가져올 것이다. 자본의 게임이 이미 시작됐다. 거대언어모델 구축을 위해 H100과 같은 가속기 보드를 수만 장씩 구매해야 한다. 하드웨어에서는 엔비디아, TSMC, SK하이닉스 동맹이 주도하고 있다. 미국의 고성능 반도체 수출금지 조치하에서 중국은 저성능 반도체를 이용한 해법 찾기에 혈안이다. 딥시크^DeepSeek 쇼크는 혁신이 투입자본의 크기에 의해서만 좌우되지 않는다는 것을 보여주며, 우리의 방향을 제시한다. 앞으로 각 산업 도메인에 맞게 학습된 경량화된 AI 모델이 나올 것이다.

우리나라는 산업 강국으로서 산업과 관련된 정보와 노하우를 갖고 있다. 기존 산업 생산의 암묵지와 AI를 결합하여 경쟁력을 올리는 기회로 삼아야 한다. 우리가 강점을 지닌 가전, 스마트폰, 미래 모빌리티, 로봇 등 모든 제품에 다양한 형태로 AI가 도입될 전망이다. 이는 제품을 차별화할 뿐 아니라 제조업 자체를 차별화할 것이다. 디지털 트윈이란 가상공간을 구축하여 생산과 관련된 데이터를 생성하고, 그 데이터로 학습한 AI를 활용해 생산 최적화에 활용한다. 이것이 피지컬 인텔리전스Physical Intelligence로서, 젠슨 황 엔비디아 최고경영자가 CES 2025 기조연설에서 소개한 물리적 AI 플랫폼 COSMOS와 같은 개념이다. 물리적 AI의 도입은 산업혁신을 가속화한다. 산업별 도메인 지식이 포함된 특화된 AI를 만들어 산업을 선도할 기회로 삼아야 한다. 제품을 파는 시대에서 AI를 장착한 제품을 거쳐, 고부가가치 제조 소프트웨어와 제조 시스템을 판매하는 산업구조로 나아갈 수 있다.

에너지는 산업이다

기후변화와 관련된 국가 탄소감축 목표도 전략적 과제다. 우선 화석연료의 절대 사용량을 줄이고 원자력, 재생에너지 등의 무탄소 에너지원을 늘려야 한다. 탄소중립Net Zero을 이루기 위해 모든 산업에서 전기화가 진행 중이다. 전기자동차에 이어 전기 비행기와 전기 선박도 주목받고 있다. 이와 관련된 배터리, 연료전지, 모터, 전기충전 인프라 산업이 발전할 것이다. 기존의 중앙집중식 그리드에서 탈피하는 새로운 그리드 구축도 필요하다. 재생에너지를 화학에너지로 저장하는 방안, 즉 수전해에 의한 그린 수소, 암모니아 생성과 액화를 통한 수송 등도 유망하다. 이산화탄소를 포집하고 저장하는 기술, 포집한 이산화탄소를 연료로 전환하는 기술, 소형모듈원자로를 개발하는 기술 등 새로운 시장을 여는 기술 개발 경쟁이 치열하다.

우리나라는 대부분 에너지를 수입하면서 전기와 가스 등 에너지의 독과점 공급체제가 자리 잡았고 가격도 정부의 규제하에 있다. 이로 인해 다양한 에너지 산업이 성장할 기회가 제약되었다. 정책적으로 에너지 가격을 낮게 책정하여 산업발전을 촉진한 측면은 있으나 신에너지, 재생에너지 전환의 인센티브가 크지 않았다. 탄소중립과 관련된 새로운 산업들은 전 세계적으로 아직 태동기여서 기존 에너지원에 비해 값이 비싸다. 하지만 태양광 전기요금이 그리드 패리티$^{Grid\ Parity}$를 지난 데 이어 다른 재생에너지 기술도 성숙해지고 규모의 경제를 달성하면 가격경쟁력 있는 에너지를 제공할 수 있을 것이다. 에너지 신산업 기술 개발로 에너지 자립도를 높이고 에너지 기술 수출국으로 도약해야 할 때다.

에너지는 국가 생존과 직결된다. 그러나 에너지는 국가가 안정적으로 수입해야 하는 자원이라고 생각했지, 에너지를 하나의 산업으로 생각하지 못했다. 발상을 전환하여 에너지 산업이 국부를 창출하는 신산업이라고 접근해야 한다.

에너지부 설립과 거버넌스 혁신

우선, 흩어져 있는 에너지 관련 업무를 총괄하는 에너지부를 신설할 필요가 있다. 산업통상자원부의 에너지 업무, 과학기술정보통신부의 원자력 업무, 환경부의 탄소중립 업무 등을 에너지부로 이관한다. 에너지 확보, 사용, 에너지 관련 국가 인프라 구축, 인력양성 및 혁신, 에너지 기업 육성을 총괄하게 해야 한다. 신에너지, 재생에너지, 원자력, 에너지효율 등 에너지 생산을 늘릴 수 있는 산업을 육성하며, 에너지 자립도를 국가 정책지표로 관리한다. 정부 주도 전기요금을 비롯하여 에너지 산업 육성을 가로막는 규제를 철폐하여 경쟁에 의해 에너지 믹스가 실현될 수 있도록 한다.

우리나라의 연구개발[R&D] 투자는 GDP 대비 세계 2위다. 2025년 기준 30조 원의 적지 않은 예산이 투입되고 있다. 투자된 연구개발비는 성공률 90% 이상의 과제를 양산한다. 높은 성공률의 이유는 무엇일까? 빠른 추격자 방식의 단기 과제 형태 연구개발이 주를 이루기 때문이다. 추격자 전략은 그동안 어느 정도 성과를 냈다고 할 수 있으나, 세계를 선도할 혁신을 주도하기에는 역부족이다. 세상을 바꿀 혁신을 만들기 위해 대학, 정부출연연구소, 민간연구소 등 혁신 주체들이 긴 호흡으로 연구해야 한다. 정부 관료의 사이클과 연구의 주기가 다르다는 것에 대한 인식이 변화의 출발점이다.

과학기술특성화대학과 정부출연연구소 기관장이 4년마다 바뀌는 거버넌스로 혁신을 기대하는 것은 우물에서 숭늉 찾기다. 최소 10년 정도의 임기로 조직을 끌어나가는 게 글로벌 스탠더드이다. 한국연구재단이나 한국산업기술기획평가원과 같은 정부

연구비 전담기관의 기관장도 마찬가지다. 연구전담기관을 단기적 속성의 정부로부터 디커플링^{decoupling} 하고, 기술혁신 주체의 이사회를 정부에서 독립시키는 것이 필요하다. 기관장 임명 후 적어도 10년을 운영하게 하자. 전문가로 구성된 이사회에서 최적 인사를 선발하고 기관 운영을 소신있게 하도록 해야 한다. 국가 연구비 지원은 연구 수행 주체의 성장을 도울 수 있는 시스템으로 운영되어야 한다. 국제 경쟁력을 갖춘 기술기업을 육성하기 위해 미국의 중소기업 기술혁신 지원 프로그램^{SBIR}처럼 단계적 마일스톤을 제시하고 목표를 달성한 기업에 대해 다음 단계로 넘어가는 기업 맞춤형 연구 지원이 절실하다.

기본사회, 기본소득, 기본서비스

김선우

성균관대 소프트웨어융합대학 산학교수. 성균관대 정보공학과에서 학사, 호서대 기술경영대학원에서 석사 학위를 받았다. 대기업, 창업, 시민단체 등 다양한 경험을 했으며 파괴적 기술혁신(disruption)과 지정학적 변화에 따른 미래사회의 모습에 관심이 많다. 인류가 인공지능을 잘 활용한다면 풍요롭고 지속 가능한 '인공지능 유토피아'를 만들 수 있다고 믿는다.

지구 차원의 거버넌스 개편

'훨씬 더 좋은 미래로의 전환'을 추구할 때 '더 좋은 미래'란 무엇일까? 더 좋은 미래의 구성 요소는 풍요abundance와 지속 가능성sustainability이다. 풍요는 충분한 수준 이상의 물질적 삶의 조건을 의미한다. 지속 가능성은 미래세대의 필요를 충족할 능력을 저해하지 않으면서 현재 세대의 필요를 충족하는 것이다. 따라서 더 좋은 미래는 풍요롭고 지속 가능한 미래이다. 누구나 인간으로서 품격 있는 삶을 누리며, 그러한 사회가 영구적으로 지속되는 미래이다.

기후 위기, 불평등, 극우 파시즘 등 당면한 위기를 손꼽다 보면 그런 미래는 닿을 수 없는 유토피아처럼 아득하다. 하지만 인류가 인공지능과 재생에너지로 대표되는 '파괴적 기술혁신disruption'을 현명하게 활용한다면 풍요롭고 지속 가능한 유토피아적 미래는 수십 년 내에 구현할 수도 있는 근미래이다.

알프레드 맥코이Alfred W. McCoy 위스콘신 매디슨대 교수는 "세계 통치: 세계 질서와 재앙적 변화To Govern the Globe: World Orders and Catastrophic Change"에서 미국 중심의 세계 체제는 국내적 쇠퇴와 국제적 경쟁이 맞물려 2030년경 쇠퇴할 것으로 전망했다. 이어서 전개될 중국의 패권은 길어야 수십 년 정도 지속될 것으로 예상했다. 2050년대에는 기후변화의 영향으로 중국의 주요 도시들이 물에 잠기고 농업 중심지가 파괴되면서 중국은 자신이 만든 세계 체제를 포기하게 될 것이기 때문이다.

자연재해와 이상기온으로 지구는 인간이 거주하기 어려워질 것이고 아프리카, 라틴아메리카, 남아시아 등에서 발생한 수억 명의 기후 난민은 혼란을 가중시킬 것이다. 맥코이는 기후변화라는 위험에 대응하기 위해 지구적 거버넌스의 근본적 개편 필요성을 제시한다. UN은 생존이라는 기본권을 보호하기 위해 특정한 거버넌스 영역에 대한 주권을 회원국들로부터 양도받아야 한다. 예를 들어 미래의 UN은 온실가스를 계속 배출하거나 기후 난민을 수용하지 않는 국가를 실질적으로 제재할 수 있어야 하고, 2050년대에 최대 12억 명으로 예상되는 기후 난민의 강제 재정착을 집행할 권한을 가져야 할 수도 있다. 이러한 변화가 없다면 현재의 세계 질서는 재앙적인 글로벌 무질서로 붕괴할 것이라고 맥코이는 경고한다.

신자유주의 이후의 질서

많은 나라의 국민들이 신자유주의와 우파 포퓰리즘 사이에서 선택을 강요받는 상황에 처해 있다. 신자유주의는 1980년대 이후 글로벌 자본주의 체제의 중심 이념으로 자리 잡았고 미국과 영국 등 주요 국가의 진보와 보수 정당 모두 신자유주의적 경제정책을 채택해왔다. 이로 인해 전통적 좌파와 우파의 경제적 차별성이 모호해지고, 우파 포퓰리즘이 부상하였다.

게리 거슬$^{Gary\ Gerstle}$ 케임브리지대 교수는 "신자유주의 질서의 흥망성쇠$^{The\ Rise\ and\ Fall\ of\ the\ Neoliberal\ Order}$"에서 질서란 특정 시점의 지배적 이념으로서 정치 기득권층에 의해 종합되고 전파된다고 설명한다. 그에 따르면 지난 한 세기 동안 미국에는 뉴딜 질서와 신자유주의 질서의 두 가지 주요 정치적 질서가 존재했다. 신자유주의 이후의 새로운 질서$^{post-neoliberal\ order,\ PNO}$는 불평등 완화, 기술 규제, 복지국가 재구축, 지속 가능성, 다극적 국제질서를 중심으로 한 새로운 정치·경제적 패러다임으로 정의될 가능성이 높다. 다시 말해 기존 신자유주의의 시장 중심적 질서가 아닌 사회적 연대와 공공성을 강화하는 방향으로 전환될 것이다.

새로운 질서는 이념적 기초와 정책 방향을 설계하는 단계를 거쳐, 개발된 이념과 정책이 대중적 지지를 얻고 정치적 의제로 채택되는 단계에서 완성된다. 새로운 질서로 자리 잡기까지 40여 년 걸린 신자유주의와 달리 PNO는 디지털 기술과 기후 위기 등의 이유로 10~20년 안에 실현될 수 있다. 정치적 리더십이 이 과정에서 결정적 역할을 할 것이다.

경제적 기본권과 기본서비스

민주당의 강령에 포함된 기본사회는 경제적 기본권 보장을 통해 사회 구성원 모두에게 인간다운 삶을 제공하는 것을 목표로 한다. 기본사회의 구성 요소는 현금 기반의 보편적 기본소득[UBI]과 현물 기반의 보편적 기본서비스[UBS]이다.

오랜 역사를 가진 기본소득에 비해 기본서비스는 비교적 최근에 등장한 개념이다. 헨리에타 무어[Henrietta Moore] UCL 교수가 2017년 "미래를 위한 사회적 번영: 보편적 기본서비스를 위한 제안" 보고서에서 영국 국가보건의료서비스[NHS]의 "사용 시점에서 무료free at the point of use" 원칙을 주거, 음식, 교통, 정보 등의 필수 분야로 확대하자고 제안하면서 논의가 본격화되었다.

기본사회에 반대하는 가장 큰 이유는 '지불 능력affordability' 때문일 것이다. 하지만 케인즈가 "생산 능력 측면에서 우리가 실제로 할 수 있는 것은 무엇이든 지불할 수 있다"고 말했듯이 기본사회를 구현하는 관건은 돈보다 공동체 구성원의 집단적 의지이다.

더구나 인공지능과 재생에너지 분야의 파괴적 기술혁신을 통하여 노동과 에너지의 가격이 급속히 하락하여 제로에 수렴할 것으로 예상됨에 따라 기본사회 구현을 위한 물질적 여건은 점점 더 갖춰지고 있다. 노동과 에너지가 거의 모든 재화와 서비스의 주요 원가를 차지한다는 점을 고려하면, 인류는 모든 것이 저렴해지고 풍부해지는 풍요로운 미래를 맞이할 수 있을 것이다. 이를 위한 열쇠는 기술과 사회경제 혁신이며, 기술혁신의 잠재력에 기반한 기본서비스는 시급히 준비해야 할 대표적인 사회경제 혁신이다.

임무 지향 혁신mission-oriented innovation은 공공과 민간의 공생적 파트너십을 기반으로 기후 위기, 고령화 등 사회경제적 도전과제를 해결하는 기술혁신 패러다임으로서 정부의 주도적 역할에 주목한다.

임무 지향 혁신은 UN 지속가능발전목표SDGs와 연계하여 담대한 임무를 설정하고 다양한 영역을 결합하여 구체적 실현 방안으로서 다수의 연구혁신$^{R\&I}$ 프로젝트를 도출한다. 임무 지향 혁신을 위한 임무 지향 정부는 시장 실패를 교정하는 수동적 역할을 넘어 민간 부문, 시민사회 등 다양한 혁신 주체들과 협력하여 적극적으로 시장을 창출하고 형성하는 '기업가적 국가'가 되어야 한다. 각국 정부가 임무 지향 정부가 되어 UN 등 국제기구의 틀 안에서 지구적 도전과제들을 해결하는 문샷^{moonshot} 프로젝트들을 추진한다면 풍요롭고 지속 가능한 미래로의 전환을 앞당길 수 있을 것이다.

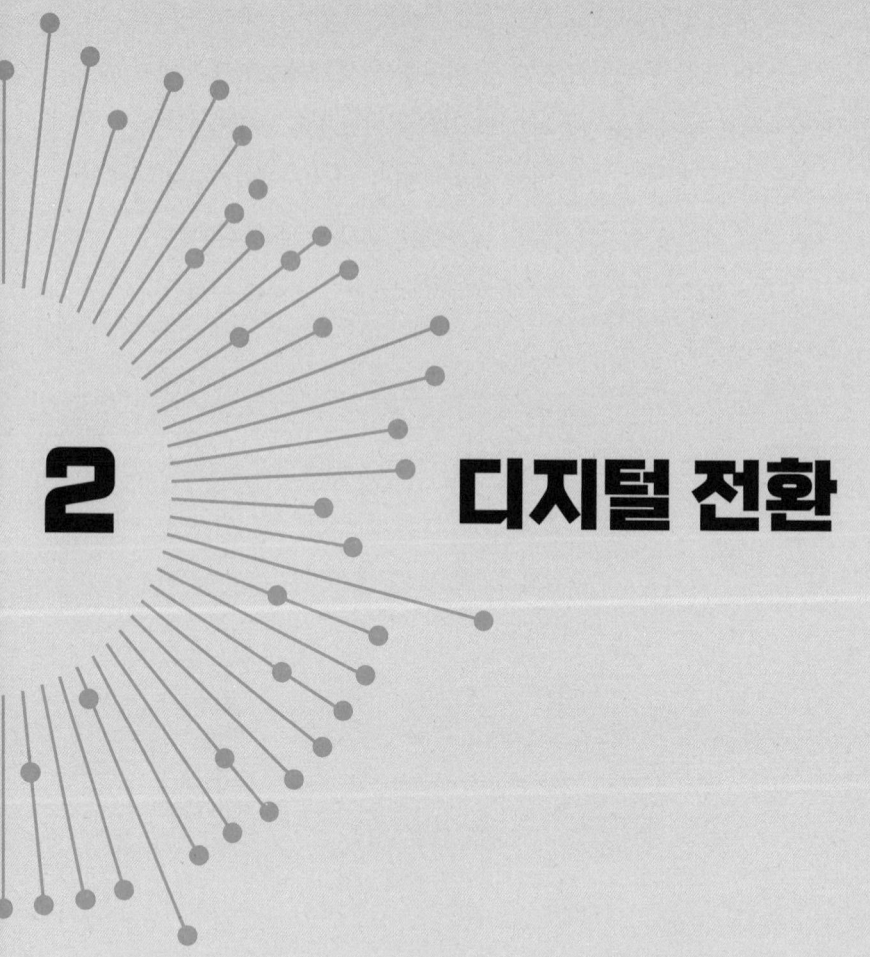

2 디지털 전환

디지털 전환은 인터넷, 모바일, 사물인터넷^{IoT} 등 혁신적 기술을 통해 디지털 접근성, 이동성, 연결성을 확장해왔다. 이제 인공지능^{AI}의 발전은 디지털 전환을 넘어 AI 전환이라는 새로운 흐름을 맞이하고 있다. AI는 인간의 사고와 판단 영역까지 영향을 미치고, 지식 창출과 추론 능력의 혁신을 이루며, 사회 전반에 실질적인 변화를 불러오고 있다. 특히 AI 기술의 비약적 진보로 데이터 플랫폼과 클라우드 기술이 강력하게 융합돼 ICT 혁신플랫폼이 구축되고, 산업 생태계는 AI 기반의 고도화된 서비스 모델로 전환되고 있다.

AI 전환에서 중요한 점은 포용적인 사회적 가치 창출이다. AI는 계층과 관계없이 누구나 접근할 수 있어야 하며, 이를 통해 전 사회적 패러다임의 혁신을 이끌어가야 한다. AI는 물리적 세계와 디지털 세계의 경계를 허물고 휴머노이드 로봇과의 결합을 통해 실생활의 다양한 분야에서 혁신적 가능성을 제시하고 있다.

기술과 사회의 공진화

오성탁
한국지능정보사회진흥원 연구위원이자 영남대 겸임교수. 성균관대에서 경영학 박사학위를 취득했다. 한국지능정보사회진흥원에서 데이터 플랫폼 및 AI 데이터 구축, OECD의 AI 전문가 그룹에서 AI 원칙 수립, GPAI(Global Partnership on AI)의 한국 전문가로 활동했다. 저서로 『기본사회가 꿈꾸는 세상』(공저, 2024), 『AI에 대한 글로벌 행동』(2025) 등이 있다.

기회이자 위기

컴퓨터의 등장, 온라인 네트워크의 확산, 모바일 기기의 보편화 등 디지털 혁신을 통해 인류는 혁신적인 산업과 고용 창출은 물론 풍요롭고 간편한 생활을 누리는 긍정적 효과를 체감하고 있다. 무인주행 자동차의 실현으로 교통사고를 줄이고, 로봇 배송을 통해 물류 생산성을 높이며, 의료분야 인공지능을 통해 질병 진단과 치료의 성공률을 끌어올린다. 대화형 AI는 기업의 생산성을 증진하고, 통번역 AI는 소통의 벽을 허물어 글로벌 교류를 촉진한다. 다른 한편에선 온라인 범죄, 디지털 무기화, 시스템 침투, 개인정보 노출, 사이버 폭력 같은 기술의 부작용이 드러났다. 기술 접근성과 활용능력 격차로 인한 정보 불평등, 대인관계 단절, 디지털 의존증 같은 문제점도 나타난다.

기술은 이렇게 순기능과 역기능이 늘 공존해왔다. 프리드리히 니체는 『도덕의 계보On the Genealogy of Morality』에서 "진정한 진보는 고통을 수반한다"며 기술혁신의 부정적 측면을 인지하는 중요성을 강조했다. 마르틴 하이데거는 『기술에 대한 물음The Question Concerning Technology』에서 기술의 본질은 단순한 도구가 아니라, 인간과 세계의 관계를 근본적으로 변모시키는 방식임을 지적했다. 혁신은 두 얼굴을 갖고 있기에 장단점을 파악하고 균형 잡힌 진보를 추구해야 한다.

인터넷이 도입되었을 때 사람들은 이 기술로 무엇을 실현할 수 있을지 예측하지 못했다. 그 후 인터넷은 정보검색 시스템으로 확장되고, 개인 간 메시지와 소통, 전자상거래와 디지털 공간을 구축하며 수많은 서비스와 기술을 낳았다. 인터넷 자체가 생태계이자 동력으로 기능한 것이다.

AI도 잠재력이 무한하며 또 다른 생태계이자 동력으로 작동할 준비를 마쳤다. 사람들은 AI에 환호를 보내고 경탄하다가 경계심과 우려를 표명하다가 공포와 불안을 느낀다. 기술의 진보는 인류의 발전과 함께하기에 기술혁신을 저지할 수는 없으므로 부정적 요소들을 해소하는 방안이 동반되어야 한다. 이를 위해 AI 윤리, 신뢰성 있는 AI, 책임감 있는 AI 등에 대한 협력적 노력과 기준, 규범이 수립되어야 할 것이다.

기술과 사회의 공진화

디지털 전환Digital Transformation이라는 용어보다 AI 전환AI Transformation이라는 표현이 보편화되고 있다. AI 기술이 단순한 디지털화를 넘어 사회 전반의 변화를 이끌고 있음을 시사한다. 이는 고용 환경의 변화, 의사결정 과정에 AI 도입, 창의적 표현의 새로운 양식, 국방력의 재구성, 생명공학 분야까지 다채로운 형태로 구현되었다. 동시에 이러한 변혁은 AI의 도덕적 과제, 형평성, 사회적 의무에 관한 논의로 이어졌으며 기술과 사회가 함께 성장해왔음을 시사한다.

2020년대로 진입하며 AI는 사회 전반에 걸쳐 핵심적인 역할을 수행하게 되었다. 이에 따라 AI 시스템의 투명성과 책무성을 제고하려는 요구가 증대되었다. 예를 들어 AI가 의료 영역에서 인간의 생명과 직결되는 판단을 내리게 되면서 그 결과의 설명 가능성과 신뢰도가 화두로 부상했다.

AI 기술의 진보는 단순히 기술적 발전만으로 이루어진 것이 아니라 사회적 요구와 규제가 그 방향성에 중요한 영향을 미쳤다. 이를 기술과 사회의 상호 진화$^{co-evolution}$라고 지칭한다. 브라이언 아서$^{W.\ Brian\ Arthur}$는 기술이 생명체처럼 진화한다고 주장하며, 기술 발전이 기존 기술의 융합과 상호작용을 통해 구현된다고 설명했다.

AI의 사회적 역할

AI의 사회적 역할을 재정의하는 것은 기존의 AI에 대한 인식과 활용 방식을 근본적으로 바꾸고 확장하는 과정이다. 이는 AI를 단순한 기술적 도구에서 사회 변화의 핵심 동인으로 바라보는 시각 전환을 의미한다.

- **유틸리티로서 AI** 유틸리티는 보편적으로 접근 가능하며 안정적으로 제공되어야 하는 특성을 지닌다. 전기나 수도처럼 AI 역시 일상생활과 기업 운영에 핵심적인 기반 기술로 자리매김하고 있다. AI를 유틸리티로 보는 시각은 이 기술에 대한 보편적 접근성과 공평한 분배의 필요성을 제기한다. 전기와 수도가 모든 구성원에게 제공되어야 하는 것처럼, AI 기술 역시 공공재로 인식하고 그 혜택이 균등하게 배분되어야 한다는 주장이다. AI 기술의 혜택은 특정 기업이나 국가에 한정되지 않고 인류 전체에 고루 배분되어야 한다. 이를 실현하기 위해 AI 기술의 핵심 알고리즘과 대규모 언어 모델

등을 국제 협력을 통해 구현하고, 그 산출물을 공유하는 방안을 검토할 수 있다.
- **AI와 인간의 공존** AI와 인류의 조화로운 공존 모델은 기술 진보와 인간의 고유 가치를 결합하는 패러다임이다. AI와 인간을 상호 보완적이고 협력적인 관계로 설정한다. 이는 디지털 기술과 사회발전의 상호 진화co-evolution 개념에서 출발하지만, 항상 순조롭게 전개되는 것은 아니다. 기술의 진보 속도가 사회의 수용 속도를 앞서가는 경우 정보 격차, 개인정보 침해, 고용 불안정 등의 문제가 불거진다. 따라서 기술과 사회의 균형 있는 진보를 위해서는 체계적인 정책적 접근과 사회적 합의가 요구된다. 이 모델은 기술의 진보가 견인하는 긍정적 사회 변화를 극대화하는 동시에 잠재적 부작용을 최소화하는 방향으로 구상되어야 한다. 정책 입안자, 기술 개발자, 시민 사회 등 다양한 이해관계자들의 협력과 지속적인 소통이 필수적이다.
- **알고리즘 해방** 알고리즘 관련 자율성 확보는 사용자 측면에서 과다한 광고 노출, 편향된 정보 제공, 개인 일상에 미치는 부정적 영향에서 벗어남을 의미한다. 일부 국가는 소셜미디어가 미성년자에게 알고리즘 기반의 중독성 콘텐츠 제공을 제한하는 법안을 발의하기도 하였다. '알고리즘 초기화의 날'을 지정하여 개인의 기기에 쌓인 알고리즘 데이터를 삭제

하는 방안도 있다. 알고리즘을 '초기화'하는 것은 단기 대응책은 되겠지만 근본적 해법은 아니다. 핵심은 알고리즘이 인간의 삶에 긍정적 영향을 미치도록 알고리즘 구조를 혁신하고 투명성을 높이는 것이다. AI 시스템 자체의 투명성과 설명 가능성 확보도 중요하다. AI의 의사결정 과정이 불투명하다면 결과를 신뢰하고 활용하기 어렵다. '설명 가능한 AI' 기술이 필수적이다. 이를 위해 국제 표준화 기구를 통해 AI 시스템의 투명성과 설명 가능성의 기준을 수립하고, 이를 준수하는 AI 시스템에 인증을 부여하는 제도가 필요하다.

포용적 디지털 사회

AI가 진정한 의미의 '인류의 동반자'로 자리매김하기 위해서 우리 모두가 기술의 발전 방향에 대한 책임 있는 참여자가 되어야 한다. AI 기술이 가져올 혜택이 특정 계층이나 집단에 국한되지 않도록 하는 것이 무엇보다 중요하다. 디지털 취약계층이 AI 기술의 발전에서 소외되지 않도록 해야 한다. 이는 단순한 기술 접근성 제공을 넘어 AI 리터러시 교육, 맞춤형 지원 프로그램 구축, 사용자 친화적 인터페이스 개발 등 종합적인 접근을 포함한다. 디지털 포용은 AI 시대의 사회적 통합을 실현하는 과제이다.

고유의 인공지능으로

조중혁
IT 칼럼니스트. 『인공지능 생존수업』 외 IT 전문책을 13권 집필했다. 대표작인 『인터넷 진화와 뇌의 종말』은 문화체육관광부 선정 '올해의 우수 도서'이며, 고등학교 국어 교과서에도 본문이 수록이 되어 있다.

한대희
뉴럴웍스랩 대표. 포항공대에서 컴퓨터공학을 전공하고, 석사 과정에서 인공지능을 전공하였다. 대기업과 스타트업을 거쳐, 과학기술정보통신부 산하 소프트웨어 마에스트로 과정의 멘토로도 활동하였다.

행동 중심 데이터, 문화유산 데이터

인공지능을 학습시키는 데는 많은 데이터가 필요하며 대부분 커먼크롤Common Crawl 자료를 이용한다. 커먼크롤은 인터넷의 많은 데이터를 모아 무료로 공개하여, 개인이나 기업이 따로 데이터를 수집할 필요 없게 해주는 비영리 단체이다. 인공지능을 개발할 때 커먼크롤 데이터를 기본적으로 학습시키고 구글, 메타, 네이버 등은 자신의 사이트에 올라온 자료를 추가로 학습시키는 것으로 알려져 있다.

2026년쯤엔 인공지능이 인터넷의 자료를 모두 학습하고 더 이상 학습할 자료가 없어 발전이 한계에 부딪칠 것으로 보인다. 그래서 인공지능 업체들은 새로운 데이터를 구할 방법을 찾는다. 펜실베이니아대 에고넷egonet 프로젝트가 그런 사례다. 지원자들은 머리에 액션캠을 달고 생활하며, 영상의 주요 장면마다 자신이 어떤 일을 하려고 했는지, 어떤 상황인지 설명을 붙인다. 고단하고 지루한 작업일 터이지만 이런 데이터를 모아 인공지능을 학습시킨다.

우리나라가 강점을 가진 로봇 분야에서도 조만간 ChatGPT 같은 킬러 서비스가 나올 것이다. 이를 위해서는 행동 데이터가 많이 필요하다. 특히, 실제 공간에서 활동하는 영상 정보가 필요한데 국내에는 이런 데이터가 턱없이 부족하다. 한국인의 특성에 맞는 행동 데이터 수집이 시급하다.

구글의 전략도 흥미롭다. 인터넷 사이트에 가입하거나 로그인할 때, 뒤틀어지거나 배경 속에 혼재된 단어 이미지를 보여준 뒤 보이는 대로 단어를 입력하라는 화면을 보게 된다. 컴퓨터 봇을 걸러내는 기술로, 리캡차reCAPTCHA 프로그램이다. 구글이 이 프로그램을 운영하는 진짜 이유는 고서古書를 통해 데이터를 얻기 위해서다. 인터넷에 있는 데이터 확보는 거의 끝나가므로 고서는 양질의 데이터를 간직한 보물창고다. 리캡차는 구글의 고서 스캔 데이터에서 컴퓨터가 인식하지 못한 글자 이미지를 따온 뒤 사이트에 가입하거나 로그인하려는 사람에게 보여주어 해독하려는 것이다. 컴퓨터는 고서 문자를 못 읽어도 사람은 읽는 경우가 많기 때문이다.

고문서 같은 문화유산이 인공지능 발달에 기여하는 셈이다. 공개되어 있는 수학 공식이 대동소이해 학습 방법과 데이터가 똑같은 상태에서 우리의 인공지능을 차별화하는 개발 방법은 차별화된 우리 문화유산을 학습시키는 것이 될 수 있다. 가장 앞선 기술이라 불리는 인공지능 시대에 역설적이게도 우리 문화유산의 중요성이 커지고 있다.

기업마다 고유의 인공지능을 갖는다면…

대부분 기업은 인공지능을 직접 개발하지 않고 ChatGPT 같은 범용 서비스를 이용한다. ChatGPT의 범용성을 보완하는 것이 RAG$^{retrieval\text{-}augmented\ generation}$ 기술이다. RAG는 '검색으로 성능이 좋아진 생성형 인공지능 서비스'라고 풀어쓸 수 있을 텐데, ChatGPT 같은 서비스에 내가 가진 문서를 연결시켜 사용한다. ChatGPT 같은 사이트에 질문하기 전에 나의 자료를 먼저 참고한 후 ChatGPT에 물어보는 셈이다. RAG가 LLM의 미래로 각광받는 이유는 다음과 같다.

첫째, RAG는 최신성을 유지할 수 있다. ChatGPT 같은 사이트는 데이터 학습에 오랜 시간이 걸리므로 최신 정보일 수 없지만, RAG 기술을 이용하면 외부 사이트와 연결해 최신 정보를 반영한 답변이 가능하다.

둘째, RAG는 전문적 답변이 가능하다. 범용적 내용으로 학습시킨 ChatGPT에는 깊이 있는 정보가 없지만, RAG는 우리 회사나 단체만 가지고 있는 지식재산이나 문화유산 정보를 올려놓으면 외부에 공개되지 않으면서 우리 직원이나 회원에게만 노출되어 정보 유출 없이 인공지능이 적절한 답변을 할 수 있다.

셋째, 비용을 절감한다. 자신들에게 최적화된 인공지능이 필요하다고 ChatGPT 같은 서비스를 또 개발하는 것이 아니라 ChatGPT에 RAG 기술을 연동해 사용하는 방안이 비용을 크게 줄일 수 있기 때문이다.

넷째, 환각 현상을 줄인다. ChatGPT는 그럴듯한 잘못된 답변을 할 수 있으며, 이를 환각 현상이라고 한다. 하지만 내가 올린 정보를 활용해 답변할 경우 이를 피할 수 있다.

다섯째, 저작권 갈등을 줄일 수 있다. 인공지능 서비스는 지금 천문학적인 규모의 배상 소송에 시달리고 있다.

모든 기업이 자신만의 전문 인공지능을 가질 때 국가 경쟁력도 높아질 것이다.

후발 주자에게 열린 추론 반도체 시장

인공지능 분야는 학습^{Training}과 추론^{Inference}으로 나뉜다. 학습은 인공지능을 개발하는 것이며, 추론은 학습된 인공지능을 활용하는 것이다. 학습에 사용하는 반도체와 추론에 사용하는 반도체는 서로 다른 특성과 시장 구조를 보인다. 학습용 반도체 시장은 높은 기술력과 천문학적 규모의 투자가 필요하기에 글로벌 테크 기업 외에는 도전하기 힘들다.

이에 비해 추론용 시장은 클라우드 서버, 모바일 기기, 엣지 디바이스 등 다양한 환경에 사용하는 반도체 시장이다. 학습은 계속 진행되는 것이 아니지만, 추론은 AI 모델이 서비스에 적용되면 매 순간 수많은 연산이 발생한다. 예를 들어 음성인식, 이미지 분석, 추천 시스템 등에서 사용자가 사용할 때마다 매번 방대한 추론 연산이 이루어진다. 학습은 소수의 기업에서 적은 횟수로 진행하지만 추론은 다양한 분야에서 지속적으로 사용되므로 추론 시장이 더 크다. 단기적으로는 인공지능 모델 학습에 큰 투자가 이루어지고 있으나, 전체 AI 생태계와 장기적 관점에선 추론용 시장이 더 광범위하고 큰 시장을 형성할 것이다.

추론용 시장에서 인정받기 위해서는 MLPerf$^{Machine\ Learning\ Performance}$를 공략해야 한다. 추론 반도체의 성능을 비교 평가할 기준이 필요한데 MLPerf가 그 역할을 한다. 엔비디아는 학습용 반도체뿐 아니라 추론용 반도체까지 MLPerf의 거의 모든 영역에서 최고 성능을 보인다. 엔비디아를 제외한 대부분 기업은 추론 시장 중에서 특정 분야에서 가격이 낮고 엔비디아보다 높은 성능을 보인다고 주장하며 시장을 확보하려 한다. 삼성전자도 AI 반도체 개발에 집중하고 있으며, MLPerf 데이터를 공개하며 성능을 입증하고 있다. 우리나라 스타트업 중 최초로 MLPerf에 도전한 기업이 퓨리오사AI이다. 퓨리오사AI는 자체 개발한 Woori AI 칩을 통해 특정 영역에서 엔비디아보다 뛰어난 성능을 보인다고 주장한다.

AI 반도체 시장과 MLPerf는 치열하게 경쟁하며 빠르게 발전하고 있다. 일반 반도체 시장에서는 브랜드, 가격, 마케팅 등 여러 요소가 영향을 미치지만, 인공지능 반도체 시장에서는 MLPerf 점수 하나로도 경쟁력이 입증된다. 후발 주자도 MLPerf에서 높은 성능을 기록하면 기회를 얻는다.

AI 인재 육성

황보현우

서울대 산업공학과 객원교수. 연세대에서 행정학으로 학사와 석사, 정보시스템학으로 박사학위를 취득하였다. 국가지식재산위원회, 국가데이터정책위원회 산업기반분과, 서울시 빅데이터심의위원회, 경기도 빅데이터위원회에서 AI, 데이터 정책을 자문하였다. 저서로 『코딩 없이 배우는 데이터 분석』(2024), 『코딩 없이 배우는 데이터 과학』(2023) 등이 있다.

현실감 없는 'AI G3'의 꿈

2022년 11월 ChatGPT의 등장 이후 인공지능AI은 국가 발전을 위해 선택의 대상이 아닌 필수 과제가 되었다. 이에 2024년 4월 정부는 우리나라가 미국, 중국과 어깨를 나란히 하는 AI G3로 도약하기 위한 'AI·디지털 혁신 성장 전략'을 발표했다. 그러나 현실은 녹록지 않다. 보스턴컨설팅그룹BCG이 발표한 'AI 성숙도 매트릭스'에 따르면 한국은 조사 대상 73개국 중 2군2nd tier에 속하는 것으로 평가되었다. 그간 우리나라와 비슷한 수준으로 인식했던 영국, 싱가포르, 캐나다보다 아래 단계이며 한 수 아래로 평가했던 말레이시아, 스페인과 비슷한 수준이다. 미국 스탠퍼드 HAI 연구소가 발표한 'AI 인덱스 보고서'에 따르면 우리나라의 AI 순위는 10위권 밖이다. 이 보고서는 2023년 개발된 149개 기반 모형과 주목할 만한 87개 모형을 언급했지만, 한국의 AI 모형은 하나도 포함되지 않았다. 네이버 하이퍼클로바X 누락 논쟁이 있었지만, 이를 고려하더라도 순위에는 큰 변동이 없다.

영국 토터스미디어Tortoise Media가 발표한 '글로벌 AI 지수' 역시 마찬가지다. 우리나라(27.2)는 미국(100), 중국(32.3), 영국(29.9), 프랑스(28.1)보다 뒤처진 6위로 평가되었다. 특히 한국은 상업화, 연구, 운영 환경 등에서 10위권 밖을 기록해 시급하게 보완해야 할 분야가 어디인지 지적해주고 있다.

우리나라가 AI G3, 최소한 AI 강소국으로 자리매김하기 위해 주력해야 할 정책은 무엇인가? AI 인프라 확보, 산업 육성을 위한 자본 공급, 산·학·연 연계 활성화 등 신경써야 할 부분이 많지만 무엇보다 시급하고 중요한 분야는 국가 차원의 AI 인재확보이다.

장기적 관점의 AI 인재 양성

글로벌 수준의 AI 인재를 양성

하기 위해 먼저 경직된 교육 체계를 개선하고, 장기적 관점에서 핵심 인재를 길러내는 것이 중요하다.

첫째, AI를 가르치는 교수진의 보완이 필요하다. 수십 년 전 이론에 머물러 있고 현장 경험이 없는 교수진으로는 AI 강국과 경쟁할 수 없다. 현업 경쟁력이 높은 AI 인재를 양성하기 위해 산업 전문가와 협업을 강화하고, 대학교수 중 일정 비율을 연구 역량과 현장 역량을 동시에 보유한 인력으로 임용해야 한다.

둘째, 대학 정원 체계의 개선이 필요하다. 최소 몇 년 동안 주요 대학에서 AI 관련 학과의 모집 정원을 탄력적으로 적용하는 조치가 필요하다. 세계 주요 대학과 비교하여 10분의 1도 안되는 학생 수로는 절대적인 물량 공세에서 뒤처질 수밖에 없다.

셋째, 의대 쏠림 현상에 대한 해결책이 필요하다. 미국, 중국에서처럼 우수한 AI 연구자가 경제적 보상을 받는 구조를 확립하여 AI 관련 학과에 장래가 촉망되는 학생이 진학할 수 있도록 유도해야 한다. AI 분야 장학금, 연구 및 세제 지원 등 인센티브 제도를 마련해 젊은 인재들이 AI 기술 개발에 몰입할 수 있도록 해야 한다.

'팍스 코리아나'로 전략 전환

2천 년 전 세계를 제패한 로마 제국, 천 년 전 유라시아를 아우르는 광활한 영토를 지배한 몽골

제국, 현재 세계 최강대국인 미국에는 인재 확보 측면에서 공통점이 있다. 부족한 생산인구를 극복하기 위해 국가를 개방형 체제로 전환했다는 점이다. 이들 국가는 인종과 문화가 다른 외국인에게 시민권은 물론 관료와 군인이 되는 길을 터 주면서 우수 인재를 확보했다.

미국은 '과학, 기술, 공학 및 수학^{STEM}' 분야에서 우수 인재를 유치하기 위해 취업비자 H-1B를 우선 배정하고 있으며, 중국 역시 해외 석학 유치를 위해 기존 천인계획^{千人計劃}에 이어 '고급 외국인 전문가 유치계획'을 시행하고 있다.

우리도 글로벌 시대에 부합하는 개방형 국가로의 전환이 필요하다. 단일 민족을 부르짖던 시대에서 '팍스 코리아나'로의 변화가 필요하다. 최근 정부가 도입하기로 한 '톱티어$^{top\text{-}tier}$' 비자를 적극적으로 확대해야 한다. 우수한 해외 AI 인재 유치를 위해 비자, 거주, 세제 혜택 등 인프라를 개선하고, 글로벌 연구기관 및 대학과의 공동 교육 및 연구 교육 프로그램을 강화해야 한다.

전 국민 'AI 리터러시' 역량 제고

AI 인재는 초거대 언어 모형이나 특화 AI 알고리즘을 만들어내는 소수의 엔지니어에 국한되지 않는다. AI 도구를 활용할 수 있는 AI 리터러시 역량을 보유한 모든 사람이 AI 인재에 포함된다. 전 국민이 AI 도구를 쉽게, 잘 활용할 수 있는 AI 리터러시 역량 제고가 필요하다.

모 대학의 인공지능 교수는 기말시험에서 학생들에게 노트북과 인터넷 사용을 허용하는 것은 물론, ChatGPT를 비롯한 생성형 AI를 활용해 답안을 작성하는 것을 허락했다. 출제와 채점 과정의 난도는 높아지지만, 학생들의 AI 활용능력 향상이 더 중요하다고 판단하여 내린 조치이다. 삼성전자 역시 12만 명에 달하는 임직원을 대상으로 AI 리터러시 역량 제고를 위한 교육 프로그램을 개설했다. 생성형 AI의 이해, 업무별 AI 활용 사례를 비롯해 쏟아지는 AI 도구를 효율적으로 사용하기 위한 강좌들이 주를 이루고 있다. 전 국민의 'AI 리터러시' 역량 제고를 위해 초·중·고등학교에서 평생교육 과정에 이르기까지 AI 활용 교육을 강화해야 한다.

모든 사람이 AI 알고리즘을 개발하는 엔지니어가 될 필요는 없지만, 편리한 일상생활과 효율적인 업무 처리를 위해 AI 도구를 잘 사용하는 것은 필수 덕목이 되었다. '정보 격차'보다 더 강력하게 다가올 'AI 디바이드divide'의 부작용을 예방하기 위해, AI 취약계층이 더 쉽고 저렴하게 AI를 사용할 수 있도록 교육과 바우처를 제공해야 한다.

우리나라는 AI 강국으로의 도약인가, 아니면 미국, 중국에 뒤처진 AI 변방으로 전락인가의 갈림길에 서 있다. 소위 AI 강소국으로 불리는 캐나다, 이스라엘, 네덜란드, 아랍에미리트UAE에는 공통점이 있다. 국가 차원의 장기적 AI 인재 양성계획을 수립하고, 꾸준히 이를 실행해 왔다는 점이다.

장기적 차원의 AI 인재 양성, 글로벌 AI 인재 확보, 전 국민 AI 리터러시 향상은 우리나라 AI 산업 발전을 위한 인적 자원의 체질을 바꿀 수 있는 기반이 될 것이다. 이러한 인적 자원의 확보가 선행될 때 AI 인프라 지원, AI 스타트업 육성 등과 같은 제반 AI 산업 육성책이 제대로 된 효과를 발휘할 수 있다.

클라우드 네이티브

이규엽

kt cloud 부장. KAIST 경영학석사, 성균관대 경영학부 박사를 수료했다. 한국전산원(현 NIA) 정책기획팀장, 지능데이터기획팀장과 세종시 빅데이터위원회 위원을 역임하였다. 저서로 『경계가 허물어진 미래, 뉴거버넌스 시대가 열린다: 미래서울행정』(2021, 서울연구원, 공저), 『4차 산업혁명과 지능정보사회의 정책과제 100선』(2017, NIA, 기획 및 공저) 등이 있다.

클라우드 기반의 디지털 정부

디지털 전환 시대를 맞아 클라우드는 필수 인프라로 자리 잡고 있다. 특히 AI 시대의 도래와 함께 클라우드 기반의 디지털 정부 구현은 국가 경쟁력 확보를 위한 핵심 과제이다. 2015년 클라우드컴퓨팅법 제정 이후 우리나라는 괄목할 만한 발전을 이루었으나 글로벌 경쟁 관점에서 여전히 많은 도전에 직면해 있다.

세계 최초로 클라우드컴퓨팅법을 제정한 이후 우리나라는 단계적이고 체계적인 정책 발전을 이루어왔다. 제1차 클라우드컴퓨팅 기본계획(2016~2018)에서 제3차 기본계획(2022~2024)까지 정책적 노력의 결과로 행정·공공기관의 민간 클라우드 이용률이 2021년 2.0%에서 2023년 11.6%로 증가하고 국내 클라우드 시장 규모도 지속적으로 성장하여 5조 원대 규모로 확대되었으며 클라우드 전문기업 수도 꾸준히 증가하고 있다. 이러한 노력에도 불구하고 디지털 정부 시스템은 여러 구조적 한계에 직면해 있다. 이러한 한계는 클라우드 네이티브 Cloud Native 기반 디지털 정부 전환을 통해서 어느 정도 해소될 수 있을 것으로 기대한다.

더욱이 국내 클라우드 기업의 글로벌 진출 비중이 5.7%에 그치는 반면 글로벌 클라우드 기업의 국내 시장점유율은 2022년 기준 75.8%에 달해 국내 기업의 경쟁력 강화가 시급하다. 글로벌 협력을 통해 국내 시장을 키우면서 핵심 영역에서 경쟁력을 확보하는 균형 잡힌 전략이 필요하다.

클라우드 네이티브로 전환

AI 시대에 걸맞은 클라우드 정책으로 전환이 필요하다. 기존의 인프라 중심 접근에서 벗어나 AI 기술과의 융합을 통한 혁신적 서비스 창출에 초점을 맞추어야 한다. 이를 위해 공공·교육·금융·민간 분야의 대형 혁신과제를 적극 추진하고 AI 반도체, 컴퓨팅 인프라, 데이터센터 등 전후방 가치사슬 구축에 주력해야 한다. 또한 정부 주도에서 벗어나 민간이 주도하고 자생적으로 성장하는 생태계를 조성하되 글로벌 기업과의 전략적 협력도 강화해야 한다.

클라우드 네이티브로의 전환은 기술적 혁신을 넘어 정책과 제도, 조직문화의 총체적 변화를 요구하고 있다. 도전적 과제이지만 AI 시대 디지털 경쟁력 확보를 위해 반드시 거쳐야 하는 여정이다.

- **클라우드 도입 전면화** 교육, 금융 등 공공서비스 전 분야에 걸쳐 클라우드 네이티브 기반의 디지털 정부를 구축해야 한다. 특히 신규 정보 시스템을 구축할 때는 기획 단계부터 민간 클라우드 이용을 우선적으로 검토하여 확장성과 효율성을 극대화하고, 공공 부문의 클라우드 도입을 지속적으로 전면화하고 가속화할 필요가 있다.
- **클라우드 경쟁력 제고** AI 시대에 걸맞게 범국가적으로 AI 컴퓨팅 인프라를 확충하고, 국산 AI 반도체 기반의 K-클라우드 프로젝트를 본격화해야 한다. AI 컴퓨팅 인프라 지원을 산·학·연 수요에 맞춰 체계화하고, '서비스로서의 소프트웨어^{SaaS}' 경쟁력 제고를 위해 국내의 유망한 SaaS 기업을 선별하여 개발부터 글로벌 진출까지 전폭적으로 지원할 필요가 있다.

- **클라우드 생태계 활성화** AI 혁신펀드와 SaaS 혁신펀드를 조성하여 민간 주도의 생태계를 육성해야 한다. 또 글로벌 협력을 강화하여 국내 기업의 해외 진출을 지원하고, AI와 클라우드를 결합한 통합 선단형 해외 진출 전략을 추진해야 한다. 이를 통해 국내 클라우드 기업의 글로벌 경쟁력을 높이고 지속 가능한 성장 기반을 마련할 필요가 있다.

국내 업체와 글로벌 선도 기업 간의 글로벌 협력도 국내 기업의 경쟁력을 높이고 생태계를 활성화하기 위해 필요하다. 최근 kt와 마이크로소프트가 AI·클라우드 분야 사업 협력 및 역량 공유를 위한 전략적 파트너십을 체결하여 한국형 AI 모델 및 서비스를 공동 개발하고, 한국형 보안 클라우드인 '시큐어 퍼블릭 클라우드 Secure Public Cloud'를 출시하며 대한민국 AI 생태계 지원을 추진하기로 한 것은 시사하는 바가 크다.

AI와 클라우드를 결합한 통합 선단형 해외 진출 전략은 국내 기업의 글로벌 경쟁력 강화를 위한 핵심전략이다. 최근 네이버의 사우디아라비아 진출 사례는 데이터센터-클라우드-AI로 이어지는 통합 밸류체인을 활용한 해외 진출 모델을 보여주고 있다. 자국의 문화와 언어적 특성을 존중하는 '디지털 헤리티지 인공지능 Digital Heritage AI' 전략을 통해 현지화와 교육·의료·미디어·업무 생산성 등 다양한 분야에서

AI 서비스의 실제 적용사례를 제시하려는 것은 의미가 크다.

AI와 클라우드의 융합

클라우드 네이티브의 전면화 및 가속화는 디지털 정부 서비스의 혁신을 이끌어낼 것으로 기대된다. 서비스 간 독립성이 보장되어 전체 장애 상황을 피할 수 있고, 개별 서비스의 신속한 기능 개선과 서비스 개선 주기가 획기적으로 단축되며, 개발과 운영이 통합되어 서비스 중단 없는 지속적인 개선이 가능함과 동시에 사용자 수요 변화에 신속하게 대응할 수 있어 국민이 체감하는 정부 서비스의 품질이 크게 높아질 것이다.

민간 중심의 클라우드 생태계 활성화를 통해 국내 클라우드 산업의 글로벌 경쟁력도 강화될 것이다. AI 컴퓨팅 인프라 확충과 SaaS 개발 지원으로 국내 기업의 기술 역량이 제고되고, 글로벌 선도 기업과의 전략적 협력을 통한 첨단 기술 협력과 역량 공유가 활성화될 것이다. 특히 데이터센터-클라우드-AI로 이어지는 통합적 가치사슬이 구축되어 해외 시장 진출이 가속화될 것이다. 이와 같은 경영 환경 속에서 혁신적인 스타트업이 성장하고, 산업 전반에 걸친 디지털 전환이 촉진되어 새로운 비즈니스 기회가 창출될 것이다.

AI와 클라우드의 융합을 통해 혁신적인 디지털 서비스가 창출되고, 산·학·연이 협력하는 자생적 생태계가 조성되어 AI 시대의 성공모델을 제시할 것이다. 특히 국산 AI 반도체 기반의 K-클라우드를 통해 교육, 의료, 금융 등 전 산업 분야에서 AI 기반 혁신 서비스가 확산될 것이다. 나아가 AI와 클라우드의 결합으로 지능형 공공서비스, 스마트시티, 디지털 헬스케어 등 미래 혁신 서비스의 기반이 마련되어 디지털 강국으로서의 위상이 더욱 공고해질 것으로 기대한다.

정보통신기술 플랫폼 혁신

강충구

고려대 전기전자공학부 교수. 이동통신 시스템 및 무선 네트워크 분야를 연구한다. 한국통신학회 회장을 역임했다. 한국공학한림원 정회원으로 5G/6G 및 IoT 통신 표준 기술 개발과 더불어 주파수 활용 및 미래 ICT 혁신 전략 및 정책 수립 등에 참여하였다. 정부와 산업체의 6G 위성통신 관련 연구 개발 및 유관 산업 발전 방향 논의에 참여하고 있다.

민·군 협력을 통한 정보통신기술ICT 혁신 인프라 구축

4차 산업혁명을 촉발한 디지털 전환digital transformation, DX은 5G를 활용하여 각 산업에 특화된 독립적인 데이터와 프로세스를 디지털화 하는 과정이며, 이런 단편적 접근은 기술 및 환경에 따라 개별적으로 대응해야 하는 비효율성과 자율성의 한계로 인해 확산이 제한적이다. DX가 갖는 한계를 극복하고, 전 공간에 걸쳐 물리세계와 가상세계를 융합하는 6G의 다차원 극초연결성 및 초지능 기반 통신·컴퓨팅 인프라에 의해 모든 산업 도메인의 시스템을 통합 관리하면서 자율적으로 동작할 수 있어야 한다. 이를 위해 모든 도메인의 시스템 간 상호작용을 가능하게 하는 공통의 융합 플랫폼으로 MetaNet[1] 을 구축해야 한다. 이를 기반으로 한 '초실감·지능형 초집중 통합전환SuPer-Realistic & Intelligent Nexus Transformation, SPRINT'의 시대가 도래할 것이다.

한편, 6G의 초공간 초연결 네트워크 기반의 3차원 입체 통신 인프라 위에서 초집중 통합전환을 실현하기 위해 개별 응용 프로그램 및 데이터와 연계된 디지털 트윈digital twin을 AGI·클라우드 컴퓨팅과 통합하여 물리적 시스템의 가상화, 실시간 데이터 처리, 그리고 자율적 의사결정을 지원하는 SPRINT MetaNet 엔진을 구현해야 한다.

한편, 방위산업은 국가 안보와 첨단 기술혁신을 동시에 지원하므로 미래 기술 경쟁력 확보를 위해 안정적인 연구 환경과 대규모 인프라 구축이 필수적이다. 정부는 민간이 접근하기 어려운

---

[1] MetaNet은 지상 및 비지상망에 걸친 3차원 입체 통신을 실현하는 초공간·초연결 네트워크(MetaSpace Network)와 초지능·초실감형 서비스를 위한 컴퓨팅 엔진·클라우드 기반 소프트웨어 플랫폼으로서, 전 공간에 걸쳐 물리세계와 가상세계를 무결하게 융합하면서 다양한 시스템 간 실시간 상호작용이 가능한 통합 체계를 포괄하는 인프라 개념

고위험 고비용 기술 개발을 지속적으로 지원함으로써 첨단 무기체계 개발과 군사적 우위를 확보해야 한다. ICT 미래 산업 혁신을 위한 융합 전략 플랫폼 구축 전략으로 첨단 국방기술을 활용한 실증 프로젝트를 통해 민·군 협력의 시너지를 극대화하고, 이를 다양한 민간 산업에 적용 가능한 기술로 확산하는 것을 고려할 수 있다. 국방 산업과 ICT의 융합은 안보와 경제발전을 동시에 촉진하는 전략이 될 것이다. 방위산업의 대규모 R&D 투자로 통신, 보안, 데이터 처리 기술, 드론, 센서, GPS, 고급 레이더 등 첨단 기술을 극한환경에서 검증하여 높은 신뢰성을 확보한 후, 이를 민간 ICT 생태계에 확장 적용함으로써 기술혁신을 가속화할 수 있겠다. 이를 위한 '민·군 협력 기반 ICT 혁신 인프라 구축 사업Defense-driven ICT Innovation Infrastructure for Collaborative Ecosystem, DI^3CE'을 제안한다.

1. 저궤도 6G 위성통신망 K-Constellation 구축

- 해외 저궤도 위성망의 상용화로 인해 국내 민간 및 국방 수요가 종속될 위험에 대응하고, 글로벌 서비스 확대를 위해 독자망 구축 필요
- 세계 최초의 6G 표준 기반 위성통신 기술 개발을 통해 기술 자립화와 글로벌 시장 진출 역량을 확보하고, 민·군의 수요를 동시에 충족하는 효율적 통신 인프라 구축

- 한국 주도의 저궤도 위성통신망K-Constellation 공동 구축을 위한 국가 간 협력 기구 결성, 글로벌 협력망 구축을 위한 표준기술 공동 개발과 글로벌 인력 양성, 그리고 공동 투자 계획을 수립하며, 공동망 구축 및 운용을 위한 글로벌 컨소시엄 구성
- 민·군 겸용의 관측, 통신 및 항법 기능, 무인 및 자율 무기 시스템 제어, 사이버 보안 등 K-방산 첨단화와 모빌리티 산업 응용을 위한 저궤도 위성통신망 활용 기술 개발
- 현재 행안부에서 구축하여 운용하는 700MHz 대역의 이동통신PS-LTE 기반 재난안전통신망의 생존성과 활용성을 높이기 위해 저궤도 위성통신망 기반의 국가 재난안전통합망으로 확대 구축

2. 초지능형 통합 지휘통제 플랫폼

- MetaNet 기반의 초연결 AI 플랫폼을 구축하여 육·해·공·해병대의 합동 전장 정보를 실시간으로 통합하고 가시화하여, AI를 통한 지휘 결심을 지원함으로써 작전의 속도와 효율성 극대화
- 6G 네트워크와 전투 클라우드를 기반으로 군 전 영역에서 생성되는 데이터를 초연결하고, 유·무인 복합전투체계와의 통합을 통해 전투력 향상과 미래 전장에 대응할 수 있는 지

휘통제 체계 구축
- 사업의 핵심 기술 요소는 6G 기반 초연결 네트워크, AI 기반 지휘 지원 시스템, 전투 클라우드 및 데이터 표준화, 그리고 유·무인 복합전투체계의 통합으로서 AI와 데이터 표준화를 기반으로 한 통합 아키텍처 구축, 자동화된 의사결정과 작전 수행 지원, 핵심 AI 기술 개발을 통해 지휘통제 기능 강화

3. 양자 융합 소프트웨어 개발 플랫폼

- 양자컴퓨터의 개발과 운영에 필요한 극저온 냉각 시스템, 정밀 제어 장비, 초정밀 광학 장치 등 고가 장비에 대한 정부주도적 하드웨어 인프라 구축
- 전 산업에 걸쳐 빠르게 난제(암호 해독, 신물질 개발, 최적화 등)를 해결하고, 보다 빠르고 정확한 양자 인공지능 및 기계학습을 구현하는 양자 소프트웨어 기술 확보
- 국산 양자컴퓨터 및 양자 소프트웨어 성능 검증을 위한 민·군 공동 테스트베드 환경 조성
- 군용로봇 및 유도무기 개발에 활용할 수 있는 양자 중력 및 자기장 양자센서 기반 자율주행과 양자레이더 기반 초정밀 탐지 등 양자 정보 기반의 원천 기술 확보

위와 같은 프로젝트는 민·군·관 협력 정책으로서, 민·군 협력 연구개발 플랫폼을 통해 양측의 기술 개발 현황과 필요 기술을 공유하여 중복 투자를 방지하면서 민간과 군이 함께 참여하는 협력 프로젝트에 우선적으로 연구개발 자금을 지원하여 효율성을 극대화해야 한다. 미래 혁신형 글로벌 인재 양성을 위해 정부초청 외국인 장학생Global Korea Scholarship, GKS 프로그램에서 저궤도위성망 구축 및 운용, 방산 관련 기술에 특화된 유학생을 별도로 선발하여 미래형 국제 협력 인재로 양성하며, 국가 간 교류 및 공동 연구를 조직화하기 위한 국제 공동 캠퍼스Shared Campus를 국내에 설립하는 것도 고려할 수 있다. 세계 최초의 6G 표준 기반 통신 기술과 양자 컴퓨팅을 통하여 기술 우위를 확보하고 글로벌 방산 및 ICT 시장에서의 경쟁력을 강화해야 한다. 또한 재난 대응, 국방 안보, 스마트 시티 등에서 활용 가능한 초연결 인프라를 통해 국가와 사회의 대응력과 지속 가능성을 높일 수 있어야 하겠다.

이 글은 한국공학한림원 산업미래전략위원회가 발간한 "대한민국 산업미래전략 2040 보고서: 대체불가의 나라"(2024년)를 인용했음을 밝힙니다.

AI 산업생태계의 심장, 데이터센터

송명호

한국외국어대에서 경영학 석사학위를 받았으며 (주)기술과가치, (사)한국데이터센터연합회를 거쳐 강원테크노파크에서 근무하고 있다. 2017년 AI기반 데이터센터 운영을 위한 기술로드맵 수립 연구, 2020년 국내 데이터센터 시장에 대한 최초 정량적 현황 전망을 조사 분석한 『KOREA DATA CENTER MARKET 2020~2023』의 주저자이다.

AI 산업생태계의 심장

데이터센터는 국가 인공지능^{AI} 경쟁력을 가늠하는 'AI의 심장'으로 불린다. 2025년 초부터 주요 국가들은 AI 데이터센터를 자국에 유치·구축하기 위해 파격 정책을 쏟아내고 있다.

미국은 정부 부지 6곳에 최대 5GW의 민간 AI 데이터센터 구축을 승인하였고, 빅테크 기업이 5천억 달러를 AI 데이터센터와

	일반 데이터센터	AI 데이터센터
목적	범용 연산 및 데이터 저장관리	AI 학습 및 추론
하드웨어	CPU 기반 서버	AI 특화 하드웨어(GPU, TPU 등)
요구사항	(연산) 데이터 처리 / 네트워크 (스토리지) 대용량 데이터 저장	(연산) 고성능 병렬 연산 (스토리지) 고속 입출력 / 대용량 데이터 처리
전력	Rack 당 15~30kW	Rack 당 최대 120kW
냉각	표준냉각 시스템	특수 냉각(액침냉각 등)

SK텔레콤, 2024.09

시설에 투자하는 '스타게이트Stargate 프로젝트'를 발표하였다. 프랑스는 1,090억 유로를 투자하여 데이터센터 집적 단지를 구축할 계획이며, 영국도 생성형 AI를 위한 데이터센터와 소형 모듈러 원전SMR 투자를 발표하였다. 우리 정부도 '국가 AI 컴퓨팅 센터'에 2조 3천억 원을 투자하고 규제를 개선하려 하지만 전력 부족, 다른 규제의 신설, 지역사회의 반대 등의 이슈로 데이터센터 산업 전반의 지속 가능성은 저하되고 있다.

AI 데이터센터는 대량의 데이터를 실시간으로 분석하는 GPU와 같은 컴퓨팅 자원을 대규모로 사용하여 전력 소모가 크기 때문에 새로운 형태의 전력 공급 방식과 냉각 시스템이 필요하다.

새로운 구조의 AI 데이터센터는 건축, 전력 설비, 이차 전지, 냉각, 운영 소프트웨어 등 부품과 장비 산업에도 새 시장을 창출한다. AI 데이터센터의 후방산업 시장은 2024년 151억 3천만 달러에서 매년 25.7%씩 성장하여 2032년에는 940억 3천만 달러에 이를 것으로 예측[1]된다. 핵심부품의 공급 차질도 나타난다. 2024년 액침냉각 부품인 '퀵 커플링Quick Coupling' 부족으로 액침냉각 선도 기업인 슈퍼마이크로의 납품이 지연되는 상황이 발생[2]하였다. 우리 기업도 에너지와 냉각 산업을 중심으로 데이터센터 시장 진출을 추진하고 있으나 데이터센터의 적용 사례 부족, 선도 기업과의 기술격차 등의 이유로 애로를 겪고 있다.

AI 소·부·장과
데이터센터 클러스터

따라서 데이터센터 부품과 장비 분야의 역량을 높일 수 있는 이른바 'AI 소·부·장(소재·부품·장비)' 육성이 필요하다. 특히 우리 대·중소기업이 함께 공급망 생태계를 구성할 수 있으며 경쟁역량을 보유한 특수냉각, 전력설비 및 이차전지, 운영관리 소프트웨어 분야에 대한 범정부 차원의 지원으로 다가올 AI 시대의 후방 산업을 선점해야 한다.

AI 데이터센터가 들어설 수 있는 최적 환경을 갖춘 AI 데이터센터 클러스터 또한 산업 발전의 필수 요인이다. 정부가 2023년

---

1 포춘비즈니스인사이트, 2025. 01
2 Quick Couplings' Buying Surge Reportedly Leads to AI Server Component Shortage Brought up by Supermicro, TrecdForce, 2024. 08. 13

부터 본격 추진해온[3] 데이터센터의 지방 이전이 현재까지 한 건도 성사되지 못하였다.[4] 정부가 제안한 지방 이전 대상 부지에 변전소를 비롯한 기반시설이 부족하여 인센티브의 실효성이 낮고, 지역 주민이 전자파 방출을 우려하여 반대하는 것이 가장 큰 이유라고 업계는 지적한다.

우리와 같은 상황을 먼저 맞이했던 네덜란드 암스테르담은 2019년 시 외곽에 전력과 물 사용을 담보하는 데이터센터 산업단지 8개를 구축했다. 미국은 5GW 이상 초대형 데이터센터 구축하는 데 전력 규제 당국인 에너지부의 국유지를 제공하였고, 일본도 데이터센터의 지방 이전을 위해 매년 120억 엔을 지원한다. 정부는 데이터센터 설립을 촉진하는 혜택을 제공하고, 데이터센터는 친환경적이고 효율적인 운영을 담보한다는 것이 이들 정책의 핵심이다.

AI 시대의 필수 인프라로 데이터센터를 인식한다면, 위의 사례와 같이 자원이 풍부한 부지에 친환경적으로 대규모 전력을 활용할 수 있는 산업단지를 제공하는 적극적 대안이 필요하다. 신재생에너지와 신재생에너지공급인증서^{REC} 등을 적극적으로 활용할 수 있도록 지원하고 지역 데이터센터의 현지 법인 설립을 통

---

[3] 새로 들어설 데이터센터 60% 수도권에…집중화 당분간 지속, 연합뉴스, 2024. 11. 18
[4] 정부 데이터센터 지방 이전 대책 '지지부진', 매일경제, 2024. 06. 02

한 세수 제공, 지자체 펀드의 데이터센터 공동투자를 통한 지역사회와의 수익공유 등의 제도를 마련한다면 데이터센터의 수도권 집중과 환경 부담을 완화하며 산업의 지속 가능성을 향상할 수 있을 것이다.

AI 데이터센터의 지역 분산

AI 데이터센터 확충을 위하여 법령과 거버넌스 영역에서 선결해야 할 과제들이 있다. 먼저 법령에선 소재·부품·장비 핵심 전략 기술에 AI 인프라를 추가 지정하고, 산업 육성을 위한 기본계획에 이를 포함하여 해당 산업에 대한 혜택을 확대한다. 건축법 용도 분류에 '신산업 건축물'을 신설하고 세부 용도로 데이터센터를 포함하여 데이터센터에 적합한 건축 관련 법규와 산업단지 관련 법, 환경 관련 사항들을 신설할 필요가 있다.

지원제도 및 거버넌스 영역에선 'AI 데이터센터의 기반 인프라'를 미래 먹거리 산업으로 인식하고, 우리 기업의 시장 진입과 혁신역량 축적에 필요한 정부 차원의 대규모 지원이 필요하다. 국산 'AI 칩'을 주도하는 과학기술정보통신부와 '냉동공조' '전력' 산업과 '산업단지'를 담당하는 산업통상자원부, '건축' '토지개발'을 담당하는 국토교통부, 나아가 물 산업을 담당하는 환경부 등 범부처 거버넌스가 필요하며, 실질적인 인허가와 행정을 담당하는 지자체의 참여 또한 필수적이다.

  AI 데이터센터는 단기적으로는 대·중소기업 협력 기반의 공급망 생태계를 구축하여 AI 소·부·장 산업을 육성하는 시너지를 창출할 것이다. 선도 기업과의 기술격차 해소에도 이바지할 수 있다. 장기적으로는 AI 데이터센터 구축을 위한 핵심부품 공급망의 안정화와 글로벌 공급망에서 주도권 확보가 가능하다.

  AI 데이터센터의 지역 분산 정책은 데이터센터 전력계통 포화 문제를 해결하여 안정적인 전력 공급 환경을 구축할 수 있다. 이와 함께 지역 데이터센터의 현지 법인 설립을 통한 세수 확보, 지역경제에서 데이터센터의 역할 강화와 산업에 대한 인식 전환, 주민 반대 최소화를 통한 지속 가능성을 높일 수 있다.

AI 휴머노이드 로봇
생태계 구축

조영훈

㈜뉴로메카 미래성장담당 디렉터. 광운대 전자통신공학 학사, 한세대 정보보호공학과 석사학위를 받았다. 한국정보통신진흥협회에서 인터넷정보검색사 시험제도, Y2K 실태조사, 인터넷사이트안전마크제도, 개인정보보호제도를 기획 운영하였다. 한국로봇산업협회를 설립하여 대한민국 로봇 산업 생태계를 만들어가고 있다.

3년의 골든타임

세계는 AI와 휴머노이드 로봇이 결합하는 기술 진보를 넘어 산업과 사회 구조를 변화시킬 새로운 시대를 맞이하고 있다. ChatGPT를 시작으로 생성형 AI 기술이 빠르게 발전하고 테슬라 옵티머스와 같은 피지컬 AI 기술이 현실화되면서, 인간과 유사한 사고와 학습 능력을 가진 휴머노이드 로봇이 본격적으로 등장하고 있다.

하지만 우리나라의 AI 휴머노이드 로봇 산업은 도전에 직면해 있다. AI 반도체 개발 경험은 부족하며 엔비디아 등 글로벌 기업과 비교해도 경쟁력은 낮으며, 대규모 실증 데이터 축적도 미흡하다. 상용 제품을 보유한 기업은 레인보우로보틱스가 유일하며 몇몇 국내 기업이 시제품 개발 및 제품 안정화를 모색하는 중이다. 핵심부품의 국산화율은 여전히 저조한 상태이며, 양산 기술 및 부품은 ① 뉴로메카의 모방 학습 및 충돌 회피, 모션 최적화 기술, 스마트 엑추에이터 ② 에스피지의 2축, 4축 관절용 감속기 정도에 그치고 있다.

이에 우리나라 내수시장 확대와 핵심 부품 국산화를 동시에 추진하면서 글로벌 경쟁 변화에 유연하게 대응할 수 있는 지속가능한 산업 기반을 마련하기 위해, AI 휴머노이드 로봇 산업의 생태계 구축은 매우 중요하다. 현재 글로벌 AI 휴머노이드 로봇 시장은 절대 강자가 없는 초기 경쟁 단계이며, 향후 3년 내에 주도권이 결정될 가능성이 높다. 이 골든타임을 놓친다면 해외 기술 의존도는 심화되고, 글로벌 시장 진입 장벽은 더욱 높아져 후발주자로 전락할 위험이 크다. 따라서 3년의 골든타임 동안 전략적인 글로벌 협력과 국산화 내재화를 목표로, 글로벌 경쟁력을 갖춘 AI 휴머노이드 로봇 산업 생태계를 반드시 구축해야 한다.

수평적 협력 생태계

먼저, 수평적 협력 기반 생태계가 필요하다. 글로벌 시장이 형성되는 시기에는 다양한 실증 프로젝트를 추진하고, 이를 통한 제조 환경과 서비스 환경의 데이터 기반 실적track record을 선제적으로 확보하는 전략이 중요하다.

우리나라는 제조 인프라가 구축되어 있으며, 안정적으로 운영되는 제조 강국이다. 이에 제조 기반의 AI 휴머노이드 로봇 실증 데이터를 다른 국가에 비해 쉽게 확보할 수 있는 환경을 갖추고 있다. 기존의 AI 자율제조 얼라이언스를 활용하여 업종별 앵커 기업과 협력하면 ① 자동차 산업(현대차, 기아)의 공장 자동화 및 물류 로봇 적용 ② 반도체 산업(삼성전자, SK하이닉스)의 클린룸 내 로봇 활용 ③ 조선업(HD현대중공업)의 선박 블록 조립 및 용접 자동화 등에서 AI 휴머노이드 로봇 실증이 가능하다. 이러한 제조업 기반의 실증 데이터를 선제적으로 확보하면 글로벌 경쟁에서 앞서 나갈 수 있으며, 성공 사례를 또 다른 산업으로 빠르게 확산시켜 시장 경쟁력을 강화해야 한다.

인간과 로봇이 공존하는 세상을 만들기 위해 사회적 약자를 지원하고 공공 분야에서 AI 휴머노이드 로봇 활용을 확대하는 방안도 마련되어야 한다. 이를 위해 요양시설 고령자 돌봄, 재활, 의료, 국방, 재난대응 등 사회문제 해결에 기여할 수 있도록 정책적 지원이 요구된다.

수직적 계열화 생태계

다음으로 수직적 계열화가 필요하다. 안정적인 산업 생태계를 구축하기 위해 수직적 공급망을 확립하고, 핵심 부품을 국산화하는 것은 필수적이다. AI 휴머노이드 로봇의 수직적 계열화 생태계는 업종별 앵커 기업을 수요처로 연계하여 ① 핵심 구동 부품 필드 테스트 가능한 로봇 완성품 기업 ② 타 산업 주요 기업과 매칭을 주도하는 로봇 SI 기업 ③ 로봇에 탑재되는 AI 반도체, 센서, 감속기, 서보모터, 컨트롤러, 제어 알고리즘 등의 핵심 구동 부품 기업 ④ 스타트업 기업 등으로 구성할 수 있다.

그동안 수직적 생태계 구축에는 어려움이 많았다. 생태계 참여 기업 간의 협력을 권장하는 것도 중요하지만 정부도 WTO 정부조달협정^{GPA} 위반 우려가 있는 국산 부품 우선구매 의무화 대신, 국산 부품 사용 장려 인센티브 제도 도입 등으로 정책적 방향을 전환하고 보조금이나 세액공제 확대도 검토해야 한다. 또한 일본 제조업용 로봇 완성품 기업들이 핵심 구동 부품을 내재화하거나 중소 부품기업에 지분 투자 또는 인수합병$^{M\&A}$하는 전략을 벤치마킹하는 것도 필요하다.

하지만 모든 부품을 국산화하는 것은 현실적으로 어렵다. 이에 반도체 산업이 메모리 반도체(DRAM과 NANO Flash)를 킬러 부품으로 선정하여 전략적으로 육성했던 사례나 자동차 산업이 모듈화된 부품 조달 체계를 구축했던 사례를 참고할 필요가 있다. 로봇 산업에서도 서보모터, 감속기, AI 컨트롤러 그리고 스마트 엑추에이터와 같은 핵심 기술을 대기업이 주도적으로 개발하고, 중소기업이 모듈 및 부품을 제작·공급하는 협력 모델이 필요하다. 특히 전기차 모터처럼 핵심 동력 시스템을 일체화한 것과 유사하게, 감속기·서보모터 등의 부품을 AI 기반으로 구동 최적화하고, 힘 조절 및 유지보수가 가능한 통합된 스마트 액추에이터를 킬러 부품으로 육성하는 전략도 고려할 수 있다.

글로벌 공급망 구축

글로벌 경쟁력을 확보하려면 국제 협력이 필수적이며, 글로벌 공급망의 불확실성을 고려할 때 핵심 부품 국산화와 전략적 조달 확보가 시급하다. 이를 위해 AI 휴머노이드 로봇 글로벌 공급망[GVC] 구축이 필요하며, 핵심 기술 협력과 신시장 개척의 두 개의 축으로 추진해야 한다.

국가별 협력 전략으로는 ① 미국, 대만과 AI 반도체 및 로봇 운영체계 협력 ② 일본, 독일, 대만과 정밀감속기, 서보모터, 센서 협력 ③ 유럽, 일본과는 휴머노이드 로봇 하드웨어 개발 협력을 고려할 수 있다. 또한 신시장 개척을 위해 ① 인도와 저비용 생산과 AI 인재 교류 ② 베트남, 태국과는 저비용 생산과 조립 ③ UAE, 사우디아라비아와는 해외 실증 테스트 협력을 추진할 수 있다.

특히 미국과는 AI 반도체 동맹을 활용하여 AI 로봇 공급망을 구축하고, 프렌드쇼어링friendshoring 전략을 적용해 우리나라 AI 휴머노이드 로봇 기업의 미국 내 생산 공장 증축 및 투자 유치를 추진할 필요가 있다. 또한 미국 내 한국 로봇 제품 테스트와 한국 내 미국제품 제조 현장, 서비스 현장 테스트베드 협력 제안은 글로벌 경쟁력을 확보한다는 측면에서 양국이 상생할 수 있는 전략이다. 일본과는 상호 강점을 활용한 협력으로, 일본의 로봇 부품을 활용한 우리나라의 로봇시스템 공급 협력으로 고부가가치 AI 로봇에 관심을 보이는 중동 시장에 적극 진출하는 전략을 마련할 수 있다. 또한 저비용 고효율 솔루션을 선호하는 아시아 시장, ODA 시장을 겨냥한 맞춤형 시장 개척도 필요하다.

미래 경쟁력을 위한 전략적 결단 필요

우리나라는 디지털 혁신과 제조업 강국이라는 두 개의 강력한 기반을 보유한 국가이다. AI, 반도체, 배터리, 로봇 기술력을 결합하여 세계 최고의 AI 휴머노이드 로봇 강국으로 도약하는 것은 충분히 가능하다. 글로벌 경쟁력을 갖추기 위해서는 제조업 기반의 실증, 핵심 부품 내재화, 글로벌 협력 및 정부 지원 등이 체계적으로 결합된 전략이 필요하다. 이제 AI 휴머노이드 로봇 강국으로 도약할 때다.

AI 산업 경쟁력
강화 정책

신정규
래블업(주) 설립자. 하이퍼스케일 오픈소스 AI 연구개발 및 서비스 인프라 플랫폼인 Backend.AI를 개발·공개하고 있다. Google Developers Experts에서 AI 및 Cloud Expert로, Google for Startups에서 멘토로 활동한다.

황은진
래블업(주) 연구총괄. 포스텍에서 복잡계 신경과학 분야로 물리학 박사학위를 받았다. 한국과학기술연구원(KIST) 뇌과학연구소에서 박사후 연구원으로 재직하며 EEG 기반 인지, 뇌 상태 전이 등에 대해 연구했다.

비용 절감과 성능 향상을 동시에

글로벌 AI 시장은 전례 없는 속도로 성장하고 있으며 기술 혁신과 비용 효율화 경쟁이 치열해지고 있다. 중국의 딥시크^{DeepSeek} 사례에서 보듯이 AI 산업의 핵심 경쟁력은 단순히 대규모 하드웨어 자원을 확보하는 것이 아니라 소프트웨어 최적화를 통하여 효율적으로 자원을 활용하고 비용을 관리하는 데 있다. 딥시크는 네트워크 병목을 줄이고 GPU 연산을 최적화함으로써 적은 자원으로도 높은 성능을 이끌어냈다. 비용 절감과 성능 향상을 동시에 달성하는 최적화 기술이 AI 경쟁력의 핵심 요소라는 점을 보여준다.

반면 우리나라의 AI 스타트업은 국내 시장 위주로 성장해온 결과, 빠르게 변화하는 글로벌 시장에서 최적화 경쟁력을 확보하는 데 어려움을 겪고 있다. AI 스타트업은 AI 기술 자체를 개발하는 기업과 이를 응용해 다양한 산업 분야에 적용하는 기업으로 구분할 수 있다. 전자는 대규모 R&D와 우수 인재 확보를 통해 글로벌 시장으로 확장이 필요하고, 후자는 폭넓은 응용 생태계와 시장에 적응하는 것이 중요한 과제다.

중국의 예를 다시 보면, 딥시크를 비롯한 AI 기업들은 국가 지원과 기업 간 경쟁을 통해 기술력을 내실화하고 글로벌 경쟁력을 갖추어 생존해왔다. 우리나라는 정부가 주도하는 장기 과제 중심의 지원 체계에 머무르고 있어 급격히 발전하는 AI 분야에 대한 민첩한 대응이 쉽지 않은 실정이다. 정부도 민간 자본처럼 빠른 의사결정과 신속한 지원 방식을 채택해야 한다. 동시에 공적 자본의 특성을 살려 결과적인 성공이나 실패보다 과정과 성과를 투명하게 공개하여 경험적 지적 자산이 사회 전반에 스며들고 축적되도록 해야 한다.

신속한 의사결정과 유연한 지원

우선 복잡한 심사 절차를 간소화해 민간 자본처럼 빠른 의사결정과 신속한 자금 지원이 가능한 시스템을 구축할 필요가 있다. 지원 시점이 늦어지면 스타트업이 시장에 진입할 때를 놓치고 이는 글로벌 경쟁에서 뒤처지는 결과로 이어진다.

예를 들어, '3개월 준비 + 6개월 지원' 체계를 도입해 선정된 기업에 적시에 자금과 인프라를 지원한다면, 혁신 아이디어가 고도화되는 시점에 필요한 자원을 제때 공급받아 빠른 속도로 가시적 성과를 만들어낼 수 있다. 열 개 중 아홉 개가 실패하더라도 한 개의 대성공을 지원하는 '포트폴리오 전략'도 필요하다. 혁신 기술은 예측이 어렵고 실패에서 축적되는 경험 역시 중요한 지적 자산이므로, 실패를 용인하는 구조가 필수다.

아울러 R&D 역량과 글로벌 진출 의지를 핵심 평가 지표로 설정해 실험적이고 도전적인 스타트업을 발굴해야 한다. AI 분야는 짧은 시간에 시장이 급변할 수 있으므로 과감한 시도가 훗날 커다란 산업 생태계 변화를 이끌어낼 가능성이 높다.

대기업의 AI R&D 진출 유도

게임, 엔터테인먼트 등 대규모 자본을 보유한 기업이 AI 연구개발에 진출하도록 유인하는 방안도 필요하다. 이들은 인프라와 자본력을 갖추고 있어 스타트업에 비해 광범위하고 심도 있는 연구개발 프로젝트를 빠르게 추진할 수 있다.

R&D에 대한 세제 혜택이나 연구비 지원과 같은 인센티브를 제공하면 위험 부담을 낮출 수 있어 대기업이 뛰어들 동기가 커진다. AI 연구 역량이 부족한 기업이 외부 연구진과 협력해 연구개발을 진행할 수 있도록 컨소시엄을 운영하고, 기업 맞춤형 R&D 프로그램을 지원하는 것도 중요하다. 또 신기술을 도입하려는 기업이 정부 규제로 인해 혁신 시도가 좌절되지 않도록 AI 관련 규제를 탄력적으로 운영할 필요가 있다. AI 산업이 빠르게 발전하는 바람에 기존 규제가 부정적 영향으로 작용할 위험이 크기 때문이다.

글로벌 진출을 위한 지원

AI 기업이 글로벌 경쟁력을 갖기 위해서는 해외시장 진출이라는 목표를 넘어 세계적 규모의 데이터 공유와 글로벌 협업 환경을 갖출 수 있는 정책적 지원이 필요하다.

먼저 글로벌 테스트베드 개념을 구체적으로 도입해 국내외 모두가 자유롭게 활용할 수 있는 방대한 데이터 자원을 구축해야 한다. 국내 데이터 허브뿐 아니라 세계적으로 공개된 AI 훈련용

데이터를 함께 정리 통합하고 국경을 넘어 공개 공유할 수 있도록 제도적 장치를 마련하는 것이다. 영국 정부가 국가 데이터를 전 세계에 공개하는 사례처럼, 우리도 공공 및 민간이 함께 참여하는 개방형 데이터 플랫폼을 확장하여 현재와 같은 국내 대상의 제한적 라이선스 기반 공유를 넘어 글로벌 연구자와 국내외 스타트업이 자유롭게 접근하고 상용화할 수 있는 공개 라이선스를 적용해야 한다. 이렇게 되면 기업과 연구기관이 대규모의 다양한 데이터를 활용해 모델을 검증할 수 있으며 해외시장의 특수성을 반영한 모델을 신속하게 개발할 수 있다.

해외 테크기업들과 교류 네트워크도 혁신적 방식으로 구축할 필요가 있다. 투자 유치를 위한 행사나 포럼을 여는 것에서 나아가 국내 기업과 해외 테크기업이 공동으로 솔루션을 개발 실증할 수 있는 글로벌 AI 공동 랩[lab]이나 크로스보더 인큐베이터 프로그램을 운영할 수 있다. 이를 통해 각국의 AI 전문가와 개발자, 스타트업이 한자리에 모여 단기 집중 프로젝트를 진행하고, 그 과정에서 나온 기술적 성과나 노하우를 공유할 수 있도록 해야 한다. 정부는 프로그램에 참여하는 해외 기업과 인재에게 비자 발급, 연구 인프라, 세제 혜택 등을 지원하고 프로그램에서 도출된 성과를 국내외에 홍보하여, 우리의 AI 생태계에 대한 국제적 신뢰와 관심을 높일 수 있다.

핵심 기술력 확보를 위한 국가 전략

AI 산업의 근간이 되는 핵심 기술력을 확보하기 위해서는 국가가 대규모 R&D와 인재 양성에 전폭적으로 지원해야 한다.

이를 위해 국가 차원의 오픈소스 AI 공동 연구개발 지원 프로그램을 본격 도입하는 방안이 유용하다. 국내 연구기관과 기업, 그리고 해외 인재가 함께 프로젝트를 수행하되, 도출된 성과와 연구 결과물(코드, 데이터셋 등)을 오픈소스로 공개해 전 세계가 자유롭게 활용하고 개선하도록 하는 것이다. 정부는 이에 필요한 고성능 컴퓨팅 인프라, 연구비, 공동 연구 공간 등을 제공하고 국내외 연구자들이 안정적으로 연구에 집중할 수 있도록 제도적 재정적으로 지원한다.

글로벌 AI 연구 펠로우십이나 국제 협력 R&D 챌린지 같은 프로그램을 운영하여 미국과 유럽, 아시아의 우수 연구자와 국내 연구진이 긴밀히 협력하도록 장려하는 것도 좋은 방법이다. 자연스럽게 우리나라 AI 생태계에 대한 노하우와 연구 결과가 축적되고 장기적인 협력 네트워크가 구축된다.

이렇듯 오픈소스 중심의 공동 연구, 해외 인재 유치, 대규모 R&D 지원이 결합되면, 국가 차원에서 원천 기술을 빠르게 내재화하고 글로벌 경쟁이 치열해지는 상황에서도 독자적이고 지속적인 혁신 역량을 갖출 수 있을 것으로 기대된다.

3 에너지 전환

시대적 화두인 에너지 전환은 지속 가능한 미래를 위한 필수 과정이다. 이를 위해 에너지 시장의 거버넌스 혁신이 뒤따라야 하며 탈독점, 탈중앙화 그리고 시장 구조의 다양화가 선행되어야 한다. 이러한 변화는 화석연료 중심의 에너지 구조에서 재생에너지로의 전환을 가능하게 하여 환경문제를 해결할 뿐만 아니라, 새로운 경제적 기회를 창출할 수 있도록 한다.

에너지 전환의 주체는 에너지를 소비하는 모든 국민이며, 이 과정에서 새로운 시장이 형성되고 다양한 경제 주체에게 기회가 제공된다. 재생에너지 산업, 첨단 AI를 활용한 스마트 그리드, 에너지 저장 기술, 블록체인 기반 거래 시스템, 선진 투자 금융과 자산 유동화 시장 등 관련 산업의 발전은 양질의 일자리를 창출하고 국가 경제 활성화로 이어진다. 또 글로벌 시장에서 경쟁력을 확보하고 에너지 자립도를 높이는 계기가 될 것이다.

정부와 기업은 협력하여 에너지 전환을 가속화하고 국민이 적극적으로 참여할 수 있는 환경을 조성해야 한다.

기후 위기의 해법,
태양광 시대

박승용
한양대와 서울대 대학원에서 전자공학을 공부하고 삼성종합기술원, 효성중공업 등의 연구소에서 디지털 혁신과 에너지 혁신의 핵심기술 개발 및 사업화를 추진했다. 삼성종합기술원에서는 4세대 이동통신인 LTE 원천기술을 연구하여 관련특허를 확보하고 이를 표준화하여 애플과의 특허전쟁에서 통신관련 특허의 우위를 이끌어 냈다.

에너지 안보와 기후 위기의 해법

1970년대 초 1차 석유파동 후 OECD 국가들이 에너지 안보 차원에서 석유에 의존하지 않는 에너지를 찾기 시작했다. 이때 많은 후보가 있었으나 당시 실용화가 이루어져 있던 원전이 급성장하여 설치 용량이 빠르게 늘었다. 그러나 1979년 미국 펜실베이니아의 쓰리마일 아일랜드 Three Mile Island 원전 사고 이후 원전 건설은 수년 동안 중지되었다. 1986

년 소련의 체르노빌 원전 사고는 이를 가속화하였고, 소련이 붕괴한 원인의 하나로 꼽혔다. 원전은 회복할 수 없는 타격을 입고 서방세계의 원전은 신규 건설이 완전히 중지되었다.

이에 따라 새로운 발전원의 필요성이 대두되었다. 한편 화석연료의 사용을 억제해야 한다는 움직임이 1992년 리우 회의에서 기후변화협약을 채택함으로써 본격화되었다. 에너지 안보와 기후 위기 해결을 위해 무탄소 재생에너지가 필요하다는 컨센서스가 이루어졌다. 그러나 대표적인 재생에너지인 풍력과 태양광의 발전 단가는 화석연료보다 수십 배까지 비쌌기 때문에 본격적인 보급은 이루어지지 못했다.

반도체는 누적 생산량이 기하급수로 늘어나면 가격은 기하급수로 하락한다. 태양광도 이런 학습곡선을 따랐다. 3년에 2배씩 누적 설치량이 늘어났고 이런 추세는 10년 동안 10배의 누적 설치를 가능하게 하고 이에 따라 가격은 10분의 1로 하락하였다. 2000년부터 각국이 경쟁적으로 태양광 패널을 개발 및 생산하여 2010년에 누적 설치량이 40GW가 되었고 중국이 본격 참여한 2010년부터 10년 동안 누적 설치량이 760GW가 되었다. 2023년에 1TW를 추월하였고 2025년에 2TW를 달성하리라 예측된다. 특히 기후 악당으로 손가락질 받던 중국이 태양광 패널의 생산과 설치를 주도하며 서방세계 국가보다 'Electro-State'가 먼저 되겠다는 의지를 보이고 있다.

2025년 발전원의 에너지 믹스를 살펴보면 태양광과 풍력 및 수력과 같은 재생에너지는 전체의 3분의 1 정도로 나머지가 화력 5분의 3, 원전 10분의 1 정도이다. 앞으로 화석연료 발전과 원전이 차지하는 3분의 2를 재생에너지로 바꿔야 하기에 태양광과 풍력의 수요는 현재 누적 설치량의 3배를 추가로 설치해야 한다. 나아가 수송, 건물, 산업에서 사용하는 열에너지원인 화석연료를 전기에너지로 바꾸는 더 큰 산을 넘어야 하기에 이에 필요한 재생에너지의 양은, 발전 부문이 전체 에너지 사용의 4분의 1 정도임을 감안하고 전기화로 인한 효율의 향상을 100%로 가정하면 또 3배가 필요하다. 이를 합하면 2050년까지 현재 태양광 누적 설치량 2TW, 풍력 1.3TW, 수력 1.2TW 등 총 4.5TW의 10배 정도인 45TW의 재생에너지가 필요하다. 가격과 설치 조건을 고려하면 태양광의 설치가 30TW 정도로 압도적일 것으로 예상되어, 바야흐로 태양광 에너지 시대가 도래하였다고 2024년 이코노미스트가 선언하였다.

에너지 문제의 정치화

우리나라는 에너지 분야의 새로운 트렌드, 즉 에너지 안보를 확보하고 기후 위기를 벗어나기 위한 재생에너지 실용화의 움직임을 간과했다. 이는 개도국들의 공통되는 현상으로, 이들은 자국 내 공장의 제품을 사용하는 선진국들이 탄소배출 감축을 제안하는 것에 대해 '사다리 걷어차기'로 인식하여 소극적이거나 부정적인 반응을 보였다.

기술적으로는 화석연료 발전 및 원전 중심의 교류^{AC} 그리드 시스템을 운영하던 전력시스템 전문가들 입장에선 재생에너지 고유의 간헐성으로 인해 기존 그리드로는 이의 비중을 높이면 안된다고 판단하였고 재생에너지의 증가를 저지하려 하였다. 2011년 일본 후쿠시마 원전의 폭발 사고로 인해 당시 문재인 정부가 탈원전을 선언하면서 원전 산업에 종사하던 전문가들이 재생에너지의 여러 문제를 제기하면서 우리나라의 재생에너지 설치는 글로벌 평균과도 괴리가 벌어지는 결과를 가져왔다. 급기야 에너지 문제가 정치화되며 좌우 진영 대결로 이전투구가 되는 바람에 화석연료를 빠르게 퇴출시키지 못하고 기후 악당이라는 오명을 쓰기에 이르렀다.

기후 재난에 대응하기 위해 2015년 파리 기후협약에서 국가별 탄소 감축 목표를 신고하도록 했고 이후 당사국 총회를 거치며 2050년 넷제로$^{Net-Zero}$를 달성하기 위한 목표로 상향되어 왔다. 기후협약을 주도하는 유럽은 이를 강제하기 위해 탄소국경세를 도입하려는 입장이고, 글로벌 선도 기업들은 자사의 사용 에너지를 100% 재생에너지로 충당하겠다는 약속을 하는 RE100을 출범시키고 나아가 자사의 밸류체인에 있는 기업들도 동참할 것을 권유하고 있다. 재생에너지를 빠르게 늘려서 탄소배출을 줄이지 않을 경우 산업이 고사하는 결과를 가져올 수 있는 것이 현실화되었다.

우리가 당면한 과제는 그동안 재생에너지의 빠른 설치를 막고 있던 에너지의 정치화를 해소하는 것이다. 특히 태양전지 설치에 큰 제약을 가했던 이격거리 문제를 해결하고, 전기 판매 수익을 공유하는 제도 개혁 등을 실행하여 지역 주민이 발전소 건설에 동참할 수 있게 해야 한다. 또 태양광을 사각형 패널을 직병렬로 설치하는 전통 방식을 벗어나 건물, 도로, 자동차 등 태양이 비치는 모든 곳에 부착하는 Integrated PV 형태를 개발할 필요가 있다.

아울러 재생에너지의 수용성을 획기적으로 높일 수 있도록 새로운 전력망을 설치하는 것이다. AC 그리드의 전문가들이 우려하는 재생에너지의 간헐성을 극복할 수 있는 에너지저장장치^{ESS}나 직류^{DC} 그리드 같은 기술은 이미 개발되어 있고 가격도 하락하여서 우리의 IT 기술을 활용한 제어시스템을 결합할 경우 한국이 새로운 그리드 시스템을 먼저 설치할 수 있을 것이다.

태양광 2.0에 도전하자

이렇게 될 경우 기존 패널의 경우 중국의 생산량과 이에 따른 가격경쟁력을 이미 추월당한 상태에서 추격은 어렵겠지만 새로운 형태의 태양광과 디자인을 가미한 IPV라는 새로운 분야를 선도할 수 있을 것이다. 또 재생에너지 중심의 새로운 그리드는 이제 시작이므로 집중 투자를 통해 국내망을 글로벌 레퍼런스 테스트베드로 삼아 마케팅할 경우 방대한 시장을 공략할 수 있다.

우크라이나 전쟁이 발발한 후 화석연료가 무기화되면서 가장 큰 피해를 봤던 나라 중의 하나가 한국이고, 중동에서 긴장이 높아지면 우리에겐 에너지 안보가 무엇보다 중요한 어젠다였다. 이런 관점에서 자국 내에서 자원 조달 비용이 전혀 들지 않는 태양광과 풍력과 같은 재생에너지 비중을 높여 에너지 안보를 확보하는 일보다 더 중요한 국가의 핵심 과제는 없다.

재생에너지의 적극적인 설치는 경제에 미치는 긍정적 영향도 막대하다. 우리나라는 화석연료 에너지가 거의 없는 나라이기 때문에 화석연료 수입액이 1년에 무려 200조 원이 넘는다. 이를 반만 줄여서 매년 100조 원을 재생에너지 설치에 사용한다면 빠르게 에너지 독립을 할 수 있고 이에 따른 혜택은 경제성장에 획기적인 보탬이 될 수 있을 것이다. 덧붙여 선진국들이 무역장벽으로 사용하려는 탄소국경세나 RE100 같은 것들도 자연스레 해결될 수 있다.

지속 가능한 에너지 전환, 풍력발전

위진

발전소 현장 엔지니어로 시작해서 사업기획, 발전사업기획, 에너지자원개발, 태양광설비투자 및 발전사업개발, 풍력발전사업까지 31년간 전력 에너지사업 전 분야를 섭렵한 현장 전문가이다. 경기도 기후대응·산업전환 특별위원회 위원, 산업통상자원부 에너지위원회 위원, 한국에너지기술평가원 사외이사, 에너지전환포럼 이사 등 대외 활동도 이어왔다.

지체되거나… 표류하거나…

풍력발전은 전 세계적으로 친환경 에너지원으로 각광받고 있으며, 우리나라도 탄소중립과 신재생에너지 확대 정책의 일환으로 풍력발전 확대를 추진하고 있다. 하지만 국내 풍력발전 보급 속도는 기대만큼 빠르게 진행되지 못하고 있다.

풍력발전은 태양광과 함께 재생에너지 보급 확대를 위한 중요한 축을 담당하고 있다. 2023년 기준, 우리나라의 풍력발전 설비용량은 2.3GW로 전체 전력 생산량에서 1%를 차지한다. 독일(60GW), 중국(350GW), 미국(140GW) 등 주요 국가에 비해 현저히 낮은 수준이다. 정부는 2030년까지 풍력발전 설비용량을 12GW까지 확대할 계획이지만, 현재까지의 속도를 고려할 때 목표 달성이 불가능한 상황이다.

육상 풍력은 기술적으로 초기 사업 개발이 쉬운 반면 주민의 금전 요구성 반대, 환경영향평가, 지자체의 지역업체 필수적 참여, 발전 기금 강요 등의 문제로 인해 개발이 장기간 지체되는 사례가 대부분이다. 해상 풍력도 육상 대비 높은 발전 효율을 기대할 수 있지만 마찬가지로 어민과 지자체의 금전 요구성 반발, 높은 건설 비용, 복잡한 인허가 절차로 인해 활성화가 더디다. 현재 신안 서남해 등의 해역을 중심으로 대규모 해상 풍력 단지를 추진하고 있으나 비슷한 종류의 내용들과 보장전력 판매단가 경제성 미달로 사업성 확보가 어려워 대부분의 사업이 지체되거나 표류 중인 상황이다.

합리적 보상과 협의 프로세스

풍력발전소를 건설하기 위해서는 풍황 측정 1년 이상, 전체 주민 동의, 환경영향평가, 군사·항공 영향 검토 등 복잡한 절차를 거쳐야 한다. 이 과정에서 많은 시간이 소요되며 사업 추진이 지연되는 경우가 많다. 현재 육상 풍력의 경우 발전소를 건설하기까지 평균 5년 이상의 시간이 소요되며, 이는 세계 평균보다 현저히 긴 기간이다. 인허가 절차 간소화를 위한 제도 개선이 시급하다.

풍력발전소 건설 지역에서는 소음, 경관 훼손, 자연보호 등의 이유로 주민들의 반대가 심하다. 그러나 보상을 요구하는 수단으로 반대하는 경우가 대부분이다. 특히 육상 풍력의 경우 주민들이 요구하는 수준이 사업성에 미치는 영향이 과다하여 신규 사업 추진이 어렵다. 해상 풍력도 어업권과 충돌하는 문제로 인해 지역 어민과 갈등이 빈번하게 발생한다. 지역 주민의 수용성을 높일 수 있도록 국가적 인식 개선과 합리적 수준의 보상 체계 및 협의 프로세스를 법제화할 필요가 있다.

기술적 문제와 경제성도 걸림돌이 되고 있다. 풍력발전의 간헐성 문제로 전력 운용 당국의 제약성 규제가 많아 사업 추진이 어렵다. 또한 풍력발전의 주요한 설비 대부분을 해외에서 수입해야 하기 때문에 초기 투입 비용이 커서 경제적 부담이 크다. 해상 풍력의 경우 초기 투자 비용이 매우 높아 민간 기업의 참여가 쉽지 않다. 이에 따라 한국형 풍력발전 기술 개발과 관련 부품의 국산화율을 높이는 것이 필수적이다.

풍력발전소에서 생산된 전력을 기존 전력망에 연계하는 과정에서도 문제가 발생하고 있다. 전력망의 용량이 태부족하거나 송

전망 확충이 지연되면서 2032년까지 거의 모든 재생에너지원 발전소의 신규 진입이 불가능한 상황이다. 따라서 전력망의 신속한 확충 및 효율적인 전력 분배 시스템(ESS, 양수발전 등) 구축이 필요하다.

지속 가능한 에너지 전환

풍력발전을 확대하기 위하여 먼저 풍력발전소 건설을 위한 인허가 절차를 통합하고 간소화하는 것이 필요하다. 누적된 사후 환경영향평가의 결과가 이미 아무런 영향이 없는 것으로 밝혀졌는데도 똑같은 내용으로 반복되는 환경영향평가는 면제하는 것이 합리적이다. 또한 주민 참여를 의무화하고 클라우드 펀딩이 가능하도록 제도를 설계해서 수용성을 높이고, 사업 주체의 다양성을 확보하며, 주민 소득 증대 사업의 일환이 될 수 있도록 개선해야 한다. 정부 주도의 표준화된 심사 기준도 마련하여 사업 추진 속도를 높여야 한다.

특히 풍력발전소 주변 지역 주민들에게 발전소의 수익을 공유하는 주민 참여형 모델을 의무화해야 한다. 이를 위해 클라우드 펀딩이 쉽도록 해야 하고 사업을 전문성 있게 추진하고 운영해줄 수 있는 전문회사를 육성해야 한다. 이를 위해 독일 등 해외 사례를 참고하여 주민 기금 조성 및 장기적 보상 체계를 마련하는 것이 필요하다.

해상 풍력의 초기 투자 비용을 줄이기 위해서는 정부가 지구를 지정하고 건설이 가능하도록 해놓은 뒤 사업자를 선정하는 국제 표준 방식으로 제도를 바꿔야 한다. 정부의 금융 지원 및 보조금 확대도 필요하다. 해상 풍력 클러스터를 조성하여 관련 기업들의 협력을 촉진하고, 국내 풍력발전 기자재 산업을 육성해야 한다. 또한 정부가 대규모 해상 풍력 프로젝트의 주요 투자자로 나서 민간자본의 부담을 줄이는 방식도 고려할 필요가 있다.

우리나라의 풍력발전의 기술력을 높이기 위한 지원책도 보완해야 한다. 풍력발전 기술을 강화하기 위해 연구개발$^{R\&D}$ 지원을 대폭 확대하고, 국산화율을 높이기 위한 정책을 추진해야 한다. 또한 풍력발전과 에너지저장장치^{ESS} 기술을 결합하여 전력 공급의 안정성을 높이는 방안을 마련해야 한다. 이를 통해 한국 풍력발전의 효율성을 극대화할 수 있다.

이와 더불어 풍력발전 전력의 안정적인 공급을 위해 전력망 확충이 필요하며, AI 기술을 활용한 가상발전소^{VPP}를 도입하여 전력 분배의 효율성을 높여야 한다. 이를 통해 풍력발전의 간헐성을 보완하고 보다 안정적인 전력 공급이 가능해질 것이다.

재생에너지 전력 시장을 개선하는 노력도 병행해야 한다. 풍력발전의 경제성을 높이기 위해 재생에너지 전력 구매 제도를 다양화하고, 기업들의 재생에너지 사용 확대를 유도하는 정책을 추진해야 한다. 또한 탄소배출권 거래 시장을 활성화하여 재생에너지의 경제적 가치를 높여야 한다.

풍력발전을 확대하기 위한 정책은 재생에너지 확대, 지역 경제 활성화, 일자리 창출, 에너지 안보 강화 등의 효과를 거둘 수 있다. 또한 전력망 확충과 AI 시스템 도입을 통해 보다 안정적인 전력 공급이 가능해진다. 이를 통해 우리나라는 지속 가능한 에너지 전환을 이루고 국제사회에서 환경 선진국으로 자리매김할 수 있을 것이다.

미래 전력망의 핵심,
전력 저장 장치

오영현
휴맥스모빌리티 대표. 성균관대에서 경제학, KAIST와 USC Marshall school of business에서 경영학을 전공하였다. LG U+에서 기업 무선사업을 총괄하면서 커넥티드카와 IoT사업을 담당하였고, 이후 휴맥스모빌리티 대표로 주차장 거점기반의 모빌리티 사업을 추진하였다. ESG 탄소중립 실현에 대한 노력과 성과를 인정받아 시사저널의 '2023 차세대 리더 100인'에 선정되었다.

ESS는 미래 그리드의 중심

전력 저장 장치Energy Storage System, ESS는 전통적으로 양수발전이 주력이었으나 배터리 기술혁신에 따라 더 짧은 시간에 쉽게 설치할 수 있고 가격이 급락한 BESSBattery Energy Storage System가 주력으로 대두되고 있다. 특히 재생에너지의 폭발적인 수요 증가에 따라 ESS는 미래 그리드의 중심으로 자리 잡고 있으며 수요는 수백 TWh에 달할 것으로 예상된다.

에너지 전환의 해법으로 등장한 태양광과 풍력발전의 특징은 간헐성이다. 즉 태양광은 태양이 있을 때만, 풍력은 바람이 불 때만 발전이 가능하다. 이는 화력발전이나 원전과 같이 항상 발전이 가능한 발전원에 비해 결정적 약점이다. 변동성을 관리하는 가장 편리한 방법이 ESS를 이용하여 전력을 저장했다가 필요할 때 사용하는 것이다. 리튬이온 배터리의 가격이 2010년만 하더라도 kWh당 1,500달러로 비쌌기 때문에 대규모 전력저장장치를 설치하기는 무리였다. 그러나 라이트^{Wright}의 법칙에 따라 3년마다 생산 용량이 두 배가 되고 가격은 절반으로 하락하여 2020년에는 150달러까지 떨어졌고 2025년에는 100달러 정도로 떨어질 것으로 예상되어 태양광 및 풍력과 BESS를 결합한 발전 단가가 화력 및 원전보다 싸질 것이다.

간헐성 외에도 기후 상태가 장기간 재생에너지 발전을 할 수 없는 상황(Dunkelflaute)에서 안정적으로 전력을 공급할 수 있으려면 장주기 ESS가 필요하다. 장주기 저장 장치가 갖추어야 할 특성은 수일 동안의 필요 전력을 공급할 수 있는 대용량이 가능해야 하고 오랜 기간 충전 상태에서도 자가 방전이 낮아야 한다. 사이클 수명도 10,000회 이상을 요구하고 안정한 상태를 유지하는 것 등이 있다. 장주기 배터리는 장기간 저풍, 저일조 시 전력을 공급할 수 있어야 하고 백업 전력으로서 역할이 중요하다.

배터리 산업 정책 실패의 교훈

정부는 2014년 전기차와 ESS의 성장성을 내다보고 이에 필요한 배터리 산업을 육성하기 위한 정책을 수립하였다. 그 일환으로 한전은 전력망의 주파수 조정용으로 500MW의 ESS를 2017년까지 설치하는 계획을 발표하였다. 이는 우리나라의 ESS 산업을 육성하는 기폭제가 되어 2015년에는 ESS를 투자하는 기업에 재생에너지 공급 인증서[REC] 가중치를 부여하는 정책을 시행하였다. 이에 따라 재생에너지 연계 ESS의 활성화가 이루어졌으며 2018년에는 국내 ESS 설치 용량이 4GWh가 되어 세계 1위로 성장하였다.

그러나 2018년부터 ESS에서 화재가 여러 건 발생하였다. 사고 원인을 조사하고 안전 강화 대책을 수립하였으나 사후 약방문이 되었고 ESS는 안전성에 대한 우려로 투자가 급감하였다. 2022년 이후 글로벌 에너지 전환과 RE100에 따라 ESS의 중요성이 다시 부각되었고, 분산전원법 시행과 가상 발전소 활성화에 따라 ESS에 대한 투자는 다시 늘어날 전망이다.

해외에서는 2016년 9월 남호주 주에서 태풍으로 전력선이 손상되고 막대한 용량의 풍력발전기가 계통에서 탈락하며 대규모 정전이 발생하였는데 이를 신속하게 해결하기 위해 고민 중이었다. 이때 테슬라의 일론 머스크가 100MW의 ESS를 100일 안에 설치하겠다는 제안을 하여 프로젝트가 시작되었고 약속대로

100일 안에 성공적으로 설치하였다. 이 프로젝트는 전력망의 주파수 조정 능력을 ESS가 훌륭하게 해결할 수 있다는 글로벌 시범 사례가 되어 이후 여러 국가에서 앞다투어 설치하기 시작하였다.

테슬라는 BESS용 리튬이온 배터리 공장을 미국과 중국에 각각 연 40GW 용량의 공장을 설치하고 밀려드는 주문을 소화하고 있다. 테슬라의 최근 사업실적을 보면 전기차의 성장은 정체되어 있는데 반해 ESS는 급격히 성장하고 있다. 이는 전력망에서 ESS가 필수 구성품으로 자리를 잡아가고 있음을 보여준다. 테슬라는 탄소중립을 위해 240TWh의 배터리가 필요하다고 투자자들에게 발표하였다. 2025년 현재 누적 설치 용량이 1TWh가 되지 않는다는 점을 감안할 때, 에너지 전환에 있어서 배터리의 무한한 성장성을 알 수 있다.

다시, BESS

이런 역사를 되돌아볼 때 대용량 ESS라는 혁신기술을 세계에서 가장 선도적으로 개발하고 다양한 응용과 대규모 실증을 추진했던 계획은 시의적절했고 우리나라의 성장 동력이 될 수도 있었다. 그러나 정부는 혁신기술을 도입하는 초기에 충분히 발생할 수 있는 화재 발생을 도약을 위한 발판으로 삼지 않고 정책의 방향을 틀었다. 장기저장장치인

청정수소를 이용한 발전으로 수정함으로써 BESS의 성장 추세를 꺾어버린 셈이다. 일관성을 잃은 정책 실패와 그 후과를 직시해야 한다. 물론 대형 화재를 발생하게 한 제조사, 그리고 안전성을 확보하기 위한 충분한 기술적 검증을 간과한 산학연의 기술자들도 반성할 일이다.

정부가 2025년 3월 확정한 제11차 전력수급계획에 따르면 현재 25GW인 재생에너지 설치량이 2038년까지 122GW로 계획되었다. 매년 7GW 정도의 신규 설치가 필요하다. 이렇게 하는 데 가장 큰 걸림돌이 전력망과 ESS의 설치 용량 부족이다. 2038년까지 재생에너지의 용량이 122GW로 계획되어 있는데 BESS의 용량은 수백 GWh가 될 것으로 예상되며 현재 누적 설치량이 6GWh 정도임을 감안하면 수십 배 늘어야 한다. 사실 이 계산은 와해성 혁신기술$^{disruptive\ innovation}$이 갖고 있는 잠재능력을 충분히 감안하지 않은 계획으로, 개인적 생각으로는 재생에너지 및 ESS의 필요 용량은 수 배가 더 늘어날 것으로 예상하고 있다.

2000년대 초 우리나라는 통신망을 브로드밴드화하여 인터넷 서비스 활성화의 길을 열고 이를 바탕으로 IT 강국으로 올라선 경험이 있다. 이런 사례와 같이 ESS와 전력망에 과감하게 선행 투자를 한다면 뒤처진 한국의 에너지 전환을 일거에 선두 그룹으로 부상시킬 수 있으며 전력 거래를 비롯한 수많은 전력 서비스가 만개하게 할 수 있다. 화석연료 시대에 석유의 공급망과는 다르게 전기는 전송이 순식간에 이루어지므로 수급을 조절하기 위해 정교한 기술이 필요한데 ESS가 있으면 고도의 유연성을 쉽게 확보할 수 있다. 따라서 미래의 전력망은 ESS 중심으로 갈 수밖에 없다. ESS를 바탕으로 고도의 유연성을 갖는 전력망 관리 시스템을 갖춘다면, 이를 기반으로 방대한 글로벌의 에너지 저장 분야 시장에 진출하고 에너지 분야의 핵심 성장 동력으로 성장시킬 수 있을 것이다.

탄소중립을 위한 그리드 비전

박승용

한양대와 서울대 대학원에서 전자공학을 공부하고 삼성종합기술원, 효성중공업 등의 연구소에서 디지털 혁신과 에너지 혁신의 핵심기술 개발 및 사업화를 추진했다. 삼성종합기술원에서는 4세대 이동통신인 LTE 원천기술을 연구하여 관련특허를 확보하고 이를 표준화하여 애플과의 특허전쟁에서 통신관련 특허의 우위를 이끌어 냈다.

전기화 시대의 도래

인공지능(AI)으로 인한 전력 수요는 2030년까지 현재 데이터센터가 사용하는 전력의 2배로 늘어날 전망이다. 세계의 빅테크Big Tech 기업들은 전력을 안정적으로 조달하는 것을 핵심 과제로 삼고 있다. 빅테크들은 전력 사용량의 대부분을 재생에너지로 조달하지만 이것으로 충분하지 않아서 퇴출되다시피한 원전이 다시 거론되기도 한다. 송배전 설비 수요도 폭증하여 주문이 몇 년이나 밀릴 정도이다.

이런 변화의 물결은 앞으로 다가올 '청정 전기화'라는 에너지 전환 쓰나미에 비하면 찻잔 속 태풍에 불과하다. 탄소중립은 발전, 수송, 건물, 산업에서 화석연료를 퇴출시키고 청정 전기 에너지로 바꾸는 일이기 때문에 향후 수십 년 동안 지속될 메가체인지megachange이다.

현재 발전 부문은 전체 에너지 사용의 4분의 1을 차지한다. 이 가운데 청정 전기, 즉 재생에너지로 발전하는 비중은 글로벌 기준으로 4분의 1에 불과하다. 따라서 발전을 100% 청정 전기화하고 나아가 전체 에너지 소비에서 4분의 3을 차지하는 수송, 건물, 산업 부문도 청정 전기로 바꾸려면 재생에너지 발전량을 지금보다 10배 늘려야 한다. 이처럼 에너지 전환은 필연적 과정이며, 전 세계가 동참하여 함께 노력해야 하는 대전환이다.

에너지 대전환은 화석연료 발전을 태양광이나 풍력 같은 재생에너지 발전으로 바꾸는 것만으로 이루어질 수 없다. 기존의 교류AC 그리드는 대형 발전소를 중심으로 많은 소비자가 동시에 연결된 트리tree 구조이고 전기의 흐름은 발전소 측에서 소비자 측으로 한 방향으로만 흐른다. 그러나 현재보다 10배 이상의 재생에너지가 필요한 탄소중립 그리드의 경우 대규모의 단방향, 트리형 AC 그리드에서 양방향, 네트워크 구조로 변화가 필요하다. AC 그리드의 경우 수요의 변동만 고려하면 되었지만, 재생에너지 발전 중심으로 변화되면 발전 부문의 변동성도 함께 고려해야 하기에 복잡하고 정교한 제어 능력이 필수적이다. 즉, 과거에는 전력이 부족하면 발전소를 늘려 대응해 왔지만, 미래 전력망은 AI를 활용하여 전력망의 수요 공급을 조절하는 역량이 핵심이 될 것이다.

탄소중립 그리드

재생에너지는 전력을 간헐적으로 생산하기 때문에 잉여 전력을 저장하고 필요시 사용할 수 있어야 한다. 이 문제의 해법으로 리튬이온 배터리를 이용한 배터리 에너지 저장 장치 BESS가 있으며 이를 대규모로 설치할 경우 전력망의 안정성을 높일 수 있다. 적절한 지형이 있을 경우 양수 발전소를 건설하여 전력 저장 장치로 활용하는 것도 좋은 방안이다. 또한, 초과 전력으로 물을 전기분해하여 수소를 생산하고 이를 연료전지 등을 이용해 전력으로 변환하면 전력의 장기 저장 장치로 활용할 수 있다.

재생에너지가 늘어나게 되면 전력망은 더욱 유연하고 지능적으로 운영되어야 한다. 이를 위해서는 태양광, 풍력, 에너지 저장 시스템 ESS 및 전기차 충전기 등의 분산형 에너지 자원을 최적으로 운영하는 관리 시스템이 필요하다. 또한 변동성이 큰 재생에너지 발전의 발전량을 정확하게 예측하고 이를 바탕으로 전력 수급을 실시간으로 조정하게 할 수 있는 기술이 필요하다.

향후 전력 수요를 수용하기 위한 전력망의 증설은 대단히 어렵다. 이를 해결하는 방안이 전력의 수요지에 발전기와 분산 자원들을 통합하여 설치하는 마이크로 그리드이다. 또한 지금의 전력 거래가 전력회사 중심으로 이루어져 있는 상태에서 분산 자원을 가지고 있는 수많은 전력 생산자이자 소비자들 간의 전력 거래를 P2P로 할 수 있도록 블록체인 기반의 거래 방식이 필요하다.

송배전 기술도 혁신이 필요하다. 교류^{AC} 전송에 비해 전압과 전류의 제어가 우수한 직류^{DC} 방식이 중요해지고 있다. 부품과 설치 비용도 점점 더 낮아져서 장거리 송전의 경우 AC 송전보다 더 낮아지고 있다. 기술의 발전에 따라 배전망에서도 활용할 가능성이 높아지고 있다. 또한 다수의 소형 재생에너지 발전소와 ESS를 묶어서 클라우드 기반의 소프트웨어로 통합함으로써 대형 발전소 같이 운영할 수 있는 가상 발전소^{VPP} 기술도 필요하다.

탄소중립 그리드 로드맵

우리는 재생에너지 자원도 부족하지만 그리드도 고립망이어서 탄소중립 그리드로 전환하기에 불리하다. 우리나라의 전력망은 한전이 운영하는 중앙집중형 계통으로, 주로 화력·원자력 발전소가 전력 공급을 담당하고 있다. 전력망의 문제점은 다음과 같다.

- **고립된 전력망** 외부 국가와 전력망이 연결되지 않아 유연성 부족
- **재생에너지 변동성** 태양광·풍력 발전의 간헐성으로 인해 주파수·전압 안정성 저하
- **저장 시스템 부족** 에너지 저장 시스템^{ESS} 설치량 부족 및 장기 저장 기술 미확보

그렇지만 기술혁신과 대규모 글로벌 시장의 성장으로 재생에너지 가격이 급격히 낮아졌을 뿐 아니라 탄소중립 전력망을 구성하는 인버터, ESS, HVDC 등 핵심 구성품의 가격 또한 급격히 하락하고 있어 AI를 활용한 제어기술 역량이 확보된다면 탄소중립 그리드 구축은 충분히 가능하다. 추진 로드맵은 단기 과제와 장기 과제로 구분할 수 있다.

- **단기 과제** 2034년까지 재생에너지의 보급을 높일 때 발생할 변동성에 대응하기 위해 그리드 포밍 인버터를 도입하고, 재생에너지 잉여 전력을 저장하고 전력망 안정성을 높이는 배터리 에너지 저장 장치를 늘려야 한다. AI를 이용한 발전량 예측 시스템을 도입해 전력 수급 및 판매 시 최대의 이익을 실현할 수 있도록 한다. 전기차 충전기 설치도 늘리되 전력망과 연계할 수 있도록 V2G 운용이 필요하다. 건물 냉난방의 전기화를 위해 히트펌프 도입도 필요하다.

- **장기 과제** 2035년부터 2045년까지 재생에너지가 정상적인 발전을 하지 못할 경우를 대비해 장기 저장 장치의 설치 및 재생에너지 기반의 자립형 전력망 구축을 준비해야 한다. 이를 구현하는 수소 기반 에너지 저장 장치의 대규모 설치가 필요하다. 또한 마이크로 그리드 도입을 본격화하고 AI를 활용한 전력망 관리의 스마트화를 추진한다. 산업적으로 전기화가 힘든 고열을 사용하는 공정들을 전기방식으로 개발하고 도입함으로써 전기화의 마지막 관문을 넘어선다

이런 로드맵이 실행될 때 탄소중립 목표가 달성되고, 탄소중립 전력망은 관성이나 기저 발전 없이도 AI를 활용한 스마트한 전력망 관리가 가능해질 것이다. 에너지 전환이 이루어지면 원료비가 절감되어 낮은 가격으로 에너지를 사용할 수 있고, 막대한 에너지 수입 비용을 줄일 수 있다. 사람들의 생명을 위협하는 미세먼지를 줄이는 데도 크게 기여할 것이다.

온실가스 감축을 위한 열에너지 종합계획

손정락

KAIST 녹색성장지속가능대학원 초빙교수. 미국 앨라배마대학에서 기계공학으로 박사학위 취득 후 30여년 동안 국내 산·학·연에서 발전용 가스터빈 개발에 매진했다. 삼성항공에서 국내 최초의 가스터빈 개발을 주도했으며, 두산에너빌리티 국산 가스터빈 상용화에 기여했다. 정부의 2050 탄소중립 혁신전략 수립에 참여하여 탄소중립 기술 개발 전략 수립을 주도했다.

에너지 소비의 절반이 열에너지

열에너지는 전 세계적으로 최종에너지 소비의 약 50%(2018년 기준)를 차지하며, 우리나라도 최종에너지의 약 48%(2019년 기준)로 추정된다 전 세계의 열에너지 소비로 인한 온실가스 배출량은 전체의 약 38%로 알려지고 있지만, 우리나라는 열에너지 소비에 따른 온실가스 배출량에 대한 공식 집계조차 없는 상황이다. 열에너지의 환경적 영향을 과소평가하고 있음을 드러낸다.

현재 우리나라 열에너지 정책의 궁극적 목표는 열에너지 생산에 필요한 연료의 안정적 공급에 맞추어져 있으며, 소비 측면에서는 산업공정과 건물 냉난방 기기 효율 향상을 통한 에너지절약 차원에서 관리되고 있다. 반면, 전기에너지의 경우 최종에너지의 21%에 불과하지만, 전력 수급 기본계획을 비롯하여 체계적인 정책적 관리가 이루어지고 있다. 국가 에너지 정책에서 열에너지가 적절히 다루어지지 않는다면 온실가스 감축 목표 및 에너지 전환 정책의 실효성 확보가 어려우므로, 현실적이고 균형 잡힌 에너지 정책 수립이 필요하다

열에너지 탈탄소화

첫째, 열에너지 데이터 구축과 체계적 관리가 시급하다. 에너지경제연구원 혹은 한국에너지공단에 전담 조직을 신설하여 열에너지 공급 및 수요 데이터를 수집, 분석, 관리해야 한다. 이로부터 열에너지 관련 온실가스 배출량을 정량적으로 분석하고, 열에너지 관련 온실가스 감축 목표를 설정하고 이행 과정을 점검해야 한다.

둘째, 전기와 열에너지를 통합 관리해야 한다. 전력은 산업통상자원부가 국가 차원에서 계획하고 관리하지만, 열에너지는 다

양한 주체들이 개별적으로 운영하고 있다. 전력 부문은 전력거래소, 발전회사, 그리고 송배전을 담당하는 한국전력 등과 같은 주체들이 연계되어 시장 운영 체계가 구축되어 있지만, 열에너지는 개별 사업자가 운영하는 구조가 일반적이다. 지역난방은 지역난방공사 및 민간 열병합 사업자, 산업용 열은 기업별 사업장, 그리고 가정용 및 상업용 난방은 도시가스 회사 등이다.

현재와 같이 전기와 열을 개별적으로 관리하면 전력과 열에 대한 정책 불일치가 지속될 것이다. 예를 들어 전력 부문에서는 재생에너지 확대가 추진되지만, 열 부문에서는 화석연료 기반의 시스템이 유지된다. 전기와 열을 통합 관리할 경우 지역난방 내 재생에너지 확대, 발전설비 폐열 활용 정책이 원활해지고, 정책 목표의 일관성을 유지할 수 있다.

셋째, 국가 차원의 열에너지 종합계획을 수립해야 한다. 전력 부문의 전력수급 기본계획과 유사한 수준의 열에너지 종합계획이 필요하다. 우리나라는 지금까지 전력 공급 안정화를 국가 에너지 정책의 주요 사안으로 유지해왔다. 이에 비해 열에너지는 상대적으로 분산형 에너지원으로 인식되어 왔으며, 지역적으로 관리되는 경향이 강해 국가 차원의 계획 수립 필요성이 간과되어 왔다. 국가 에너지 소비의 50%를 차지하고, 대부분 화석연료에 의존하고 있어 온실가스 배출 비중을 고려할 때 열에너지도 국가 차원의 종합계획으로 관리할 필요가 있다.

넷째, 전기와 열에너지의 요금 체계를 일원화해야 한다. 전기와 열에너지 요금 체계가 별도로 운영됨에 따라 효율적인 에너지 사용이 저해되고, 탈탄소화 정책과 충돌하는 요인이 된다. 일원화된 요금 체계는 에너지 전환 가속화, 비용 효율성 증대 및 전력-열 통합 최적화 등을 가능하게 한다. 또 실제 에너지원별 비용을 반영한 합리적 요금 체계 설계가 가능하며, 소비자의 합리적인 선택도 가능해진다. 예를 들어, 열에너지의 탈탄소화를 위해 히트펌프의 역할이 확대될 것인데, 전기 요금이 상대적으로 높고 열 요금이 낮으면 히트펌프와 같은 전기 기반 열에너지 생산 기기의 경제성이 약화된다. 반면, 가스 기반 열 공급 요금이 낮게 유지되면 화석연료 사용이 계속될 것이므로 온실가스 배출 저감을 방해하게 된다. 따라서 전기와 열 요금의 일원화를 통해 합리적인 에너지 선택이 가능하게 해야 한다.

다섯째, 주거와 건물 부문의 저탄소 열에너지 정책과 기술 개발에 주력해야 한다. 주거 부문에서 열에너지는 난방, 냉방, 급탕에 주로 사용되며 대부분 화석연료 기반의 보일러 및 난방기기에 의존한다. 이를 해결하기 위해 열에너지의 전기화를 위한 히트펌프와 재생 가능 열에너지 이용을 확대해야 한다.

- **히트펌프 보급 확대** 기존 보일러를 공기열, 수열, 지열 히트펌프로 대체해야 한다. 히트펌프는 전기에너지를 활용해서 기존 보일러보다 에너지 효율이 3~4배 높고, 이산화탄소 배출은 절반 이하로 낮춘다. 히트펌프 보급 정책이 여러 차례 시행되었으나 초기 설치 비용이 비싸고 경제성이 낮았다. 정부 보조금도 지원 규모가 제한적이고 단기적이어서 효과적이지 못했다. 향후 히트펌프 보급을 위해서는 다음의 조치가 필요하다. ①정부 보조금 및 세금 감면 확대 등 장기적 지원 ②히트펌프 전용 전기 요금제 운영 ③피크 타임 전력 사용 부담 완화 ④공공기관과 대형 건물에 선도적 도입 ⑤히트펌프 제조업체의 적극적 참여와 시장 활성화.
- **재생에너지 사용 확대** 도시에서 태양열 이용을 확대하기 위한 제도는 ①300세대 이상 신축 공동주택에 태양열 온수 시스템 설치 의무화 ②공공기관과 대형 건물에 건물 에너지 성능 기준과 연계하여 태양열 시스템 설치 인센티브 도입. 농촌에서는 ③태양열 보일러 설치비 보조 ④비닐하우스와 축사 등 농업용 시설 난방을 태양광 난방으로 대체.

여섯째, 산업 부문의 저탄소 열에너지 정책과 기술 개발에 주력해야 한다. 산업 부문에서 열에너지는 제철, 시멘트, 석유화학, 식품, 제지 등 에너지 집약적 공정에서 필수적이며 화석연료에 의존한다. 탈탄소를 위한 대책이 절실한 영역이다.

- **화석연료를 전기로 대체** 열에너지의 전기화를 위한 효과적인 수단은 히트펌프이므로, 화석연료 기반 보일러를 히트펌프로 대체해야 한다. 히트펌프 외에도 철강과 시멘트 산업을 중심으로 전기보일러, 전기 아크로, 유도가열 등 전기화 공정Electrification의 확대가 필요하다. 이에 필요한 청정 전기 공급 및 경제적인 전기 요금 체계가 뒷받침 되어야 한다.

- **소형원자로SMR 이용한 열 공급** 소형원자로는 대부분 중앙집중형 대형 원전 대비 분산형 전력 공급용으로만 고려되고 있다. 그러나 전기화 외에 다른 선택지가 많지 않은 산업용 고온 열에너지의 탈탄소화를 위해서 소형원자로를 고려할 만하다. 전력을 생산하는 데 최적화된 현재의 3세대 원자로 개념을 뛰어넘어 고온 가스로와 같은 4세대 원자로의 적용이 필요하다.

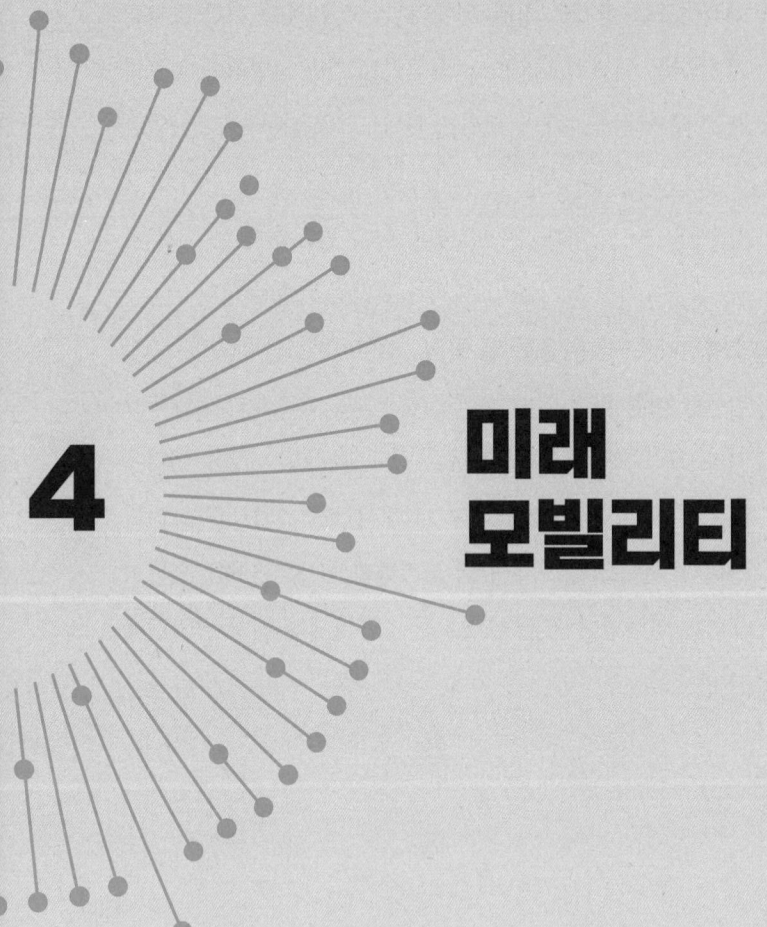

4 미래 모빌리티

최근 모빌리티의 개념은 과거 사람과 화물의 장소 이동이 중시되던 교통의 단순한 이동성의 개념을 넘어, 다양한 운송수단을 이용하여 사람과 화물을 원하는 때에 원하는 장소로 이동시키는 새로운 기술과 서비스의 집합체로 확대되고 있다. C.A.S.E는 모빌리티의 특징들을 압축한 용어로 "커넥티드^{Connected}, 자율주행^{Autonomous}, 차량공유·서비스$^{Shared\ \&\ Service}$, 전동화^{Electric}"를 의미하며, 현재 진행 중인 4차 모빌리티 혁명의 핵심이라고 할 수 있다. 모빌리티 산업의 패러다임이 제조에서 서비스 중심으로 모빌리티 수단의 소유에서 공유 중심으로 전환이 이루어지고 있다는 의미이다. 이러한 변화에서 우리나라 상황에 최적화된 모빌리티 산업을 준비하고 안착시킬 수 있도록 국가역량을 하나로 결집할 필요가 있다.

모빌리티 패러다임 전환, 융합과 공유

이재관
한국자동차연구원 자율주행기술연구소 연구소장. 경북대 전기공학과에서 학사와 석사, Tohoku University 전기통신(시스템제어전공)에서 박사학위를 받았다. 동대학에서 조교수를 거쳐 현대모비스, 현대자동차에서 일했다. 미래 모빌리티 산업역량 확보 및 모빌리티 DX 혁신에 관심이 많다. 자동차 기술과 AI-빅데이터의 융합으로 한국형 모빌리티 산업을 육성할 것을 제안한다.

모빌리티 패러다임의 변화

모빌리티mobility는 교통의 단순한 이동성의 개념을 넘어 다양한 운송 수단을 이용해 사람과 화물을 원하는 때에, 원하는 곳으로 이동시키는 새로운 기술과 서비스의 집합체를 의미하는 통합적 개념으로 확대되고 있다. 모빌리티 패러다임 전환의 키워드는 자율주행, 공유경제, 온디맨드, 초연결로 요약된다. 이는 모빌리티 패러다임이 제조업에서 융합

산업으로, 모빌리티 수단의 소유에서 공유 중심으로 전환하고 있다는 것을 의미한다.

내연기관차 중심의 모빌리티 수단이 전기 또는 수소에너지를 이용하며 사물인터넷^{IoT}과 통신기술의 발달로 자동차와 자동차 ^{V2V}, 자동차와 도로인프라^{V2I} 사이의 통신이 가능한 스마트카로 대체될 것이다. 자동차 외에도 모노레일, 소형 무인궤도차$^{Personal\ Rapid\ Transit,\ PRT}$, 초고속열차^{hyperloop}, 드론, 플라잉카 등 다양한 모빌리티 수단에 대한 연구가 진행되면서 기술의 실현성이 높아지고 있다.

미래 모빌리티 수단은 다양한 교통정보 데이터를 생성, 교환하면서 하나의 모빌리티 비즈니스로 통합하는 서비스 수단으로 자리매김할 것이다. 이에 따라 모빌리티 수단 제조의 산업생태계가 수직적 밸류체인의 최상위에 있던 전통적 완성차업체^{OEM}들은 모빌리티 서비스라는 새로운 생태계 안에서 수평적 밸류체인의 하나로 바뀌어 갈 전망이다. 현 수준의 공유 모빌리티와 자율주행 역량이 초연결을 매개로 점차 방향성을 가지고 발달하면서 가까운 시점에 전기차^{xEV} 기반의 완전 자율주행차도 만나볼 수 있을 것이다. 모빌리티의 혁신은 과거 경부고속도로나 KTX 고속철도의 개통처럼 시간과 공간의 효율적 활용을 가능하게 하며 더 많은 경제활동의 기회를 제공하고, 직간접적으로 사람들의 시간과 공간에 대한 개념을 변화시켜 사회경제 전반에 걸쳐 파급효과를 가져올 것이다.

자율주행 산업에 대한 요구

미래사회에서는 고도의 자동차 기술과 모빌리티 산업혁명 기술(사물인터넷, 빅데이터, 인공지능)을 구사한 보다 안전·안심하고 쾌적·유용한 자동차가 필요하다.

자율주행은 우선 시스템이 자기 위치를 정확히 파악한 후 주변에 어떠한 장애물들이 있는지 정확하게 탐지하면서 주행하여야 한다. 이때 사용되는 것이 Vision, Radar, Lidar, IR 등의 서라운드 센서이고 차량에 탑재된 센서만으로 주변 상황을 탐지하여 시스템을 구현하는 방식을 자립형 자율주행시스템이라고 한다.

그러나 주변 장애물을 서라운드 센서만으로 탐지하는 것은 어렵기 때문에 자동차뿐만 아니라 인프라(도로교통, 무선통신)를 활용하는 경우도 있다. 예를 들어 자동차와 신호등이 서로 통신하고 확실하게 신호에 정차하도록 하는 표식과 통신 또는 서라운드 센서로 인식하기 쉬운 표식으로 변경하는 것이 필요하다. 이러한 방식을 인프라 협조형 자율주행시스템이라고 한다. 당연히 지금보다 엄격한 유지관리·유지보수 기반 인프라 구축 및 정비가 요구되고 이러한 인프라 협조형에 막대한 설비 투자가 소요될 것이다.

방향보다 스피드가 중요

사회 전체가 네트워크로 이어지고 그것을 통해 수집·저장되는 이른바 빅데이터가 인공지능에 의해 분석되고 그 결과를 자동차뿐만 아니라 다양한 모빌리티가 활용하는, 지금까지 상상조차 할 수 없었던 상품이나 서비스가 지속적으로 등장할 것이다. 사이버 공간과 피지컬 공간이 고도로 융합되고 또한 재원·서비스를 제공하는 측과 소비하는 측의 울타리도 무너지는 등 새로운 사업모델이 산출되어 많은 사회적 과제가 해결됨과 동시에 생활의 질도 비약적으로 높아질 것이다.

이러한 모빌리티 산업혁명의 파도는 우리가 상상하는 이상의 스피드로 밀어오고 있다. 우리나라가 강점을 가지는 제조업과 사물인터넷, 빅데이터, 인공지능 등 모빌리티 산업혁명의 열쇠를 쥐고 있는 기술을 어떻게 조합해서 승부할 것인가? 지금을 놓치면 미래는 없을 것이다.

모빌리티 산업혁명은 기술이나 사업모델이 어떻게 혁신해나갈 것인가에 대한 방향성을 예견하는 것이 어렵고 스피드가 절대적으로 중요한 시기이다. 민간과 정부의 역량을 집결해서 미래에 당연히 그래야 할 모습을 공유하고 거기서부터 우리나라의 강점을 살린 세부전략을 세워야 한다. 이를 바탕으로 시장 중심 사업모델의 창출, 정부에 의한 규제·제도개혁, 민관 협력에 의한 연구개발의 추진이나 산업 플랫폼의 구축 및 촉진 등 구체적인 프로젝트를 추진해나가는 것이 필요하다.

 이러한 정책을 추진함에 있어서 자율주행 모빌리티 네트워크 사회의 도래에 의한 데이터 유통량의 폭발적인 증가와 데이터 부가가치의 비약적인 향상 등에 대응한 사이버보안 확보가 중요할 것이다. 예측 곤란한 시기이기 때문에 사업의 신진대사 스피드를 가속시키지 않으면 안 된다. 오픈 이노베이션이나 사업 분야의 신속한 교체 등의 중요성이 점점 증가하고 있고 금융·자본시장에 대해서도 지금까지 이상으로 사업성에 대한 성장자금의 공급이 요구되고 있다. 인재육성에서도 조속하게 대처해야 한다. 모빌리티 산업혁명이 진전되는 중에서 핵심인재에 요구되는 스킬이나 업무는 무엇인지, 그러한 미래상을 기준으로 인재육성을 검토할 필요가 있다.

모빌리티 산업혁명

모빌리티 산업혁명을 국가 전체로 보급시키는 열쇠는 중견·중소기업이다. 중견·중소기업의 현장 니즈, 현장 시선에서 사물인터넷, 빅데이터, 인공지능 기술도입을 추진해가는 것이 중요하다. 급격하게 일어나는 여러 가지 변혁에 대응할 수 있어야 한다. 한순간의 지체가 치명적일 수 있으므로 다방면에 걸쳐서 횡단적인 대응이 요구되고 있다. 특히 지역경제의 주역은 중견·중소기업이다. 인구감소와 현장 인력의 고령화로 상황이 점점 악화되어 지역경제의 존립 자체가 위협받고 있다. 이러한 변혁에 대응하면서 자신이 가진 잠재력을 어떻게 해서 최대한으로 발휘해나갈 것인가? 중견·중소기업의 도전을 지역의 현장에서 응원해나가는 것이 중요하다. 지역경제를 견인하는 중견기업이나 의욕 있는 중소기업이 글로벌 시장으로 도전할 수 있도록 지원해야 한다.

인력 부족 속에서 모빌리티 산업혁명을 견인할 수 있는 사물인터넷, 빅데이터, 인공지능 기술 이용·활용의 촉진을 시작으로 하는 생산성 향상은 중소·중견기업에 중요한 과제이다. 모빌리티 산업혁명을 지탱하는 인재의 육성·확보에 본격적으로 착수할 필요가 있다. 데이터를 활용해서 부가가치를 생산하는 것은 사람이다. 즉, 사물인터넷, 빅데이터, 인공지능 등의 기술 진보로 업무의 내용이나 일하는 방법은 향후 크게 변화할 것으로 생각되지만 부가가치를 생산하는 사업모델을 생각하는 것은 사람인 것이다.

탄소중립을 실현하는
친환경 자동차

신외경

한국자동차연구원 친환경기술연구소 전기동력기술부문 부문장. 경상국립대 고분자공학과에서 학사, 석사, 연세대 기계공학부 대학원에서 기계설계 및 시스템공학 전공으로 박사학위를 받았다. 전기차 핵심 부품인 전기구동시스템, 배터리시스템, 전력시스템(전기차 충전시스템) 연구개발과 전기차 및 핵심부품의 표준화 연구개발에 참여하고 있다.

자동차의 전동화

우리나라는 친환경 자동차 개발과 보급 촉진을 위해 2004년 「친환경 자동차법」을 제정하고 5년 주기로 기본계획을 수립하여 친환경 자동차 정책을 추진하고 있다. 제4차 기본계획(2021~2025)에서는 2030년까지 친환경 자동차 누적 보급 785만 대, 자동차 온실가스 2017년 대비 24% 감축을 목표로 친환경 자동차 확대 보급 및 산업생태계 전환 전략을 수립하였다.

자동차는 화석연료를 사용하는 내연기관을 동력원으로 발전해옴에 따라 탄소를 비롯한 오염물질 배출을 피할 수 없었다. 이에 따라 자동차는 연비개선과 오염물질 배출 감소가 중요한 과제였고 엔진, 변속기 등의 개선, 경량화가 추진되었고, 하이브리드 시스템이 도입되면서 연비는 크게 개선되었다. 그러나 지구온난화 문제가 심각해지면서 주요 선진국들은 2050년 탄소중립을 선언했고, 세계 최대 탄소 배출국인 중국도 2060년 탄소중립을 약속하고 있다. 탄소중립을 실현하려면 자동차의 연비개선을 통한 탄소배출 감축만으로 가능하지 않다. 이에 따라 기존 엔진과 다른 새로운 동력원을 사용하는 자동차로의 전환을 서두르고 있다.

가장 현실적인 대안으로 배터리 전기차^{BEV}를 들고 있는데 중국, 유럽 등을 중심으로 세계는 빠르게 전기차로 전환하고 있다. 또 다른 무공해 자동차로 수소연료전기자동차^{FCEV}가 논의되고 있다. 일정 부분 내연기관 자동차가 유지될 것이라는 견해도 존재하는데, 이도 하이브리드 자동차^{HEV}나 플러그인 하이브리드 자동차^{PHEV}를 기반으로 연료도 화석연료가 아닌 신재생에너지 기반의 탄소중립 에너지를 사용한다는 전제이다. 이러한 탄소중립 에너지를 통한 하이브리드 자동차(내연기관)의 유지를 강조하는 것은 일본이다. 도요타가 하이브리드 자동차에 강점이 있기 때문이다.

안전 관련 소비자 요구가 증가하면서 능동운전 시스템 등의 안전장비가 부가되고 나아가 자율주행 시스템으로 진화하고 있다. 자동차의 전기동력화와 자율주행화 기술이 발달하면서 이를 활용한 새로운 비즈니스 모델과 모빌리티 서비스 플랫폼이 등장하고 공급사슬 체계가 소프트웨어, 전기전자기술 기반으로 변화되는 등 자동차산업의 본질이 변화하고 있다. 전기동력화와 자율주행시스템과 같은 신기술 접목은 수요자들의 자동차 소비방식과 기존 자동차업체들의 비즈니스 모델 변화를 이끌어내고 있다.

미래차 시장은 성장이 정체된 기존 자동차 시장과 달리 장기적으로 높은 성장세를 보이며 자동차산업 발전을 견인할 것으로 보인다. 전기동력차의 수요에 대한 예상은 주요 기관마다 차이가 있지만, 성장 전망에 긍정적인 배터리 성능 개선, 차량 가격 인하 등의 요인으로 2025년을 기점으로 시장규모가 커져 2030년 약 30%의 비중을 차지할 것으로 전망된다. 최근 들어 환경규제의 강화, 빠른 기술발전, 기존 완성차업체들의 전기동력차 출시 모델 수 증가 등으로 전기동력차에 대한 전망이 낙관적으로 변화하고 있다.

자율주행시스템은 공급자와 수요자, 정부의 요구 확대로 2025년을 기점으로 증가할 것으로 예상된다. 주요 시장조사기관은 북미와 유럽지역을 중심으로 초기 시장을 형성한 뒤 2025~2035년에 급성장할 것으로 예측한다. 자율주행차 보급이 증가하면서 관련 부품 시장도 성장할 것으로 예상된다. 2020년 3D 라이다 센서, HD맵, V2X, HVI와 같은 핵심부품 시장이 형성되기 시작하여 2025년에는 기존 기계 중심의 자동차산업 핵심기술 성장이 둔화하고 전자전기 기반의 신규 기술이 전체 시장 성장을 주도할 것으로 전망된다.

자동차산업의 구조 변화

미래자동차로 전환되면서 기존 자동차산업 구조 전반에 변화가 진행되고 있다. 자동차 구조가 변화되면서 부품산업 전반에 변화가 나타나고 있다. 내연기관차의 성능은 파워트레인 구성 부품인 엔진과 변속기의 개별 성능, 그리고 부품 간 효율적 연계 수준이 중요하여 계열 부품 공급자가 우선시되고 있다.

반면 전기동력차는 표준화된 부품을 조합하는 모듈화가 진전되어 있어 제조공정에서 숙련기술이 필요한 부분이 크게 감소한다. 동력 장치의 변화로 인해 흡기계, 배기계, 냉각계 등 많은 기계 관련 장치와 부품이 간소화되거나 불필요해지고 전기전자 계통 부품 중심으로 변화되고 있다. 이에 따라 자동차를 구성하는 약 2만 개 부품 중 30~40%가 사라질 것으로 예상된다. 일본자동차 부품협회에 따르면 전기동력화 과정에서 사라지는 부품 수는 약 1만 1,000개에 달한다. 전기동력화가 진행되면서 엔진 관련 부품은 대부분 사라지고, 파워트레인, 변속기, 클러치 등 동력발생 및 전달 부품은 37%, 기존 내연기관용 전장품은 70% 정도가 감소할 것으로 전망하고 있다.

조립부품 수가 적다는 것은 공정시간의 단축을 의미하고 이는 고스란히 제조경비의 감소를 의미한다. 전기동력화에 따른 부품의 변화는 자동차 제조 비용 구성에도 영향을 미치고 있다. 내연기관차의 부품 조달 비용 중 엔진, 트랜스미션과 같은 구동 부품이 22~24% 비중을 차지하고 있다. 반면 전기차의 모터, 인버터 등 구동 부품 조달 비중은 8~20%로 축소되지만 배터리 팩이 35~50%로 크게 늘면서 부품 조달 비중의 대부분을 배터리 관련 부품이 차지하게 된다. 조향, 현가, 제동장치, 내장재 등 자동차의 동력원과 상관없이 작동되는 부품을 생산하는 업체들은 비교적 영향이 적을 것으로 예상되며 이들 부품은 전기동력화에 따른 기존 부품들의 성능 향상이나 전기를 에너지원으로 작동하면서 요구되는 소재 특성 변화에 대한 기술 개발이 필요하다. 반면 엔진, 변속기 등 파워트레인 부품과 연료탱크, 흡배기 장치 등 내연기관 관련 부품을 생산하는 업체들에는 부정적 영향이 클 것으로 예상된다. 배터리, 모터, 인버터 등 전기동력 구동 부품과 공조시스템, 경량화 소재, 센서 등 자율주행 및 충전 인프라 관련 부품업체들은 미래차 전환에 따른 수요 확대로 성장성과 수익성이 기대되는 등 긍정적 파급효과가 예상된다.

전동화 전략

친환경 자동차의 전동화 전략은 전기차와 하이브리드 차량 보급을 통해 탄소배출을 줄이고 환경을 개선하는 것을 목표로 하고 있다. 이를 위해 다음과 같은 전략이 적용되고 있다.

- **전기차 충전 인프라 확충** 전기차를 보다 편리하게 사용할 수 있도록 충전소의 수를 늘리고 고속충전 기술을 개발
- **하이브리드 차량 개발** 하이브리드 차량은 내연기관과 전기 모터를 결합하여 연비를 높이고 배출물을 줄임
- **배터리 기술 개발** 배터리의 에너지 밀도를 높이고, 충전 속도를 빠르게 하고, 수명을 연장하는 기술 개발
- **재생에너지 사용** 자동차에 탑재된 에너지 회수 시스템을 통해 주행 중 발생하는 에너지를 재활용

소프트웨어로 달리는 자동차

박지훈

한국자동차연구원 자율주행기술연구소 연구실장 겸 빅데이터·SW기술 부문 책임연구원. 부산대 기계공학과에서 학사, 동대학원 제어계측공학과에서 석사와 박사 학위를 받았다. 자동차 전자제어시스템과 소프트웨어 플랫폼에 대한 연구를 수행하고 있으며, SDV를 중심으로 변화되는 자동차 산업에서 국내의 소프트웨어 산업 경쟁력 확보를 위해서 노력하고 있다.

자동차업체 소프트웨어 경쟁력, 세계 15위

우아하고 편안한 프리미엄 세단을 지향하던 자동차는 어느새 자율주행, 업데이트, 인공지능과 같은 신기술이 파고들면서 세계 자동차산업 전체의 구조와 생태계를 뒤바꾸고 있다. 사람들이 '새로운 기능이 계속 추가되는 자동차'에 빠져드는 동안 자동차업체들은 소프트웨어 퍼스트 중심 전략[1]을 펼치고 있다. 경쟁력 있는 소프트웨어와 인공지능 기술을 가진 ICT와 반도체 업체들과 한편으론 협력하고 다른 한편으론 기술주도권을 잃지 않기 위해 경쟁하지만, '소프트웨어 제일주의'는 변함없다. 소프트웨어는 자동차뿐만 아니라 로봇, 의료, 금융, 안보 등 모든 분야에서 기술의 원천이다. 최근 발표된 '자동차 업체 소프트웨어 경쟁력'에서 우리나라의 현대차·기아가 미국과 중국 기업에 이어 세계 15위였다.[2] 자동차업계 발등에 불이 떨어진 상황이다.

소프트웨어가 자동차의 주행 성능은 물론 편의 기능, 안전 기능, 차량의 감성 품질과 브랜드의 정체성까지 규정하는 SDV^{Software Defined Vehicle}가 관건이다. 미래 자동차산업이 모빌리티^{mobility}로 확장하고 글로벌 산업생태계에서 리더십을 확보하는 방안으로 오픈소스 소프트웨어^{Open Source Software, OSS} 중심의 SDV 전략을 제안한다.

오픈소스 소프트웨어 중심의 SDV 전략

오픈소스 소프트웨어는 소스 코드^{source code}가 공개되어 있어 누구나 자유롭게 사용, 수정, 배

---

1 소프트웨어로 달리는 자동차, 완성차 업계가 꿈꾸는 미래, Samjong INSIGHT Vol.88, 2024
2 Gartner Digital Automaker Index 2024, Gartner Research, 2024. 09. 09

포할 수 있는 소프트웨어라는 사전적 정의를 넘어, 개발자 커뮤니티 안에서 토론, 협업과 지식의 공유를 통해 기술의 혁신과 발전을 촉진하는 생태계를 조성한다는 가치를 갖고 있다. 일례로 세계적으로 자율주행 기술은 중국 바이두의 '아폴로'와 일본의 '오토웨어' 2개의 오픈소스가 주도[3]하고 있다. 이는 자율주행, SDV와 같이 특정 기업의 힘으로만 달성하기 어렵고 국가 단위의 협력 생태계가 필요한 분야에서 압도적인 힘(기술 파급력)을 가지고 있다.

앞으로 특정 자동차업체에서 생산한 자동차에 탑재된 소프트웨어가 미국 테슬라의 제품(소프트웨어 또는 기능)이거나 중국 BYD의 제품을 사용하고 있다면, 이 자동차의 생산을 통해 얻을 수 있는 경제적인 효과는 누구의 것일까? 이 질문을 통해 간단히 SDV를 정의할 수 있다. SDV의 기술적 단계는 새로운 기능이 계속 추가되는 단계(SDV Lv.3)와 소프트웨어 공급자를 선택할 수 있는 단계(SDV Lv.4)를 넘어 앱 스토어를 통해 사용자가 필요한 기능을 선택하는 단계(SDV Lv.5)로 발전할 것으로 예상[4]된다. 앞으로 SDV 산업은 자동차의 기능을 자동차 제조사가 결정하는 것이 아니라 소프트웨어 공급업체가 결정하는 특징을 가지게

---

3   세계 자율주행기술, '2개의 오픈소스가 주도한다, 애플경제, 2022. 06. 21
4   The Automotive OS perspective, Elektrobit, 2024. 09. 04

된다. 스마트폰에서 구글 안드로이드와 애플 iOS가 세계 시장을 주도한 것과 유사한 상황이다.

SDV 산업의 기회와 위협

시장조사업체 아이디테크엑스[ID TechEx]는 SDV 보급률이 2021년 2.4%에 불과했지만 2029년에는 90%를 넘어설 것으로 예측한다. SDV의 시장 규모 또한 2023년 270억 달러(약 37조 4,200억 원)에서 2034년에는 7,000억 달러(약 970조 600억 원)에 이를 것으로 예상[5]하고 있다.

SDV 분야의 기술 개발은 쉽지 않다. 종전의 자동차는 하드웨어를 먼저 구상한 뒤 그에 맞춰 소프트웨어를 입히는 방식으로 개발을 진행했지만 SDV 개발을 위해서는 모든 것을 새롭게 시작해야 한다. 소프트웨어를 통합하기 위한 운영체제[OS], 업데이트를 위해 전기전자 아키텍처의 재정립, 고성능 반도체를 이용한 제어기를 비롯해 서비스 플랫폼까지 준비해야 한다. 이는 자동차산업의 공급망을 송두리째 변화시키면서 엄청난 자금과 인력을 필요로 한다. 산업계에서 "현대차는 중국의 자율주행 소프트웨어를 써야 할 수도 있다"는 우려[6]가 나오는 이유다.

---

[5] 소프트웨어 중심 차량(SDV), 커넥티드 차량, 차량용 AI 기술현황, 산업동향 및 시장 전망 2024~2034, IDTechEx, 2024. 07. 09
[6] 현대차 이대로 가면 中자율주행SW 써야 할 수도, 한국공학한림원 미래모빌리티위원

SDV 산업환경에 대응

오픈소스 소프트웨어 중심의 SDV 산업을 육성하기 위한 전략 과제를 정리하면 다음과 같다.

첫째, 한정된 자원을 결집하기 위해서 오픈소스를 활용한 SDV 산업플랫폼과 이에 대한 산업규격을 정립하는 것이 필요하다. 특히 물리적 제약 없이 개발할 수 있는 소프트웨어는 거대한 인적 네트워크를 구성할 수 있고 그 안에서 활발한 토의와 지식의 공유가 가능하다. 다만, 오픈소스가 가지고 있는 한계인 신뢰성과 책임소재를 확립하기 위해서 공통 산업규격(국제표준 포함)이 필요하고 자동차를 포함해 모빌리티로 확장하기 위해 다양한 유스케이스(Use Case)에 대한 검증체계와 검증환경을 포괄하는 것이 중요하다.

둘째, SDV 생태계를 활성화하기 위하여 'SDM(Software Defined Mobility) 컨트롤타워'(가칭)를 구성해야 한다. 일본 경제산업성과 국토교통성은 2024년 5월 모빌리티 DX 전략을 발표하고 SDV 관련 일본 제조업체가 세계 점유율 30%를 달성하는 것을 목표로 제시했다. 그 일환으로 나고야대는 SDV 표준화를 위한 'Open SDV Initiative'를 설립하였다. 중국자동차협회는 CAAM-SDV API 표준화를 추진하고 있다. 우리나라도 국가역

회 출범식(김용화 현대차 고문), 매일경제, 2025. 01. 14

량을 결집하기 위해서 목표를 제시하고 오픈소스로 개발된 SDV 산업플랫폼을 운영, 유지, 배포하기 위한 컨트롤타워를 구성하는 것이 필요하다.

셋째, 소프트웨어 전문기업과 전문인력을 양성해야 한다. 2024년 7월 발효된 〈미래자동차 부품산업의 전환촉진 및 생태계 육성에 관한 특별법〉 제13조 전문기업 지정, 제16조 디지털 혁신촉진, 제18조 전문기술인력의 양성에 따라 수출을 목표로 하는 소프트웨어 전문기업에 대한 혜택을 제공하여 생태계 구성을 도모해야 한다. 이와 함께 아키텍트급 엘리트인력, 실무형 엔지니어링 전문인력 등으로 트랙을 구분하여 미래의 SDV 산업환경에 대응해 나가야 한다.

서비스형 모빌리티를
적용한 관용차

위정호
휴맥스모빌리티에서 비즈사업개발본부장을 역임한 후 현재 공공MaaS분야에 종사 중이다. 연세대에서 법학을 전공했고 SBS CNBC에서 국토교통정책 및 모빌리티 분야 기사를 썼다.

지지부진한 스마트시티

정부는 2018년 스마트시티 추진전략을 수립하고 '세종 5-1생활권'과 '부산 에코델타시티 사업' 등 전국적으로 스마트시티 솔루션 확산 사업을 적극적으로 펼치고 있다. 그런데 서비스가 자리 잡기까지 시간이 오래 걸리면서 사업이 난항을 겪고 있다는 지적이 나온다. 2024년 강릉시는 215억 원을 들여 추진했던 스마트시티 챌린지 사업을 철수하였고 다른 지자체에서도 수익성 등의 사유로 민간업체의 이탈 문제가 불거지고 있다. 이러한 어려움을 극복해나가는 해법으로 스마트시티의 구성 요소 중의 하나인 지자체 관용차를 활용한 모빌리티mobility 전략을 활용할 수 있다.

서비스형 모빌리티Mobility as a Service, MaaS를 지자체 전기 관용차에 적용하는 상황을 가정해 보자. 지자체가 보유하고 있는 차량을 플랫폼을 활용해 카셰어링car sharing 등의 형태로 필요한 시간만큼 예약을 통해 공유하고, 업무 시간 외에는 민간에서도 관용차를 쓸 수 있게 공유해주는 서비스가 된다. 정부가 추진하는 스마트시티의 구성 요소인 스마트모빌리티smart mobility의 세부 전략에 해당하며 전반적인 스마트모빌리티 사업이 추구하고 있는 자동화, 탈탄소화, 통합화(연결성) 차원에서 방향성도 일치한다.

관용차를 공유하면…

현재 관용차 이용 방식과 비교하면 소유권, 차량 이용, 사용 방식 측면에서 MaaS가 효과와 편익이 크다는 것을 알 수 있다.

전기 관용차를 활용한 MaaS 전략은 다음과 같이 3단계 로드맵으로 확장해 나갈 수 있다.

- **1단계** 플랫폼을 활용해 업무 시간에는 관용차로, 비업무 시간에는 시민에게 공유

현 관용차 이용 방식과 관용차 MaaS 비교

	현행	관용차 MaaS	효과
소유권	지자체(렌트 방식)	모빌리티 회사	모빌리티 회사가 차량 유지 보수 (세차 정비 등)
차량 이용	공공 업무 전용	업무 시간 : 관용차	지역 주민들에게 주말과 휴일 등에 개방
		비업무 시간 : 민간 개방	
사용 방식	담당 조직에서 대면 관리	플랫폼을 활용한 비대면 반납	탄력적인 관용차 운영

- **2단계** 1단계 기능을 수행하면서 인근 지자체 및 유관기관을 연결하는 편도 서비스 제공
- **3단계** 1단계와 2단계 기능을 수행하면서 해당 지자체의 관할 지역에 있는 모빌리티 서비스와 연결 (카셰어링, 수요응답형 버스, 택시, 전기자전거 등)

일부 지자체들이 MaaS와 유사한 서비스를 선제적으로 도입한 사례가 있다. 경기도 행복카셰어 서비스가 대표적이다. 2016년 5월 경기도가 관용차를 비업무 시간에 차가 필요한 차상위층 대상으로 무상 대여해준 서비스다. 코로나19를 겪으며 현재는 사실상 운영 중단된 상황이다. 플랫폼이 구축되지 않아 차량의 예약과 반납, 유지 보수 등의 서비스를 비대면으로 운영하면서 크게 활성화되지 못했다는 평가가 나온다. 3단계 로드맵을 기준으로

1단계에서 플랫폼 구축이 안되어 다음 단계로 넘어가지 못해 아쉬움이 남는다.

서울 종로구 나눔카도 같은 취지를 갖고 출범하였다. 민간 카셰어링 회사인 쏘카를 기반으로 시작되었고, 구민들이 공유할 수 있는 관용차를 별도 입찰을 통해 지정 운영하고 있다. 3단계 로드맵을 기준으로 1단계 요건을 훌륭히 충족한 서비스이지만, 종로구청과 구민만을 위해 서비스를 제공하고 있어 다른 지자체로 확대하지 못한다는 아쉬움이 있다.

보험 개발하고, 규제 풀어야

관용차를 활용한 MaaS를 확대하여 보급하기 위해 개선되어야 할 사항들이 있다.

첫째, MaaS 플랫폼 개발비에 대한 정부의 예산 지원이 필요하다. 현행 〈지속가능교통물류발전법〉 21조에 따라 관용차 MaaS 사업은 보조금 지원을 검토할 수 있을 것으로 보인다. 도심 혼잡도를 줄이면서 대중교통의 대안적 성격을 갖고 있기 때문이다. 다만 이를 집행할 수 있는 예산과 행정적인 절차는 구체화해 가야 할 부분이다.

둘째, 합리적인 보험 상품이 개발되어야 한다. 한 대의 관용차를 사용하는 주체가 달라지면서 적용되는 보험 상품도 바뀌게 된다. 예약 시간에 따라 각각 다른 보험 상품을 적용하게 하는 플랫폼 개발은 가능하다. 다만 사용 주체별 보험 상품 간 비용 격차가 상당해 공공재적인 목적에 맞는 합리적인 상품 설계가 필요하다.

셋째, 기존 지자체 차량 관리 조직과의 사전 협의가 필요하다. 차량 관리를 모빌리티 회사에서 할 경우, 지금까지 지자체에서 차량관리 업무를 해왔던 조직의 반발이 있을 것으로 예상된다. 차량 관련 업무가 줄어들거나 사라지면 인사상 불이익이 있을 수 있겠다는 우려 때문이다. 따라서 서비스를 본격적으로 도입하기 전 인사 문제 검토가 선행되어야 한다.

넷째, 국유재산법상 자산인 차량과 주차장 사용을 위한 규제가 완화되어야 한다.

- 〈국유재산법〉 30조 2항에 따라 행정기관이 취득한 자산은 소속 공무원 외에는 쓸 수 없고, 관용차를 민간에 공유할 경우 복잡한 행정 절차를 거쳐야 한다.
- 행정기관이 차량 렌트비를 지급하고 있는 상황에서 민간에 차량을 공유할 때 발생하는 임차료와 관련해 동일한 자산에 대한 이중 청구 문제도 제기될 수 있다.
- 공공 부지를 주차장으로 사용할 경우 모빌리티 회사가 지급할 주차비를 어떻게 해석할지도 논란이다. 공공 부지인 만큼 국유재산법상 사용 허가를 받아야 하는데 사업을 영업 행위로 간주하면 단순 주차비보다 비싼 면적당 임차료를 부담해야 할 수도 있다.

경제적, 환경적, 사회적 편익

관용차를 활용한 MaaS는 위와 같은 선결 과제들을 해결한다면 많은 효과를 거둘 수 있다.

첫째, 차량 혼잡도를 줄이고 기후 위기에 대응하는 효과가 있다. 청사 주변은 직원들과 민원인들 차량이 붐벼 교통량이 많다. 주차장 확보를 위해 새로 청사를 짓는 경우도 빈번한데 플랫폼을 활용해 기관들끼리 관용차를 공유하면 그만큼 혼잡도를 낮출 수 있다. 차량 숫자도 줄이고 플랫폼에 투입되는 차량을 전기차로 바꿈으로써 기후 위기 대응도 가능하다.

둘째, 자산 효율화 효과가 기대된다. 관용차들은 주말과 연휴에 주차장에 서 있다. 이를 공유할 수 있다면 세금으로 마련된 공공기관 자산 효율화에 기여할 것이다. 특정 기간에 제한적으로 발생하는 행사(지자체 선거 및 감사 등)에 간헐적으로 차량이 필요할 경우 별도의 입찰 과정을 거치지 않고 플랫폼을 통해 차량 수급이 가능해져 행정 비용 절감도 가능해진다.

셋째, 모빌리티 시장을 활성화시킬 수 있다. 플랫폼을 통해 서비스가 제공되는 과정에서 다른 이동 수단과의 연결도 기대된다. 하나의 플랫폼에서 카셰어링뿐 아니라 수요응답형 버스, 택시 등의 예약 및 호출이 가능해지면 모빌리티 생태계가 구축될 것으로 기대된다.

5 바이오헬스

바이오헬스 산업은 제조업 기반의 제약과 의료기기 산업에 더하여 디지털 기반의 의료-건강 관리 서비스 산업을 포괄하는 의미로 사용된다. 고령화와 맞춤형 의료에 대한 수요의 증가로 인하여 확장성이 높은 미래 신성장 산업 분야이다. 특히 생체·의료 빅데이터Big Data와 인공지능AI 기술이 활용되면서 4차 산업혁명을 선도할 핵심 분야로 주목받고 있다.

바이오헬스 산업의 시장 규모는 2021년 69억 달러에서 연평균 46.3% 성장하여 2027년에는 674억 달러에 이를 것으로 KDB미래전략연구소는 분석했다. 정부는 첨단바이오 분야를 주요 국가전략기술로 지정하고 집중적인 투자를 진행하고 있다. 고령화, 개인 맞춤형 정밀 의료, AI 기반 의료 및 중독 분야의 연구개발 동향을 살펴 바이오헬스 분야의 정책 과제와 해법을 제안한다.

지속 가능한 고령화 사회

이승재
한국과학기술원 생명과학과 교수. 서울대를 졸업하고 미국 Johns Hopkins University, School of Medicine에서 박사학위를 취득하였다. 노화학회 부회장, 한국분자세포생물학회 학술위원장을 역임하였다. 현재 『Molecules and Cells』 편집장, 카이스트 RNA 매개 건강장수연구단장으로 활동하며, 노화 및 건강 장수의 분자유전학 연구를 수행하고 있다.

국가가 나서서 건강수명 늘려야

전 세계적으로 인구의 고령화가 가속화되고 있으며, 우리나라는 그 속도가 가장 빠른 국가 중의 하나이다. 통계청에 따르면 2025년에는 한국의 전체 인구 중 65세 이상 인구 비율이 20%를 넘어서 초고령 사회에 진입할 것으로 예상된다.[1] 이러한 변화는 의료비 증가, 노동력 감소, 복지 비용 상승 등 다양한 사회경제적 문제를 초래할 가능성이 크다.

노화는 시간의 경과에 따라 생체의 기능이 서서히 저하되는 현상이다. 노화는 치매, 암, 당뇨, 근감소증, 심혈관 질환 등 심각한 만성 질환을 초래하는 가장 커다란 위험 요인이다. 특히 알츠하이머병과 같은 퇴행성 질환은 발병 원인도 온전히 규명되지 않았고 효과적인 치료법도 아직 없는 상태이다. 이러한 노인성 질환의 증가는 사회적 돌봄과 의료비 부담의 급증을 초래하고 있다. 따라서 기대수명의 연장이 어느 정도 달성된 이제는 건강수명을 증가시키는 것이 당면한 국가적 사회적 과제이다. 고령 인구가 자립적으로 생활할 수 있는 기간을 확대하고, 질병과 장애로 인한 부담을 최소화하는 것이 필요하다. 이를 위해서는 노화의 근본적인 원인을 밝히는 기조 연구가 필수적이다.

현재까지의 연구들은 주로 개별 질환에 대응하는 응용 연구와 기술 개발에 집중되어 왔으나, 근본적인 생물학적 기전을 규명하고 이를 바탕으로 노화를 적극적으로 제어하는 연구는 상대적으로 미흡한 실정이다. 따라서 노화 관련 질환의 근본적 원인인 노화의 기전 연구, 유전자 단백질 수준의 기초 연구, 노화 과정에서의 세포 및 조직 수준의 변화에 대한 심층적 연구 등을 통하여, 이를 조절하는 방법을 개발하는 것이 시급한 상황이다.

현재 우리나라의 노화 연구에 대한 연구비 지원은 매우 미흡

---

1 국가통계포털(KOSIS) http://kosis.kr/

한 상황이다. 2021년 기준으로 노화 관련 연구비는 기초 연구 예산의 1%, 한국연구재단 예산의 3% 미만(총액 300억 원 미만)에 불과하다.[2] 반면, 미국 국립노화연구소National Institute of Aging, NIA는 미국 국립보건원NIH 예산의 9%에 해당하는 5조 2천억 원을 지원받아 대부분을 노화 연구에 투자하고 있다.[3] 이러한 차이를 감안할 때, 우리나라에서도 노화 연구를 활성화하기 위한 정책적 연구비 증액이 반드시 필요하다.

국가 연구기관 설립

초고령화 사회에 대응하기 위해서는 기초 연구 강화를 중심으로 한 연구개발 전략이 필요하다. 노화의 분자생물학적, 유전학적, 후성유전학 및 유전체, 단백체적 기전 연구를 체계적으로 지원하고 노화 과정에서의 세포의 변화 및 대사 조절 연구를 강화해야 한다. 또한 세포 노화, 조직 재생, 줄기세포 활성화 연구를 심화하여 노화의 근본적인 기전을 밝힐 필요가 있다.

국가 차원에서 노화에 대한 연구를 선도하며 초고령화 사회에 대비하기 위한 국립노화연구소를 설립하는 것도 중요한 과제이

---

[2] 한국연구재단, 과학기술정보통신부의 기초연구사업 예산 배분 관련 보고서
[3] https://www.nia.nih.gov/about/budget/fiscal-year-2022-budget

다. 현재까지 우리나라에서 노화와 관련한 연구는 개별 연구자의 관심에 따라 산발적으로 진행되고 있으며 대규모·장기적인 연구는 체계적으로 수행되기 어려운 구조이다. 이러한 한계를 넘어서기 위해 국가 차원에서 장기적이고 체계적인 노화 연구를 수행할 전문 연구기관을 설립해야 한다. 미국 국립노화연구소[NIA]와 일본 국립노화연구센터[NCGG]를 모델로 하여 연구소의 운영 구조를 마련하고, 노화와 관련한 기초 및 응용 연구를 지원하며 연구자 양성과 연구 성과의 산업화 연계를 촉진할 필요가 있다. 또한 연구소와 대학, 국공립 연구기관 및 산업체 간 협력을 강화하여 연구와 산업 간의 유기적 연계를 가능하게 해야 한다.

노화와 퇴행성 질환 치료를 위한 신약과 치료법 개발도 필수적이다. 알츠하이머병, 대사질환, 근감소증 등 노화 관련 질환의 새로운 치료 표적을 발굴하고 재생의학 및 줄기세포 기반 치료 기술 연구를 지원해야 한다. 이와 함께 노화 억제 물질과 신약을 개발하여 고령화 사회에서 건강을 유지하고 치료 부담을 경감시킬 필요가 있다.

지속 가능한 고령화 사회

노화 및 고령화 사회에 대응하는 노력은 전 세계적으로 고령화와 맞춤형 의료에 대한 수요가 급증하는 추세에 비추어 볼 때, 성장성이 높은 산업인 동시에 우리의 행복과 직결되는 사안이다. 따라서 노화 연구에 대하여 국가 차원에서 전략적으로 지원하는 것은 경제적으로 미래 성장동력을 확충하는 것은 물론 국민의 건강과 행복, 삶의 질을 높이는 데 기여하는 등 많은 사회적 경제적 가치를 창출하게 된다.

첫째, 노화 연구가 체계적으로 이루어지면 건강수명이 연장되고 삶의 질이 향상될 것이다. 노화 관련 질환의 조기 진단 및 예방적 건강 관리 기술이 발전하여 심각한 만성 질환의 발생률이 감소하고, 맞춤형 치료법 개발을 통해 노인들의 자립적인 생활 기간이 확대될 것이다.

둘째, 경제적 측면에서 노화 연구를 통한 의료비 절감 효과도 기대할 수 있다. 노화 조절이 가능한 생명 현상으로 제어할 수 있다면 고령 인구의 의료비 부담이 줄어들고, 효율적인 돌봄 시스템이 구축됨으로써 개인적 부담은 물론 사회적 부담도 경감될 것이다.

셋째, 노화에 대한 기초 연구를 강화함으로써 장기적으로 응용 연구가 더욱 발전할 수 있는 기반이 마련된다. 노화 및 관련 질환의 근본적인 기전을 이해하게 되면 새로운 치료법 개발이 가능해지고, 이를 활용한 바이오 및 헬스케어 산업의 혁신이 촉진될 것이다.

넷째, 더 나아가 지속 가능한 고령화 사회가 구축될 것이다. 노화 및 질병 관리 기술이 발전하여 생산 가능 인구 감소에 대응할 수 있으며, 공공 및 민간 부문의 협력을 통해 사회적 안정성을 확보할 수 있을 것이다.

결론적으로 고령화 사회에 대응하기 위한 연구개발 전략은 기초 연구의 강화와 국가 연구기관 설립을 중심으로 추진되어야 한다. 이를 통해 장기적으로 응용 연구와 기술 개발을 촉진하고, 건강한 노화를 실현하는 데 기여할 수 있을 것이다.

정밀 의료를 위한
고품질 코호트 구축

김종일
서울대 의과대학 교수. 서울대 의과대학을 졸업하고 동 대학에서 박사학위를 취득하였다. 한림대에서 교수 경력을 시작한 후 2006년부터 서울대에서 근무하며 220여 편의 SCI 연구 논문을 발표하였다. 현재 서울대 의과학과장 및 유전체의학연구소장으로 재직하고 있다.

미래 의학의 핵심 키워드

정밀 의료는 개인의 유전체 정보와 생활 습관, 환경 등의 데이터를 바탕으로 질환의 발생 가능성을 예측하고, 최적의 치료법을 제시하며, 효과적인 예방 전략을 수립하는 것을 목표로 하고 있다. 미래 의학의 중요한 키워드 중 하나이다. 정밀 의료를 통한 질병의 효율적 예방과 치료는 개인의 삶의 질을 향상시킬 뿐만 아니라 국가 의료비용을 절감하는 데에도 크게 기여할 것으로 기대된다. 암 치료 분야에서 성공 사례를 보이고 있으며 다양한 복합질환으로 적용 범위가 확장되고 있다.

정밀 의료를 실현하기 위해서는 대규모 유전체 정보와 임상 정보, 생활 습관 등의 데이터 수집이 필수적이다. 대표적인 사례는 영국의 바이오뱅크UK Biobank 프로젝트로서, 2006년부터 약 50만 명 규모의 코호트cohort를 구축하여 상세한 표현형 데이터를 지속적으로 수집하고 있으며 전장유전체 분석을 완료하였다. 미국은 2018년부터 올오브어스All of US 프로젝트를 시작해서 100만 명 모집을 목표로 하고 있다. 국내에서도 다양한 코호트 구축 사업과 국가 통합 바이오 빅데이터 사업 등이 진행되어 왔지만, 미래 의학을 선도하기 위해서는 차별화된 전략이 필요한 시점이다. 여기서는 두 가지 핵심 키워드를 제시하고자 한다.

첫째, 열성적인 자발적 참여자를 통한 고품질 코호트 구축이다. 정밀 의료의 성공을 위해서는 유전체 정보와 함께 질병 발생, 약물 효과 등의 임상 정보, 생활 환경이나 습관 등 다양한 데이터의 확보가 필수적이다. 단발성으로는 한계가 있고 지속적, 반복적 정보 수집이 필요한데, 이를 위해서는 프로젝트의 취지에 강하게 공감하는 '열성적 참여자'를 확보하는 것이 매우 중요하다.

둘째, 첨단 오믹스omics 기술의 전략적 도입이다. 마이크로바이옴microbiome 분석이나 단일 세포 분석과 같은 최신 기술들은 개인의 현재 건강 상태를 정밀하게 파악하고 질병의 메커니즘을 이해하는 데 혁신적 통찰을 제공한다. 인간 세포 지도^{Human Cell Atlas} 프로젝트가 보여주듯이 이러한 기술들은 점차 고도화되고 있으며 대규모 적용을 통한 비용 절감도 가능해지고 있다.

시민 참여형 코호트와 오믹스 기술 융합

이 정책은 정밀 의료 실현을 위한 '고품질 첨단 코호트' 구축을 목표로 하고 있으며, 단계적 확장과 고도화를 통해 지속 가능성과 효율성을 극대화하고자 한다. 우선 참여자 모집에 있어서는 '미래 의료 선구자'라는 위상을 부여하여, 단순한 연구 대상이 아닌 미래 의료 혁신의 주역으로 인식하게 하는 것이 핵심이다. 초기 5만 명으로 시작하여 10만, 20만 명 수준으로 단계적으로 확대한다. 경제적 보상보다는 건강 리포트 제공과 연구 성과의 우선 공유, 심포지엄 개최 및 커뮤니티 구축 등 비금전적 인센티브를 통해 미래 의학 발전의 주역임을 실감할 수 있도록 지원한다. 이 중 가장 참여 의지가 높은 참여자를 대상으로, 심층 연구를 위한 핵심 연구 그룹을 구성한다. 이들에 대해서는 일정 주기로 재샘플링과 추가 설문조사를 하여 건강 상태의 변동과 질병 발생 전후의 데이터를 체계적으로 수집한다. 초기에는 1만 명 규모로 구성하되 점진적으로 2만 명 이상으로 확대한다.

유전체 데이터 확보도 비용 효율성과 기술 발전을 고려한 단계적 접근을 채택한다. 초기에는 핵심 참여 그룹의 샘플부터 시작하여 점차 전체 참여자를 대상으로 확대하고, 분석 방식도 기본적인 수준에서 시작해서 기술 발전과 비용 절감에 따라 분석의 깊이와 범위를 점진적으로 확대한다. 비용 절감을 위한 연구도 병행하며, 궁극적으로 단일세포 전사체, 후성유전체, 단백체 등의 고품질 데이터를 확보하는 것을 목표로 한다.

이러한 분석을 뒷받침하기 위한 견고한 플랫폼 구축도 함께 진행한다. 모바일 애플리케이션을 통한 실시간 생활 습관 데이터 수집, 의료기관 연계 시스템, 웨어러블 디바이스 연동 체계를 구축하고, 표준화된 시료 수집 및 운송 시스템, 데이터 품질 관리 프로토콜을 수립한다. 국제 협력 및 정부, 학계, 산업계의 협력 네트워크를 통해 연구 인프라를 강화하고, 민감한 개인정보의 안전한 관리를 위한 보안 체계를 확립한다. 참여자들에게 맞춤형 건강 리포트를 제공하고 연구 진행 상황과 성과를 지속적으로 공유하는 한편 지속적인 피드백을 받을 수 있는 양방향 소통 플랫폼을 구축하여 참여자들의 신뢰와 참여 의지를 높이고, 동시에 연구 방향을 유연하게 조정할 수 있도록 유지한다.

의료 데이터 산업 생태계

이를 통한 기대효과는 다음과 같다.

첫째, 정밀 의료 구현이 가속화될 것이다. 고품질 코호트와 데이터 플랫폼 구축을 통해 질병의 발생 및 진행 과정을 세밀하게 추적할 수 있게 되며, 질병의 조기 진단과 효율적 예방 및 개인별 맞춤 치료 전략 수립이 가능해질 것이다.

둘째, 의료 데이터 산업 생태계가 활성화될 것이다. 표준화된 데이터 수집 체계와 품질 관리 시스템은 신뢰성 높은 의료 데이터의 생산과 활용을 촉진할 것이며, 이는 관련 산업의 발전으로 이어질 것이다.

셋째, 의생명과학 연구 역량이 세계적 수준으로 도약할 것이다. 첨단 분석 기술의 국산화가 촉진되고, 질병 기전에 대한 이해를 바탕으로 신약 개발이 활성화될 것이다. 또한 감염병 대유행과 같은 국가적 위기 상황에서도 신속한 연구 대응이 가능해질 것이다.

넷째, 참여형 의료 연구의 새로운 모델이 제시될 것이다. '미래 의료 선구자' 프로그램은 시민들의 자발적 참여와 헌신을 끌어내는 새로운 연구 문화를 형성할 것이며, 이는 향후 다양한 의료 연구 프로젝트의 본보기가 될 것이다.

이러한 단계적이고 체계적인 접근은 초기에는 규모 면에서 외국의 대형 프로젝트들에 미치지 못하더라도 데이터의 질적 수준과 활용 가능성 측면에서 차별화된 가치를 창출할 것이며, 초기 성과를 확인한 후 규모를 더 확장할 수 있다는 장점이 있다.

중독 기전에 기반한 공중보건 정책

김정훈

포항공대 생명과학과 교수. 영국 Imperial College에서 박사학위를 취득, Howard Hughes Medical Institute/Columbia에서 박사후연구원을 수학하였다. 연구제도 혁신기획단 위원, 한국뇌신경과학회 사무총장과 포스텍 신경연구센터 센터장을 역임하였다. 현재 포스텍 신경생물학연구소 연구단장으로 중독 및 정서 관련 신경제어 연구에 주력하고 있다.

급증하는 중독

마약을 포함한 약물 중독은 개인 차원의 문제에 그치지 않고 사회경제적으로 심각한 문제이다.[1] 또한 마약 중독자들은 약물 구입을 위하여 그리고 심신미약 상태에서 범죄를 저지를 위험도가 매우 높다. 마약사범은 빠른

---

[1] 마약류에 의한 사회적 피해액이 최대 4조 9천억 원 추산, KBS 뉴스, 2023. 07. 04.

속도로 증가하고 있으며, 인터넷 메신저와 소셜 네트워크 서비스 등을 통하여 손쉽게 마약을 입수할 수 있게 되면서 중독 문제는 더욱 심화하고 있다.[2] 그러나 현재 마약 정책은 "마약과의 전쟁" 선언 등 단순히 마약 단속과 처벌에 집중되어 있으며, 중독자들의 사회 복귀 및 재발 방지를 위한 치료 및 재활 지원은 제한적인 상황이다.

중독 재발을 방지하기 위해서는 사회적 격리와 함께 중독자가 정상적인 생활을 할 수 있도록 돕는 공중보건적 노력이 필요하다. 이를 위해 중독 기전에 기반한 과학적 치료 및 재활법 개발을 촉진하고 근거에 기반한 공중보건 정책을 수립하고 고도화해야 한다. 미국에서는 중독자를 범죄자가 아닌 치료 및 재활의 대상으로 보고 있으며, 1992년 국립보건원[NIH] 산하에 중독연구소[NIDA]를 설립하여 매년 막대한 예산(2024년 기준 33억 달러)을 투자하고 있으며, 이를 바탕으로 실질적인 성과를 창출하고 있다.

이에 반해 국내에서는 사회적 경각심 및 관심은 높아졌음에도 불구하고 마약중독과 관련한 연구개발[R&D] 지원과 공중보건적 재활 정책은 여전히 미비하다. 또한 세계적인 중독 확산으로 인하여 중독 치료 및 재활법 개발의 산업적 파급 효과가 클 것으로 예상되지만, 관련 기업에서는 마약중독이 가지는 사법적, 공중보

---

2   2023년 국내 마약류 사범은 27,611명으로 전년 대비 50% 급증, 대검찰청, 2023

건적 측면으로 인하여 관련 R&D 투자와 산업적 응용에 소극적이다. 이러한 상황을 타개하고 산업적 응용을 촉진하기 위하여 국가적 R&D 지원이 국민건강을 증진하고 국가 성장 동력을 확보하는 첩경이 될 것이다.

신경과학적 접근

약물 중독의 심각성은 높은 재발률에서 비롯된다. 중독 상태는 단순한 행동적 습관이 아니라 신경회로가 재구성되면서 뇌 보상 시스템이 왜곡된 결과이다. 그러므로 신경과학적 접근으로 약물 중독 치료 및 재활법을 개발해야 한다. 예를 들어 도파민, 세로토닌 등 마약중독에 영향을 미치는 신경전달 물질의 역할과 중독 단계에 따른 뇌의 구조적·기능적 변화를 심층적으로 분석하여 중독 병리 현상 및 중독의 가역성을 확인하고 치료와 재활 가능성을 높여야 한다. 현재 중독성 약물로 인한 뇌 변화에 관한 연구는 진행 중이지만, 중독 재발이나 치료반응 예후를 판별할 수 있는 신뢰성 높은 바이오마커biomarker는 개발된 바 없다. 약물 중독의 단계를 판별하는 지표를 확립하고 중독 상태를 치료하고 재발을 방지하는 재활법을 개발해야 한다.

약물 중독 및 재발을 방지하기 위하여 임상적 실현 가능성이 큰 마약중독 치료와 재활 약물 및 의료기기 개발이 필수적이다.

우선 국내 산업 발전 상황을 고려한 중독 치료 및 재활법 개발이 가능하다. 전자기 디지털 기기를 이용한 신경 조절 치료 기술을 사례로 들 수 있을 것이다. 우리나라의 디지털 및 전자 기술을 바탕으로 '자기 자극Transcranial Magnetic Stimulation', '뇌심부 자극Deep Brain Stimulation', '미주신경 자극Vagus Nerve Stimulation' 등의 전자기적 신경 자극 기술을 활용하여 중독자의 뇌 신경회로 기능을 회복시킬 수 있다. 또한 중독 상태를 치료하고 재발을 예방할 수 있는 백신 개발이 가능하다. 해외에서는 펜타닐 백신과 같이 특정 마약 물질을 표적으로 하는 중독 백신 연구가 진행 중이다. 우리나라의 항체 바이오시밀러 산업의 강점을 활용한다면 효과적인 중독 예방 및 치료 백신 개발을 할 수 있을 것이다.

과학적 근거에 기반한 중독 재활을 위한 공중보건 프로그램 고도화가 필요하다. 마약 중독자 재활을 목표로 식품의약품안전처는 2024년까지 전국 17개 지역에 '함께한걸음센터'를 개소한 바 있다. 그러나 현재는 중독자 상담, 전문가 교육과 홍보에 치중하고 있는 상황으로 중독 재활에 직접적인 효과를 도출하는 데에는 한계점이 있었다. 기존 함께한걸음센터를 중독 재활 및 임상 시험까지도 병행할 수 있는 협력체로 운영할 수 있을 것이다. 또는 미국 NIDA와 비슷한 약물 중독 관련 R&D, 치료 및 재활을 통합 관리할 수 있는 한국형 국가 기관(가칭 K-NIDA)을 설립하는 방안이 효과적일 수 있다. 기존 또는 신규 국가 기관을 통하여 마약류 중독자의 중독 치료 및 재활을 위한 새로운 공중보건 프로그램을 마련할 수 있을 것이다.

공중보건적 재활 전략

국가 기관이 중심이 되어 중독에 관한 연구개발과 치료 및 재활을 통합 관리하고 공중보건 프로그램 고도화함으로써 많은 사회적 편익과 가치를 창출할 수 있다.

첫째, 국민건강과 사회적 안정성을 증진할 수 있다. 중독 예방과 치료, 재활을 통하여 중독자의 뇌 기능을 회복시키고, 정상적인 사회생활로 복귀하도록 지원할 수 있다. 중독 환자로 파생되는 사회적 문제를 감소시켜서 안전한 사회 형성에 기여할 수 있다. 또한 중독 관련 의료비, 법적 비용, 생산성 손실 등을 줄여 장기적으로 국가 재정에 긍정적인 영향을 미칠 것이다.

둘째, 과학적 경제적 파급 효과를 기대할 수 있다. 중독 및 재활 기전 연구를 통해 국내 신경과학 및 의료기술 수준을 향상시키고, 중독 치료 및 재활 기법의 상용화는 국제적 제약 및 의료기기 시장을 창출하여 커다란 산업적 경제적 효과를 가져올 수 있다.

셋째, 중독 관련 공중보건 정책의 과학적 기반을 확립한다. 신경과학적 접근과 중개 연구를 바탕으로 근거 중심의 공중보건 정책을 고도화하여 약물 중독자 관리, 치료 및 재활을 위한 정책을 일관되게 추진할 수 있다. 이를 통하여 개인 건강 및 사회 안전을 동시에 도모할 수 있을 것이다.

의료 인공지능의
도입과 확산

고태훈
가톨릭대 의과대학 의료정보학교실 교수, 한국보건의료정보원의 보건의료 데이터 심의 전문위원이다. 서울대 공과대학 산업공학과에서 학사, 박사학위를 받았다. 보건의료 현장에서 실제 발생하는 멀티모달 데이터(전자의무기록, 의료영상 및 생체신호 데이터)에 대한 빅데이터 처리, 머신러닝 및 딥러닝 기술 등을 개발, 적용하는 연구를 한다.

진단 보조를 넘어 효율성 제고와 애프터케어까지

인공지능이 의료기기 소프트웨어Software as a Medical Device, SaMD의 기반 기술로 활용되면서 국내외의 많은 인공지능 기반 SaMD가 인허가를 받았다. 초기에는 X-ray, CT 등 의료영상에 대하여 인공지능이 병변을 탐지하는 연구를 시작으로, 인공지능 소프트웨어가 판독 보조로써 활용될 때 판독 의사가 도움을 받을 수 있다는 임상 시험 연구도 진행되었다. 미국의 FDA, 유럽연합의 CE, 한국의 식품의약품안전처는 개별 의료영상 기반 인공지능 소프트웨어의 인허가 가이드라인을 만들었으며, 많은 인공지능 소프트웨어들이 의료기기 소프트웨어 인허가를 받았다. 이후 의료영상을 넘어서서 입원병동, 중환자실, 응급실과 같이 환자의 상태를 주기적으로 모니터링하는 곳에서 환자의 활력징후를 이용하여 예후를 조기에 예측하는 인공지능 소프트웨어가 등장하기 시작하였다. 심전도와 같은 실시간 생체신호, 환자의 음성 패턴, 심리검사지 등의 정보들도 각각 심부전, 인지장애, 우울증 여부를 예측하는 인공지능 개발과 검증에 사용되고 있다.

  ChatGPT와 같은 거대언어 모델Large Language Model, LLM은 의료분야에도 새로운 바람을 일으키고 있다. 의사와 환자의 대화를 인식하여 진료기록을 자동 생성하는 인공지능 제품을 개발한 미국의 뉘앙스Nuance는 마이크로소프트에 인수된 후 더욱 확장되면서, 의료진의 육체적·정신적 소진을 예방하고 효율성을 높이는 도구로 가능성을 보이고 있다. 국내에서도 한글과 영문의 혼용을 극복하고 대화 기반 진료기록 자동생성 인공지능이 개발되고 있다. 거대언어 모델이 의사국가고시를 통과할 만큼 의학 지식을 갖추고 추론이 가능해지면서, 이를 활용한 챗봇(예: 소아청소년과 의학지식 기반 대국민용 챗봇 서비스 개발)을 개발하는 국가사업도 진행 중이다. 최근에는 거대 멀티모달 모델Large Multimodal Model, LMM이 등장하여 X-ray에서 병변진단을 보조하는 것을 넘어서서 자동으로 판독문을 생성하는 영역까지 확장된다. 기존 하나의 종류(모달리티, Modality)의 데이터만 활용한 인공지능은 멀티모달로 더 확장될 것으로 예상된다.

빠른 기술 발전, 더딘 보급 속도

다만, 의료 인공지능 기술이 크게 발전한 것에 비하여 실제 보급률은 빠르게 늘고 있지는 않다. 이는 의료 인공지능을 활용하는 의료기관, 의료 인공지능 소프트웨어를 개발한 기업, 국민건강보험체계의 이해관계 차이에서 기인한다. 의료기관에서 환자에게 처치, 수술하는 과정에서 필요한 인건비와 재료비는 국민건강보험체계의 수가(급여)와 환자의 부담금(비급여)으로 충당된다. 의료 인공지능 도입이 가속화되려면 의료 인공지능의 사용이 수가와 연결되거나 환자의 부담금으로 청구하는 것이 가능해야 한다. 그래야 의료기관이 인공지능 기반 의료기기 소프트웨어를 구매할 당위가 생긴다. 정부도 여러 가지 특례제도(신의료기술평가 유예제도, 혁신 의료기기 등)를 통해 간극을 줄이려 하지만, 국가 차원의 투자와 관심이 필요하다.

의료 인공지능의 활용을 가속화하려면 의료, 건강, 돌봄 데이터 흐름 연결을 위한 정책이 필요하다. 인공지능은 단순 진단 보조를 넘어서 앞으로 개인의 건강관리에도 활용될 수 있다. 또 시니어 계층과 돌봄 영역에서 폭발적인 수요가 예상되는 만큼, 수요를 감내할 수 있는 스마트 플랫폼이 필요할 텐데 이때에도 인공지능은 도움이 될 수 있다. 의료 인공지능의 도입과 활용을 확산하기 위해 다음과 같은 과제가 선결되어야 한다.

의료 인공지능 도입과 확산을 위한 과제

첫째, 요양급여체계 편입 및 관리

신기술 도입에 따른 요양급여체계 개편은 매우 어려운 일이다. 한정적인 국민건강보험 예산 내에서 효과적인 재편이 필요하기 때문이다. 또 AI 기반 의료기기 등 신기술은 반드시 성능과 효과가 입증되어야 한다. 예를 들어, 여러 기관에서 종단적인 임상 실증을 통해 안정적인 성능을 보여야 한다. 해당 AI 기반 의료기기가 안정적인 성능을 보이고 환자의 예후 관리 등에 임상적 효과가 나타난다면, 이에 대한 적극적인 사용을 독려할 수 있는 시장을 만들어야 한다. 현재 AI 기반 의료기기 도입에 대한 비급여 상한제도, 건강보험 임시등재가 시행되고 있고, 앞으로 이를 더욱 장려하는 방안을 검토할 수 있다.

다만, 무분별하고 성능이 떨어지는 AI 기반 의료기기에 대한 관리는 반드시 필요하다. AI 기반 의료기기에 대한 '시판 후 조사 Post-Market Surveillance, PMS' 체계를 적극 개발하는 것이 필요하다. 식약처 인허가 제품 중 약물 그리고 수술 및 처치용 의료기기는 시판 후 조사 의무를 이행하게 되어 있고 많은 선례를 통해 절차가 어느 정도 확립되어 있다. AI 기반 의료기기는 기존 약물과 전통적 의료기기들과는 달리 PMS에 사용된 데이터의 적정성부터 인공지능 모델의 변화까지 검토해야 할 사항이 많을 것이다. 미국 FDA나 WHO 등의 기관에서 AI 기반 의료기기의 시판 후 조사 및 모니터링 방안을 별도로 내놓는 것을 참고로 국내에서도 이에 적극 대응해야 한다.

둘째, 의료, 건강, 돌봄 데이터 연결

개인의 전 주기 생애에서 병원과 약국에서의 의료정보, 평상시의 건강관리정보, 요양시설에서의 돌봄정보는 사실상 분절되어 있다. 의료정보의 경우 그동안 해당 분야의 표준화와 연결을 위해 다양한 국가적 차원의 사업(보건의료정보 표준화 사업, 건강정보 고속도로 사업 등)이 이루어져 왔다. 회색지대에 남아 있는 것이 건강관리정보와 돌봄정보이다. 건강관리정보는 나름대로 웨어러블과 모바일 시장에서 일부 플랫폼이 가동 중이나 이들이 의료정보와 연결되는 것은 일시적인 R&D 프로젝트 등을 통해 이루어지고 있을 뿐 지속적으로 연결되지는 않는다. 요양시설 등에서 발생하는 돌봄정보는 표준화 논의가 부족하고 다른 정보와 연결되기에도 부족한 점이 많다.

 이들을 연결해야 하는 이유는 앞으로 초고령사회에 접어들면서 개인의 전 주기 생애 건강관리를 인력으로 해결하는 데 한계가 올 것이기 때문이다. 특히 시니어 계층을 위한 요양시설과 전문 요양인력은 점점 부족해질 것으로 보인다. 공공보건 측면에서 사회적 비용을 아끼는 방법은 개인에 대한 모든 의료-건강-돌봄 정보가 연결되는 것이고 이에 따라 인공지능 기술을 활용하여 개인 스스로 어느 정도 건강관리를 할 수 있는 체계를 만드는 것이다. 이에 현재 국가에서 주도하는 건강정보 고속도로를 더욱 확장하거나 '유럽연합 건강 데이터 공유 프레임워크^{European Health Data Space}'와 같이 공공데이터 저장소를 사용하되 개인의 데이터 활용권을 개인에게 직접 부여하는 방식도 검토해야 한다.

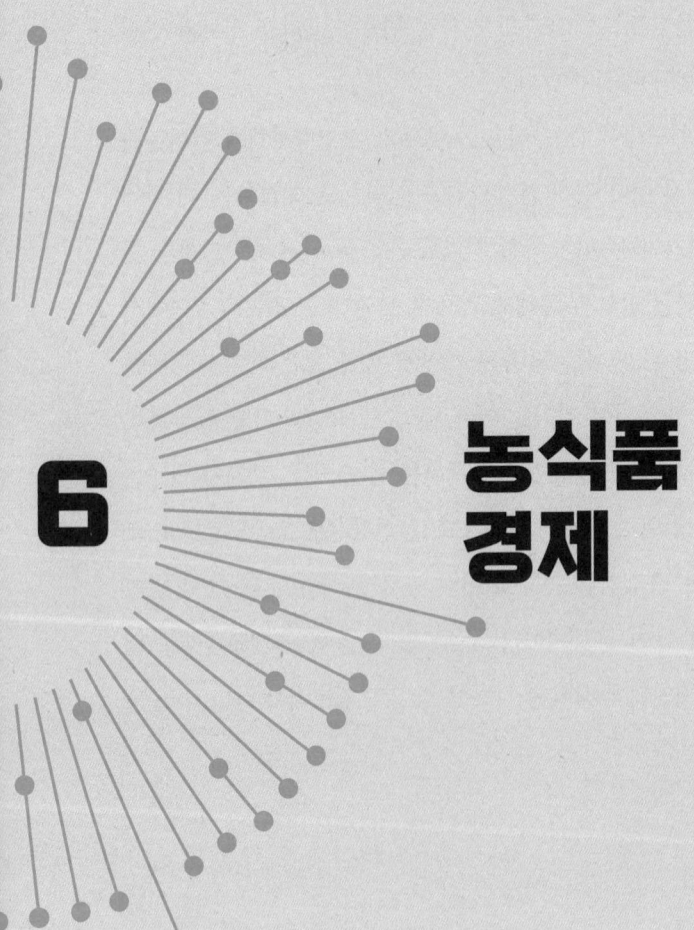

6 농식품 경제

인간의 삶, 먹는 문제와 가장 밀접한 산업인 농수산식품산업은 그 중요성에도 불구하고 변화의 속도에 여전히 뒤처져 있다고 평가받는다. 그동안 전통적 현안에만 몰두해오던 우리나라 농수산식품산업도 이제 인류의 긍정적 미래에 기여하기 위한 가치 창출 산업으로 대전환이 필요한 시점이다.

이를 위한 해법으로 ① 민간중심 푸드테크Food Tech 생태계 조성과 월드푸드테크 이니셔티브World Food Tech Initiative ② 농정 철학의 대전환과 기술 농업 육성 ③ 민간중심 농업 혁신과 수출 1,000억 달러 달성 ④ 육상 수산 생산과 블루푸드Blue Food ⑤ 예방적 지원 중심 규제혁신과 신기술을 위한 '선허용-후평가' 제도를 제시한다.

푸드테크 혁명

이기원
서울대 푸드테크학과 교수(학과장), 월드 푸드테크협의회 공동회장. 서울대 식품공학과를 졸업하고 동 대학에서 박사학위를 받았다. 한국과학기술한림원 정회원, 대통령소속 농어업·농어촌특별위원회 본 위원이다. 서울대 산학협력상을 최초 수상하였다.

연평균 30% 성장 산업

전 세계적인 급속한 인구 증가와 기후변화는 먹거리 가격을 매년 10%씩 증가시키고 있다. 음식물 쓰레기로 매일 10억 끼의 식사가 버려진다. 이처럼 지금 우리 앞에는 그동안 인류가 겪어보지 못했던 문제들이 놓여 있다.

세계는 푸드테크Food Tech에 주목하고 있다. 푸드테크는 먹는 것과 연관된 문제 해결을 통해 사회에 기여하고 경제적 가치를 만드는 기술이다. 소비, 유통, 생산의 전 과정에 인공지능, 가상현실, 블록체인, 로보틱스, 3D프린팅, 바이오 기술 등 차세대 융합기술이 접목되는 푸드테크 혁명의 바람이 불고 있다. 세계 기술 트렌드를 보여주는 CES$^{Consumer\ Electronic\ Show}$ 2024에서 푸드테크가 10대 키워드로 선정된 것에서 확인된다.

디지털 혁명은 세계 산업지도를 전혀 다른 모양으로 만들고 있다. 전통적인 비즈니스는 공급자 중심의 경제로, 기업의 주된 경쟁력은 가성비였다. 그러나 디지털 혁명이 만든 생태계의 주인공은 소비자이다. 개인맞춤을 경쟁력으로 삼는 푸드테크는 소비자 중심 경제 바람을 일으키고 있다. 이 변화의 바람은 가성비보다 자기다움을 찾는 소비자들이 만든다.

우리의 농수산식품산업은 어떤가? 아직도 내수 의존적이고 전통적 노동 집약 산업에 머물러 있다. 농수산식품산업은 글로벌을 지향하고 첨단기술 융합으로 가치를 창출하는 산업으로 진화해야 할 때다. '세계로', '미래로', '기술로' 향하는 전환적 혁신이 우리 농수산식품 산업이 사활을 걸고 지향해야 할 방향이다.

식품 관련 국내 시장규모는 약 600조 원, 글로벌 시장규모는 4경 원에 이를 것으로 추산된다. 반도체 시장이 900조 원 규모라고 하니, 세계에서 가장 큰 시장이 바로 푸드테크 시장이다. 푸드테크를 통해 미래를 긍정적으로 만들어 가려는 소비자의 변화에 주목해야 한다. '창발創發'이란 남이 하지 않은 일에 도전하여 불가능을 가능하게 만드는 것으로, 창발 생태계가 활발한 곳이 푸드테크 분야이다. 산업화 시대에 주요했던 생산의 3요소(토지, 노동, 자본)는 과거와 같은 위상이 없다. 이제 중요한 희소 자원은 바로 창발가들의 상상력과 문제 해결 능력이다.

농업혁명은 5,000년이 걸렸기에 누구도 "나는 이번 생에 농업혁명이 일어나는 것을 내 눈으로 목격했어"라고 말할 수 있는 사람은 없다. 식품산업 또한 한 세대에서 뚜렷한 변화를 찾기 힘든 산업으로 여겨왔다. 하지만 우리는 창발가들의 산출물로서 푸드테크를 매일 체험하고 있다. 우리나라가 '월드푸드테크 이니셔티브'를 확보하기 위해서 무엇이 필요할까?

첫째, 민간 중심의 융합 산업 생태계가 필요하다.
우리나라에서 2022년말 '월드푸드테크협의회'가 설립되었다. 협의회는 산·학·관의 전문가에 더하여 소비자와 언론을 중요한 회원으로 참여시키고 있다. 협의회는 설립 이후 '푸드테크'를 브랜딩하고 다양한 사업을 추진한 결과 3천여 명의 회원이 참여하는 오픈이노베이션 생태계를 만들었다. '플랫폼 경제효과'라는 말이 있다. 가장 많은 수의 참여자를 확보한 플랫폼만 생존한다는 것이다. 많은 참여자를 가진 플랫폼은 더 많은 가치 창출이 가능하기에 플랫폼 간에 참여자 쏠림현상이 발생한다.

'월드푸드테크협의회'는 전 세계 대표 푸드테크 플랫폼이 되어야 한다. 이를 위해 푸드테크에 진심인 많은 참여자를 확보할 필요가 있다. 협의회에서 10만, 100만 더 나아가 1,000만 명의 회원이 활동하면 우리나라는 '월드푸드테크 이니셔티브'에 어울리는 생태계의 중심에 설 수 있다.

둘째, 인력양성, 실증·인증체계, 벤처캠퍼스, 산업클러스터 확대가 필요하다.

2024년 「푸드테크산업 육성에 관한 법률」이 제정되었다. 이로써 산업 활성화를 위한 인력양성, 실증·인증체계, 벤처캠퍼스, 산업클러스터를 지원할 수 있는 법적 근거는 마련되었나. 교육이란 언제나 미래에 관한 것이며, 대학의 연구 결과물은 창조 권력이다. 대학은 새로운 업業을 태동시키는 산실이 되어야 함에도 현실은 그리 녹록지 않다. 대학은 푸드테크 기술의 실증·인증체계의 초석을 만들고, 산학협력에 기반하는 벤처캠퍼스가 되어야 하고, 이를 통해 창발가 양성기관이 되어야 한다.

푸드테크산업 육성법이 인력양성, 실증·인증체계 정립과 벤처캠퍼스, 산업 클러스터가 확산되는 마중물이 되기 위해서는 민간 주도의 전담기관 설치와 혁신적인 인력양성 기관이 구축되어야 한다.

셋째, 국제 행사 주최를 통한 주도권 확보가 필요하다.

농수산식품 분야에는 프랑스 파리 SIAL(세계 최대 식품박람회), 미국 IFT(주요도시 순회 개최) 등의 대표적 행사가 있다. 네덜란드는 와게닝겐지역을 푸드밸리로 지정, 와게닝겐 대학이 세계적인 기술 허브로 인정받고 있다.

   우리는 세계 주요 행사의 관람객이다. 우리나라가 세계 푸드테크를 주도하려면 세계적 기업과 전문가가 참여하는 푸드테크 포럼, 엑스포, 컨퍼런스 같은 행사를 주최해야 한다. 우리에게는 '강남'이 있다. 싸이의 강남스타일의 유튜브 조회 수는 50억 뷰를 넘어 세계인이 강남을 알고 있다. 뿐만 아니라 강남역에서 잠실역까지 세계적인 푸드테크 기업들이 줄지어 있고, 전 세계 푸드테크 산업을 주도할 수 있는 R&D 기반의 산·학 협력 클러스터를 구축할 수 있다. '월드푸드테크 강남'을 브랜드화하고 푸드테크를 강남이라는 도시와 함께 세계에 알릴 것을 제안한다. 이러한 브랜드 정책은 강남뿐만 아니라 푸드테크 기업이 농산어촌에서 제조, 서비스, 관광 등과 연계하여 지역 경제 활성화와 청년 창업 육성의 측면에서 긍정적 영향을 미칠 것으로 기대된다.

넷째, 국제 협력체계 구축이 필요하다.

푸드테크는 수익 창출 수단만이 아니라 인류의 지속 가능성을 담보하는 기술이다. 기후 온난화를 초래하는 탄소배출은 다양한 영역과 부문에서 발생하고 있어 UN은 지난 2015년 파리기후협약을 통해 전 세계가 함께 노력하기로 했다. 이처럼 세계는 인류의 지속 가능성을 위해 협력체계를 구축하고 공동으로 대응하고 있다.

　월드푸드테크협의회는 '월드푸드테크 엑스포 2024' 행사를 개최하면서 UN 전문기관인 유엔산업개발기구^{UNIDO}와 업무협약을 체결하였다. 푸드테크가 양 기관의 공동의 관심사가 된 것이다. 전 세계가 참여하여 '먹는 문제 해결, 가치 창출, 긍정 미래'를 위한 '서울 푸드테크 협약' 같은 국제 협력체계를 마련할 것을 제안한다. 이번 '2025 APEC 정상회담'의 부대 행사로 '월드푸드테크 포럼 2025'를 연계히여 대한민국이 선 세계의 푸드테크를 주도하는 시발점으로 삼아야 한다.

농정 철학의 전환

정혁훈
매일경제신문 농업전문기자, 부국장. 서울대 국제경제학과를 졸업하고, 건국대에서 박사학위를 받았다. 애그테크혁신센터를 설립해 다양한 프로젝트를 진행하며 농업계에 혁신의 씨앗을 심기 위한 노력을 하고 있다. "농업인의 디지털 격차와 해소방안 연구"(2024, 박사 논문), 『농업, 트렌드가 되다』(2023), 『아그리젠토 코리아: 첨단농업 부국의 길』(2010) 등 저서가 있다.

위기의 한국 농업

농업은 전 세계적인 위기를 맞이하고 있다. 코로나19 이후 확인된 글로벌 공급망 붕괴 상시화 가능성, 기후변화 가속화로 인한 기상이변의 일상화, 여기에 더해 글로벌 인구 증가에도 불구하고 감소하는 경작지 면적, 전 세계 공통의 농업계 구인난 등이 농업에 위기를 잉태하고 있다. 국방 안보 못지않게 식량안보가 중요하다는 인식이 확산되고 있다.

우리 농업은 더 심각하다. 사료용 곡물을 포함한 식량자급률은 2023년 22.2%까지 떨어져 필요한 곡물의 80% 가까이 해외에 의존하고 있다. 金사과, 金배추 논란이 일상이 될 정도로 기후변화 충격에 고스란히 노출돼 있다. 우리나라 농가의 절반이 재배하는 쌀은 만성적인 공급과잉으로 늘 가격 폭락 위기에 시달린다. 우리 농가가 농사를 지어 벌어들이는 농업소득이 30년째 1천만 원 선에 머물러 있는 배경이다.

여기에 65세 이상 농가가 전체의 65%를 넘어섰을 정도로 심각한 고령화에 빠져 있다. 이대로 10년만 더 흘러도 한국 농업은 뿌리부터 흔들릴 가능성을 우려해야 하는 상황이다.

농업 위기에도 불구하고 이를 해결해야 할 농정農政은 시대 변화를 따라잡지 못하고 있다. 우리 농정은 농업을 산업으로 육성할 생각을 하지 못한 채 여전히 보호의 대상으로 보고 농업 예산의 상당 부분을 소농 지원에 투입하고 있다. 농업 예산이 식량안보를 강화하는 데 쓰이기보다 경쟁력을 잃어가는 고령화된 소농 지원에 주로 쓰이면서 농업 경쟁력은 갈수록 악화되고 있다.

우리 농업의 난맥상 즉 농업소득 감소, 극심한 고령화, 기후변화 충격, 식량자급률 하락, 쌀의 구조적 공급과잉, 농업 무역적자 급증 등을 해결하기 위해서는 소농 지원 위주의 농정에서 벗어나 새로운 전환의 길을 찾아야 한다. 방향은 정해져 있다. 농가당 농업소득 감소에 대응하는 확실한 방법은 농가당 경작면적 확대를 통한 규모화 달성에 있다. 네덜란드 농업이 세계 최강이 된 배경은 2차 세계대전 이후 농가당 경작면적의 규모화를 추진한 것에 있다. 현재 네덜란드 농가의 경작면적은 한국의 20배를 넘어선다. 심화되는 농가 고령화에 대응하기 위해서는 젊은 층의 농업 유입을 늘려야 하고, 기후변화 충격에 대응하는 근본적인 방법은 신품종 개발과 첨단기술을 접목한 디지털 농업 활성화에 있다. 식량자급률 하락과 쌀의 구조적 공급과잉에 대응하는 방법은 밀이나 콩 같은 다른 작물 재배를 늘리고 쌀 소비를 획기적으로 늘릴 방법을 찾는 데 있다. 농업 무역적자를 해소하려면 역으로 우리 농식품과 농기계의 수출을 늘리는 게 중요하다.

방향이 명확한 데도 농정은 이를 외면하고 있다. 농가당 경작면적 확대를 위해서는 경쟁력을 상실한 한계농의 시장 출구를 마련해주는 것이 정석이다. 물론 시장에서 이탈한 한계농에 대해서는 사회안전망을 통해 삶을 보장해 주어야 한다. 그러나 우리 농정은 직불금을 오히려 소농에 유리하게 개편하는 등 반대 방향으로 달려가고 있다.

좋은 신품종 개발을 위해서는 종자산업을 육성해야 하지만 민간 종자산업 기반은 갈수록 약화되고 있다. 쌀의 공급과잉을 해소하기 위해서는 벼 대신 다른 작물 재배를 늘리고, 쌀 소비도 늘려야 하지만 콩이나 밀 같은 대체 작목 전환은 더디고, 쌀을 활용한 가공식품 시장개발도 느리다. 농업 무역적자 축소를 위해서는 수출 시장에 강점이 있는 강소농이나 규모농, 농업회사법인을 키워야 하지만 약소농에 대한 보호 논리가 여전히 지배적이다.

한국 농업 대전환의 방향

농업을 살리기 위해 우리는 어떤 것에 정책의 우선순위를 둬야 할까.

첫째, 농정 철학의 대전환이 최우선으로 필요하다.

우리나라 농정의 1순위는 지금까지 소농을 보호하는 것이었다. 그러나 이제 우리가 가져야 할 농정의 철학적 신념과 미래 비전은 농업을 하나의 산업으로 보고 미래 성장산업으로 육성하는 것이다. 미래 농업의 주인이 될 경쟁력 있는 농가와 농업회사법인, 영농조합법인 그리고 새로운 기술로 무장한 농식품 스타트업을 키우는 데 농정의 선순위를 둬야 한다. 그래야 세부 정책들이 충돌하지 않고 미래 농업 강화라는 방향으로 조율될 수 있다.

둘째, 농가당 경작면적을 확대하는 노력이 필요하다.

지금처럼 소농에 유리하게 설계되어 있는 공익직불제는 전면 개편하고, 고령화된 소농이 농업을 자연스럽게 포기할 수 있도록 하는 출구 장치가 필요하다. 은퇴농에게 경관보전직불금이나 농업인연금을 제공하는 대신 이들이 시장에 내놓은 경작지가 경쟁력 있는 농가에 돌아갈 수 있도록 하는 농지분배 시스템을 구축해야 한다. 이를 위해서는 경자유전 원칙을 과감히 철폐해 농지의 소유와 이용 개념을 분리해야 한다. 농지를 소유가 아니라 이용의 개념으로 규정하고, 농사를 더 잘 지을 수 있는 사람이 더 많은 농지에서 농사를 지을 수 있도록 농지법의 개편과 농지정책의 전환이 필요하다.

셋째, 기술기반 농업으로 전환을 위해 민간 투자를 활성화하고, 다양한 농업회사법인과 농식품 스타트업 육성에 힘을 기울여야 한다.

한국 농업이 처한 현실을 타개하고 농식품 산업을 새로운 성장 동력으로 발전시키려면 기술기반 농업으로 전환이 필수다. 기술기반 농업은 생산 부문에서는 디지털 농업, 유통 부문에서는 디지털 플랫폼, 그린 바이오 분야에서는 생명공학 기술을 발전시켜야 한다. 따라서 민간 투자가 중요하다. 우선 정부가 2010년부터 운영하는 모태펀드 출자 규모를 늘려야 한다. 연간 1천억 원 수준의 정부 출자를 1조 원까지 늘려 마중물 역할을 해야 한다. 식품·외식 기업들도 투자를 활성화할 수 있도록 세제 지원을 강화해야 한다.

넷째, 농촌진흥청을 실용적 연구기관으로 혁신해야 한다.

박사급 인력만 1천 명 이상 보유한 농진청은 한국 농업의 미래 전환에 핵심적 역할을 해야 하는 기관이지만 시대 변화에 뒤처지고 있다. 농업계에서 원하는 기술을 개발해 민간에 많이 보급한 연구자가 좋은 평가를 받는 기관으로 거듭나야 한다. 농진청이 농업계에 실질적으로 기여할 수 있도록 연구와 조직, 인사, 평가, 보상 등 체계를 개편해야 한다.

다섯째, 종자산업 부흥 프로젝트를 가동해야 한다.

기후변화를 극복할 수 있는 근본적인 방법은 달라진 날씨에도 견딜 수 있는 신품종 개발이기 때문이다. 그러나 안타깝게도 한국 종자산업은 고사 위기에 처해 있다. 외환위기 와중에 국내 3대 종자회사가 해외에 매각된 후 축소의 길을 걷고 있다. 민간 종자회사들이 다시 성장의 길을 걸을 수 있도록 정부가 마중물 역할을 해주어야 한다. 자금과 인력, 기술 지원을 획기적으로 늘릴 방안을 마련해야 한다. 동시에 디지털 육종과 같은 신기술이 발전하고 보급될 수 있도록 예산을 투입해야 한다.

농업 경쟁력 강화 정책

이주량
과학기술정책연구원 선임연구위원. 서울대 식품공학과를 졸업하고 연세대에서 경영학 박사학위를 받았다. 우리나라 농업의 혁신을 위한 정책을 연구하고, 정책과 현장을 잇는 역할을 한다. 99번을 현장을 가본 사람과 100번 현장을 가본 사람은 다르다는 것이 지론이다. 다수의 논문과 정책보고서, 『당신이 모르는 진짜 농업경제 이야기』(2024) 등의 저서가 있다.

농업 위기의 실체

우리나라 농업은 사면초가의 위기에 직면해 있다. 농업 인구는 고령화를 넘어 공동화空洞化를 눈앞에 두었고, 농촌 붕괴와 지역소멸을 걱정해야 할 처지다. 이대로라면 10년 후에는 농업 생산기반이 송두리째 무너져 농업의 존립 자체가 위태로운 상황이다.

가장 큰 문제인 소농小農 구조는 수십 년째 제자리걸음이다.

2022년 우리나라 농가당 경지면적은 1.5헥타르로 프랑스(69헥타르), 독일(63헥타르), 네덜란드(32헥타르)와 경쟁이 불가한 수준이다. 한국 농업이 전통적으로 쌀농사에 집중된 것도 문제다. 이미 정치재政治財가 되어 있는 쌀은 시장기능이 마비에 가까운 지경이다. 기후 위기는 한국 농업은 물론 전 세계 농업을 심각한 위협에 빠뜨리고 있다. 기후 위기로 인한 생산 교란은 해가 갈수록 심각해질 것이 확실하다.

우리 농지 150만 헥타르에서 생산 가능한 식량은 우리가 필요로 하는 양의 25%에 불과하고, 75%를 해외에서 조달해야 하는 것이 숙명적 상황이다. 그럼에도 우리가 가진 곡물 엘리베이터, 식량 전문인력, 해외 현지생산 시스템 등 국제 식량 조달망은 부실하기 짝이 없다. 후방농업(농기계, 종자, 농약, 비료, 농자재 등)의 국제 경쟁력 부족도 과제다. 이외에도 주요 작물의 정치재화, 정부 주도 농업구조, 군 단위 소小농정 체계 등이 농업혁신을 가로막는 장애물이다.

우리의 농업 문제와 위기상황을 한 단어로 표현하면 '전환 지체'다. 모든 나라의 농업은 정부 주도로 시작하지만 진화 단계에 따라 점차 민간 주도 시장 중심으로 이동해왔다. 우리는 그렇지 못했다. 농업 구조와 법제의 골격은 40~50년 전 식량이 부족한 시기에 1,000만 소농을 계몽하고 소농 위주의 생산시스템을 지원하기 위해 설계된 모습에서 크게 벗어나지 못했다. 정치권의 포풀리즘, 농민의 기득권 수호 정서, 관료주의의 한계, 농업에 대한 몰이해와 무관심이 장시간 누적된 결과다. 지금의 농업 구조와 법제로는 완전개방·완전경쟁 시대에 대응하여 경쟁력 있는 농업을 키워낼 수 없다. 농업의 혁신 방향 역시 낡은 농업 구조와 법제를 타파하고 농식품 기술력을 활용하여 새로운 수출산업으로 키우는 데 있다.

농업 혁신 방향

첫째, 농지 제도에 대한 전면적 개혁이 필요하다.

모든 농업정책은 농지정책 위에 탑재된다. 우리의 농업정책이 제대로 기동하지 않는 원인의 뿌리를 찾다 보면 대부분 농지정책과 소농구조에서 만나게 된다. 유럽은 농가를 농장화하는 작업을 일찍부터 시작했고, 상속을 통해 농장이 분할되는 일이 없도록 유도했다. 하지만 우리는 농지개혁 때의 농지 개념에서 벗어나 농장 개념으로 나아가질 못했다.

이미 의미를 잃었고 현실과 맞지 않는 '경자유전耕者有田 원칙'에서 '농지농용農地農用 원칙'으로 바꾸어야 한다. 농지농용 원칙에서 농지가 규모화, 집적화되도록 농지의 소유구조와 임대구조를 손보아야 한다. 이를 위해 농지의 비농업 용도로의 전환은 엄격히 제한하고 농지거래 과정에서 국가가 개입하여 농지의 분할을 막고 통합을 유도해야 한다. 일본은 농지의 규모화와 집적화만 전담하는 농지중간관리기구를 도도부현 단위까지 설치했고, 네덜란드는 토지통합정책을 1960년대부터 지속하여 농지의 규모화를 꾸준히 시행했다. 프랑스와 스위스는 농지의 경우 대표 자녀 일인이 전부 상속받게 한다. 농지의 파편화와 조각화를 막기 위함이다. 우리도 민법의 다자녀 균등상속 원칙에서 농지는 예외로 다루어 대표자녀 일인이 소유하도록 하는 법 개정이 필요하다.

둘째, 영농규모 확대를 위해 공동영농체 3만 개를 육성해야 한다.
농업의 경쟁력 강화를 위해서는 농지의 규모화와 함께 영농이 규모화되어야 한다. 그러나 소농 직불제의 도입과 가족농 중심의 농업경영체 등록제도의 시행으로 농업이 규모화가 후퇴하는 중이다. 영농 규모화 방안으로 늘봄영농조합법인(경북 문경) 사례가 있다. 이곳은 마을 단위 영농조합법인으로 규모화한 주주형 공동영농체이다. 74농가가 준조합원 지위의 회원으로 참여하고 영농조합법인과 농가들이 장기임대차 계약(20년)을 체결하여 농업생산을 규모화, 체계화하였다. 벼 단작에서 이모작으로 전환하여 경지 이용률을 높이고, 농지 교환과 분합을 추진해 규모화와 기계화 효과를 실현하고 있다. 탁월한 모델인데도 현행 법령 속에서는 임대차 관계부터 배당까지 여러 법제상의 문제점을 가지고 있어서 제도 개선이 절실하다.

셋째, 농업 통계를 정비하여 스마트 농업을 추구해야 한다.

스마트 농업은 정확한 데이터를 구축하고 수치에 입각한 과학농정을 하는 것이다. 우리나라가 잘 할 수 있는 분야이기도 하다. 그러나 우리의 농업 통계와 정보화는 현실과 동떨어진 지 오래되어 제대로 된 정보를 제공할 수 없고 정책목표의 설정과 이행도 주먹구구인 경우가 많다.

농업 통계 기반의 대대적 정비를 위해 대법원 법원등기시스템과 전자정부가 구축될 때의 사업 경험을 벤치마킹할 필요가 있다. 이때 1조 원 이상의 대규모 예산을 일시에 투입하여 개발했기에 성공할 수 있었다. 농업 통계 정비와 정보화도 전담기관을 두고 일시에 예산을 투입하는 원샷 방식으로 집행해야 할 것이다.

넷째, 민간 중심 농업으로 전환을 서둘러야 한다.

우리와 비슷한 농업 조건의 나라들의 공통점은 국가 주도 농업으로 시작했지만, 이른 시기에 민간과 시장 중심 농업으로 전환에 성공했거나 진행 중이라는 것이다. 뉴질랜드와 네덜란드는 식량안보와 환경위해성 외에는 농민 주도로 설립한 단체가 수급조절과 미래투자 및 수출시장을 개척한다. 일본은 농지가 우리보다 3배 넓지만 농업예산은 우리와 비슷하며 그나마 피크 때(1982년)보다 40% 줄어든 수준이다. 예산을 줄이는 과정에서 민간의 시장참여를 유도하고 농지의 규모화, 농업경영체의 규모화(집락

영농) 전환을 시작했다.

　우리도 정부지출 중에서 민간이양이 가능한 사업과 조직을 식별해야 한다. 중장기 민영화 로드맵과 공공기관의 시한부 수익사업 허용과 사회계약을 통해 민간의 기능을 확대해야 한다.

다섯째, 전후방 농업 육성으로 농식품 수출 1,000억 달러 시대를 열어야 한다.

농식품의 수출산업화는 우리 농업을 산업으로 도약시키고 우리 경제의 미래를 책임질 확실한 수단이다. 한류 및 K-푸드 열풍과 맞물려 우리 농식품 산업의 수출액은 증가 중이다. 푸드테크와 맞물려 식품산업 전체가 아날로그에서 첨단 디지털 산업으로 전환되고 있다. 대체육은 기존 축산업 생태계를 뿌리째 흔들면서 신산업으로 커나가는 중이다. 후방농업에서의 종자, 농기계, 농자재, 농약 등은 그 자체로 하나의 거대한 산업군인 동시에 이를 통해 우리 생산농업을 우회 지원할 수 있다. 우리는 종자와 농기계 등을 독립된 전략 산업군으로 육성한 적이 없고 농업 지원의 수단으로만 접근해 왔을 뿐이다. 이들 산업군을 전자, 자동차, 조선처럼 육성한다면 농식품 수출 1,000억 달러도 충분히 달성하고 차세대 성장동력 산업으로 만들 수 있다.

지속 가능한 식량자원, 블루푸드

오운열

해양바이오 공동협력연구소 소장. 이곳에서 해양수산 소재를 활용하여 각종 바이오제품을 생산, 수출하는 스타트업을 지원하고 있다. 중앙대에서 경영학박사를 취득하였으며 행정고시 37회로 해양수산부에 입직하여 해양정책실장을 지냈다. 이후 해양수산과학기술진흥원장과 연구관리기관 혁신협의회 회장 등 R&D와 기술 창업 기업 지원 업무에 종사하였다.

기후변화에 대응

지구온난화로 발생하는 열의 90% 이상은 해양에 흡수된다. 우리나라 연근해 표층 수온은 세계 평균 대비 2배 이상 상승하고 있다.[1] 이로 인한 해류와 수온의

---

1 지난 56년간(1968~2023년) 우리나라는 1.44°C 상승한 반면 세계 평균은 0.7°C 상승한 것으로 나타났다. 이는 우리나라가 기후 변동 폭이 큰 중위도에 위치하고 있고 동해와 서해가 러시아, 일본, 중국에 둘러싸인 폐쇄 해역의 특성 때문이다.

변화로 동해의 오징어와 도루묵은 러시아로, 제주의 방어는 동해로 북상 중이다. 어류의 산란, 서식 환경이 변하면서 어획량이 급감하고 양식 적지도 축소되면서 고수온 피해까지 겹친다. 그 결과 해조류를 제외하고는 수산물 생산량이 전반적으로 정체 또는 감소되고 있다. 특히 국내 어획량은 80년대 150만 톤대에서 최근 90만 톤대로 감소하고 있다. 언제까지 바다만 바라볼 것인가? 수산물을 육상에서 생산하는 방식으로 전환하여야 한다.

수산물 혁신 과제

수산물은 육상 유래 단백질보다 오메가-3, 미량 영양소 등이 풍부하고 온실가스 배출이 적은 지속 가능한 식량자원이다. FAO는 이러한 가치적 개념을 담아 수산물을 블루푸드 Blue Food 라 부르며 글로벌 식품 공급체계에서 블루푸드의 활용을 강조하고 있다. 지속 가능성과 부가가치 창출을 동시에 추구하여 어업인들의 소득을 향상시키는 전략이다. 1인당 87kg의 수산물을 소비하는 아이슬란드[2]는 대구 껍질, 내장 등에서 버려지는 부산물을 콜라겐, 의약품으로 재활용하고 있다. 해

---

[2] 흔히들 한국이 1인당 수산물 소비량 세계 1위로 알고 있으나 이는 인구 100만 명 이상의 국가를 대상으로 한 것이며 이 경우 포르투갈이 59.42kg, 한국이 55.6kg으로 상위권에 있다. 인구 규모에 관계없이 보면 아이슬란드 87.7kg, 몰디브 80.43kg, 키리바시 74.32kg 등이다. Our world in data, 2021. 해조류 제외

조류 역시 블루푸드의 대표 품종. 우리나라는 해조류 양식 기술의 종주국으로서 강점이 있다.

수산물 소비에 대한 인식도 바뀌어야 한다. 여전히 수산물이 주식이 아닌 반찬으로만 인식되는 상황에서, 이제는 단순히 '국물이 시원하다'는 평가를 넘어서 영양학적 정보에 기반한 소비로 확산되어야 할 때다.

수산업 혁신의 핵심과제는 수산·양식 분야의 전환이다. 전환 방향은 다음과 같다.

1. 대규모 육상양식 산업단지 조성

우리나라 수산물 생산량은 국민 횟감 광어, 우럭 등은 수년째 8만 톤 수준에서 정체되고 비슷한 규모의 연어가 수입되고 있다. 연근해에서도 고등어, 오징어, 참조기, 갈치 등 대중성 어종이 심각한 수준으로 감소하고 있어 어류 수산물 확보를 위한 특단의 조치가 요구된다.

해수 온도 상승 시대를 대비해야 한다. 산업단지 또는 농공단지 개발 방식을 적용하여 어촌 권역에 특화된 대규모 육상 양식 단지를 계획하고 취배수관, 저층수 확보 등 인프라를 조성할 필요가 있다. 양식산업발전법에 규정된 선언적 조항을 기본계획, 실시 계획, 재정 지원 등으로 구체화하여 국가의 책무를 강화하여야 한다.

2. 버려지는 수산부산물의 부가가치 높이기

아이슬란드는 대구 어획량이 46만 톤(1981년)에서 18만 톤(2011년)으로 줄었는데 부가가치는 340만 달러에서 680만 달러로 오히려 늘었다. "100% Fish"라는 혁신 목표와 IOC[3]라는 혁신 조직을 통하여 수산업에 바이오 인력을 유입시켜 부가가치를 높이고 지속 가능성을 최적화하는 전략을 추진한 결과이다.

국내에서 상용화된 수산부산물 유래 소재로는 콜라겐, 오메가-3, 칼슘, 콘드로이친, 후코이단 등이 있지만 상당 부분을 수입에 의존하는 실정이다. 수산부산물 재활용 촉진에 관한 법률이 제정되었으나 적용 범위는 패류 중심의 6개 품목에 한정된다. 유기성 부산물은 유해 가능성 때문에 아직 순환자원으로 인정받지 못하기 때문이다. 따라서 분리배출과 저온보관 기준을 설정하여 원료 품질의 안정성을 담보한 후 법률적용의 범위를 확대해야 한다.

3. 독보적 해조류 양식기술 업그레이드

해조류는 물, 비료, 토지가 필요하지 않고 오히려 CO_2를 흡수하

---

[3] 아이슬란드는 IOC(Iceland Ocean Cluster)가 중심이 되어 생선의 비식용 부위인 생선 머리, 껍질, 내장, 지느러미, 뼈 등을 폐기하지 않고 재활용하는 "100% Fish" 정책을 실시한 이후 현재까지 95%의 활용도를 달성하고 있다.

는 블루카본Blue Carbon으로 관심을 받고 있다.[4] 월드뱅크는 해조류 산업이 2030년까지 118억 달러에 이를 것으로 전망하면서 바이오 생장제, 사료첨가제, 대체 단백질, 바이오플라스틱, 제약, 건설 분야의 소재로 활용을 통해 개도국 지원 프로그램을 진행 중이다. 미국 에너지부 산하 고등연구개발청ARPA-E은 한국과 공동연구를 통해 해조류 대량 양식과 바이오원료, 플라스틱 소재 개발을 추진 중이며 호주와 덴마크는 반추동물의 메탄 저감을 목표로 한국과 기술 개발을 진행 중이다.

한국은 중국, 인도네시아에 이어 해조류 생산량 세계 3위 국가이지만, 양식 기술은 세계에서 독보적 수준을 자랑한다. 그러나 국제적으로 급증하는 산업 수요를 충족하기 위해서는 기가 톤 규모의 바이오매스 확보가 필수적이다. 이를 실현하기 위해서는 현재의 내만 양식을 외해로 확장하는 것이 필요하다. 이를 뒷받침할 해양공학, 수중통신, AI 기반 제어기술 등 첨단기술이 필수적이며, 수확 후에는 염분과 수분을 제거하는 전처리 기술이 중요하다. 우리는 이러한 모든 분야에서 비교우위를 확보하고 있다. 이제 블루푸드 시대를 맞아 해조류를 수산업의 미래를 바꿀 신소재로 인식하고 육성해야 하며, 해조류 산업의 체계적인 육성과

---

[4] NASA는 2021년 2월 홈페이지에서 한국의 완만한 조수와 따뜻한 기온, 만조 시에도 충분한 햇빛을 받도록 하는 해조류 로프 양식기술을 소개하였다.

기술 개발을 지원할 수 있는 법률 제정 또한 필요하다.

4. 블루푸드 대중화 기반 조성

블루푸드가 식품 공급망에서 주도적 위치를 차지하기 위해서는 블루푸드의 가치에 대한 인식 개선이 선행되어야 하고, 데이터 기반의 맞춤형 식이 설계와 기능성 식품 개발이 필요하다. 블루푸드를 활용해 연령, 질병, 유전적 요인 등을 고려한 맞춤형 식단을 개발하고, 빅데이터와 AI 기반의 영양 분석 기술을 도입해 최적의 섭취 방법을 제공할 수 있다.

정부 차원의 정책지원이 필요한 분야로는 블루푸드의 건강효능과 영양학적 가치를 입증하는 R&D 투자를 확대하고 케어푸드care food와 메디푸드medi food로 나아갈 수 있도록 법령과 제도를 갖춰야 한다. 수산물의 이력 추적 및 지능형 콜드체인을 통한 소비자 신뢰 확보, 소비를 촉진하기 위한 교육 프로그램 마련 및 홍보 강화도 병행할 필요가 있다.

농식품산업 규제 개혁

권오상
서울대 농생명공학부 객원교수. 월드푸드 테크협의회 부회장. 고려대에서 철학을 전공, 듀크대에서 개발행정학 석사를 취득하였다. 국무총리실에서 규제개혁과 정책평가분석 등 정책 조정 역할을 수행하였고, 식품의약품안전처에서 영양 안전, 화장품, 수입식품, 의료기기, 식품 안전 분야의 산업 발전과 소비자 보호에 관심을 가졌다.

갈라파고스 규제

농식품 산업 발전을 위한 규제개혁은 국민의 건강과 안전을 보장하는 동시에 신기술의 조기 상용화를 지원하는 균형 있는 접근이 필요하다. 과학기술이 발전하고 건강에 관심이 높아지면서 국내외에서 규제 기준이 강화되고 있다. 강화된 규제는 안전과 건강을 지키는 데 기여하지만, 과도한 규제는 신기술 개발과 시장 진입을 방해한다. 유럽의 유전자변

형식품^{GMO} 사례나 미국과 싱가포르의 신기술 승인 사례를 보면, 유연하고 과학적인 접근법 속에서 신기술이 더욱 원활하게 시장에 진입하는 것을 확인할 수 있다. 우리나라에서는 갈라파고스 규제, 단속 중심의 행정 방식, 모호한 규제 기준 등으로 인해 유망한 신기술의 상용화율이 낮은 것으로 나타나고 있다. 우리의 규제 체계가 과학적 근거와 실질적 필요성을 충분히 반영하지 못한 결과로, 개선이 절실한 상황이다.

2024년 초 A사는 자가 품질 검사에서 제품에 부적합이 발생하여 전면 회수를 통해 문제를 해결했다. 하지만 A사의 같은 제품이 생산·수출되는 국가에서 이슈로 확대되어 수출에 타격을 입었다. 문제는 이러한 규제 기준이 우리나라에만 존재한다는 사실이다. 우리나라에선 동전 모양의 초콜릿을 만들 수 없다. 사행심을 초래한다는 이유로 불법이기 때문이다. 국가 중심의 식품안전관리인증기준^{HACCP}과 건강기능식품 인증 등 우리나라에만 있는 규제에 대해서는 전면 재검토하여 개선하거나 민간 위탁을 추진할 필요가 있다. 또 '위해 우려'와 '실제 위해'를 구분하지 않고 같은 수준의 행정조치(판매 중지, 제품 리콜 등)를 하고 있는데, 이는 소비자에게 불필요한 불안을 주며 기업에게 과도한 부담으로 작용한다. 국민 건강에 직접적 위해를 초래할 때는 강력한 규제와 처벌이 필요하지만, 일정한 품질을 유지하기 위해 설정된 기준이나 절차상의 기준(예: 성분·함량·제조 방법이 신고된 것과 다른 경우, 표시가 정확하지 않은 경우 등)에 맞지 않을 때는 실질적 위해성을 과학적으로 분석하고 이에 적합한 처벌을 결정할 필요가 있다. 아울러 우리 농식품 산업의 국제 경쟁력 강화를 위해서는 해외 선도국들에서 통용되는 규제와 승인 절차를 연구하고 연계를 강화하여 규제를 단순화하는 것도 필수적이다.

단속에서 지원으로

규제의 목적은 잘못을 바로잡고 국민에게 정확한 정보를 제공하는 것이어야 한다. 단속과 처벌 중심의 규제 시스템에서는 규제 기관이 명확한 가이드라인을 사전 제시하는 데 소홀해지므로 예방 조치가 미흡해지며, 규제받는 대상은 문제가 발생한 후에야 규제 준수를 고려하게 되어 불확실성이 커진다. 특히, 기술적·전문적 판단이 필요한 신기술의 영역에서는 투명성이나 형평성의 문제가 발생하며, 포괄적이고 엄격한 해석으로 배제하는 경향이 있다. 규제가 급변하는 신기술의 영역을 따라가기는 불가능하다. 이러한 상황에서 위반을 적발하고 처벌하는 방식은 신기술의 개발과 지속 가능한 발전을 어렵게 만든다. 따라서 피규제자가 규제를 준수할 수 있도록 돕고 발전을 지원하는 서비스 기관으로 규제 기관이 변화해야 한다. 규제 기준에 대한 명확한 가이드라인 제시와 충분한 교육, 그리고 컨설팅을 강화하여 현실적이고 실효성 있는 규제 환경을 마련하고, 예방 중심의 규제로 사회적 비용을 줄여야 한다. 아울러, 부가조건이나 진입 제한 등에 있어 '규제 샌드박스' 제도가 신기술 도입에 따른 사회적 비용을 실질적으로 절감할 수 있도록 개선·보완할 필요성이 있다. 규제와 발전이 조화를 이루는 환경을 조성함으로써 국민 건강과 안전을 보장하는 동시에 우리 농식품 산업이 세계 시장에서 경쟁력을 높일 수 있을 것이다.

규제의 조화로운 적용

국민 건강과 안전을 보호하기 위한 규제는 필수지만, 규제 기준은 과학적 근거와 현실적 여건을 바탕으로 종합 평가를 거쳐 설정되어야 한다. 신소재, 신기술 등의 영역에서 '무위험 기준'은 많은 시간과 비용을 발생시켜 결과적으로 새로운 기술 도입이 어려워진다. 안전 기준이 지나치게 낮거나 명확하지 않을 때는 소비자 안전이 위협받을 수 있으므로, 이러한 문제를 해결하기 위해 규제 당국은 ① 무위험 기준Zero-Risk Standard은 국민 건강과 직접적으로 연관되는 고위험 요소(발암물질, 독성 화학물질 등)에 한정하여 적용하고 ② 상대적 위험 비교Comparative Risk Analysis ③ 가능한 최선의 기술 기준Best Available Technology Standard ④ 위험-편익 및 비용-편익 분석Risk-Benefit & Cost-Benefit Analysis 등의 방법을 조화롭게 적용해야 한다.

안전 기준을 과학적으로 정립하기 위해서는 빅데이터와 AI 기술의 도입이 필수적이다. 규제 기관이 기준 정립이나 인허가를 판단하기 위해서는 다양한 임상 데이터를 수집하고 분석해야 하며 이러한 자료는 투명하게 공개되어야 한다. 그러나 우리나라는 자료의 분석 및 공개 범위가 제한적이어서 많은 참여자가 시행착오를 되풀이하고, 이로 인한 사회적 비용이 불필요하게 발생하고 있다. 대학, 연구소, 기업 등 외부 전문가와 규제 당국 사이에 개방적 협력을 통해 혁신기술이 도입되도록 해야 한다.

혁신을 위한 규제 개선

허용된 사항만 명시하는 포지티브 규제 시스템에서는 규제 당국이 신기술의 안전성에 대한 과학적 분석에 관심을 가질 필요가 상대적으로 낮다. 신기술이 기존 시스템에 맞지 않거나 적용되지 않는다는 것을 지적하면 된다. 이러한 대응은 향후 감사나 특혜 시비에서 벗어나는 손쉬운 길이기도 하다. 현행 규제 시스템은 신기술에 대한 모든 입증 부담을 개발자에게 지운다. 당국이 위해를 과학적으로 분석하여 안 되는 것을 명확히 제시하는 네거티브 시스템을 마련함으로써 신기술 개발자와 당국 간에 균형 있는 입증책임 조정이 필요하다.

일정 기간 조건부 유통을 허용한 뒤 시장 반응과 데이터를 바탕으로 정식 허가를 결정하는 '선 허용, 후 평가' 방식도 도입할 필요가 있다. 미국은 '일반적 안전성 인정Generally Recognized As Safe,

GRAS'을 통해 안전성이 입증된 식품 원료를 별도 심사 없이 제품에 사용하도록 하며, 이를 통해 2023년 배양육에 대해 상업 판매를 승인하였다. 싱가포르는 2020년 세계 최초로 배양육을 승인해 안전성 평가와 사후 모니터링을 병행하고 있다. 신기술의 상용화에는 오랜 시간이 걸리며, 이 과정에서 규제의 부담을 해결하지 못하면 '죽음의 계곡'에 빠진다. 우리나라도 일정한 안전성과 품질 기준을 충족하면 시장에 출시하고 사후 관리하는 체계로 전환하여 신기술 개발이 쉬운 생태계로 전환하는 것이 시급하다. 이를 위해 ① 외부 전문가 등에 의한 신속 평가 체계 구축 ② 규제 준수 기업에 대한 신속 심사, 비용 감면, 세제 혜택 제공 등 자율적 규제 준수 시스템 구축 ③ 과학적 안전성 정보의 투명한 제공과 위해 발생 시 스마트 기술을 활용한 신속한 회수 기술 강화 ④ 공무원의 신기술 교육과 평가 의무화를 통한 전문성 강화 ⑤ 위해 발생 시 기업 책임 체계를 명확히 하는 행정체계로 전환해야 한다.

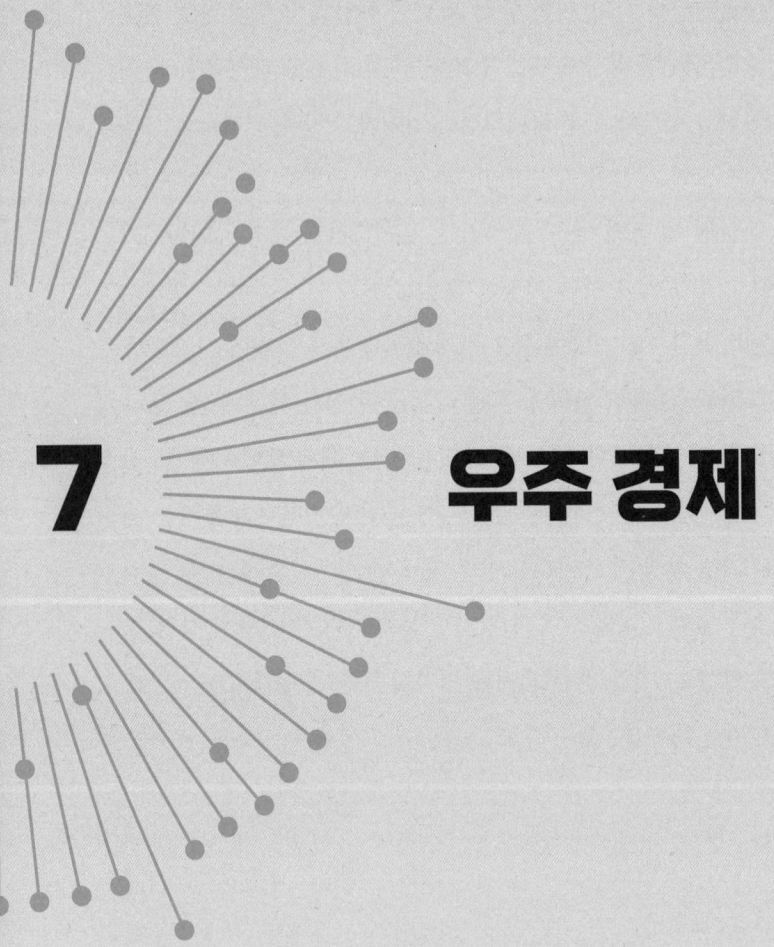

7 우주 경제

우주항공은 미래 국가의 생존력과 경쟁력을 책임지는 전환성장 분야이다. 국가는 우주 경제의 가치를 정확히 인식하고 그에 맞는 미래정책을 수립하여야 한다.

이번 장은 우주 경제를 이해하기 위하여 우주항공 거버넌스, 미래사회 인프라로서 위성 기간망, 우주 공산을 활용한 제조업, 지구 자원을 대체하는 우주 자원, 인류의 생활공간으로서 유인 우주 등의 키워드를 도출하고, 향후 정부가 전략적 가치에 부합하는 정책을 수립할 수 있도록 제안한다.

우주항공 전략에 기반한
컨트롤타워, 우주 거버넌스

이준

한국항공우주연구원 전략기획본부 책임연구원. 전북대에서 법학사 및 국제법 석사, 전남대에서 국제법 박사를 취득했다. The College of Law of England and Wales에서 과정을 마치고 영국 사법시험에 합격했다. 한국항공우주연구원에서 전략기획팀장, 국제협력팀장, 우주정책팀장, 정책연구부장, 전략기획본부장을 역임했으며, 법무, 정책, 국제 협력을 담당하고 있다.

우주항공 거버넌스의 시행착오

우주항공 분야는 이미 국가의 필수적 인프라이자 우리를 미래의 번영으로 이끌어갈 전환성장의 핵심이다. 체계적이고 전략적인 방향을 세워 국가의 사업과 기술 역량 확보, 구체적인 산업화 로드맵 그리고 국제 협력 방안까지 일련의 정책을 설계해야 한다.

이러한 중요성을 반영하여 새로운 우주항공 거버넌스인 우주항공청이 설립되었으나 운용하는 과정에서 미흡한 점이 노출되었다. 우주항공의 중요성을 제대로 파악하지 못하는 전략적 모호성, 많은 부처가 우주항공 사업을 각자 추진하려는 난맥을 조정해야 할 컨트롤타워로서 역량의 한계, 여러 부처와 기관들의 소통을 주도하지 못하고 또 하나의 경쟁자처럼 활동하는 정체성 혼란, 우주항공 분야의 전문가들을 충분히 등용하여 활용하지 못하는 일반직 관료의 모습, 잘하는 일을 잘하는 기관에 나눠주지 않고 맥락 없이 자신이 차지하려는 구태의연한 부처 이기주의, 수평적 상호 협업보다 관리 감독에 치중하고 군림하려는 행태, 그동안 예산·인력·사업 운용 과정에서 나타났던 정책적 미비나 오류를 여전히 바로잡지 못하는 소극적 자세…. 소통하고 책임지는 리더십으로 우주항공의 미래를 열어가는 것이 아니라 오히려 방해하는 모양새다.

새 정부는 우주항공에 대한 확고하고 일관된 철학을 세우고 전략적 방향을 재설정한 후 그동안 운영 과정에서 드러난 문제점을 해결하는 선명하고 간결한 정책을 마련해야 한다.

우주항공 분야는 왜 중요한가?

첫째, 우주항공기술에서 새 산업과 경제적 가치가 창출된다.
우주항공 분야의 기술 개발은 새로운 비즈니스와 산업을 끊임없이 만들어내는 화수분이다. 우주항공기술에서 도출되는 세부 비전은 다음과 같다.

① 미래 교통 패러다임으로서 항공 모빌리티, ② 고갈되는 지구 자원을 대체할 우주 자원, ③ 무한한 우주 에너지원(예: 태양광, 수소, 메탄, 헬륨3), ④ 중력을 벗어나서 제조하는 민감한 물질합성 및 구조체 개발을 하는 우주 공장, ⑤ 위성을 활용하여 사회 서비스로 연결하는 통신, 항법, 데이터 산업, ⑥ 우주를 활용하는 새 비즈니스(예: 우주 관광), ⑦ 우주항공기술에서 파생되어 창출되는 신산업(예: 전자레인지, 정수기, MRI, CT)까지 연계되는 우주 기술 스핀오프 spin-off

둘째, 우주항공기술은 국격을 평가하는 핵심적 잣대이다.

전략 기술, 미래 기술, 첨단기술로 상징되는 우주항공기술이 없으면 국제사회에서 끼워주지 않는다. 국가 간 협력에서 소외되며 국가 간 경쟁에서 도태되는 냉혹한 현실에서 우주항공기술의 보유 여부는 국격 평가의 잣대가 된다. 여기에서 파생되는 비전은 다음과 같다.

① 국방의 주요 인프라로 인식되는 우주 자산의 확보, 이용, 보호의 관점에서 보는 우주 국방, ② 국제질서 및 규범의 준수, 참여 및 적극적 기여의 관점인 우주 규범, ③ 기술 보유국들만 모여서 우주의 판을 짜는 속칭 이너서클 inner circle에 들어가야 우호국

like-minded country 으로 대우받는 우주 외교, ④ 우주개발과 우주 자원 확보 과정에서 생기는 갈등에 대응하는 우주 안보

셋째, 우주항공은 결국 인류의 생활영역이 된다.

인류는 머지않아 지구를 벗어나 다행성 종족으로 살게 될 것이므로 여기에 필요한 기술 개발, 인프라 구축, 질서 마련 등을 준비하는 것은 선택이 아닌 필수다. 여기에서 나오는 비전은 다음과 같다.

① 지구 저궤도, 달 및 화성에서 우주실험, 우주유영, 우주 제조를 사람이 직접 하는 유인 우주, ② 우주인들이 극한환경에서 물리적, 심리적으로 안정적인 활동을 하도록 연구하는 우주 의학, ③ 사람이 달이나 화성 등에서 직접 장기간 생활할 수 있는 다양한 요소들(예: 우주 건설, 우주 농업, 우주 운송, 우주 자동차)의 연구와 연계되는 우주 거주, ④ 종국에는 달이나 화성에 일정 규모의 사회가 만들어짐으로써 필요하게 되는 모든 종류의 직업을 뒷받침하는 기존 전통사업의 우주로의 확장(예: 부동산, 회계, 유통, 법률 등)

우주항공 컨트롤타워 정립

미래를 주도할 우주항공 전략을 재수립해야 한다. 현재 우주항공청은 항공, 위성, 발사체, 우주 과

학 및 탐사, 이렇게 4개로 임무 분야를 나눠 조직을 만들었다. 이는 과학기술의 영역에서는 타당한 분류이지만, 더 넓은 의미의 국가 전략적 차원의 우주항공의 정의에서는 허점이 많다. 우주항공 분야가 우리나라의 도약과 번영, 안녕과 생존, 즉 미래 경제와 안보 관점에서 얼마나 중요한지 충분히 고민하지 않은 결과로 보인다. 우주항공에 '우리의 미래가 달려 있다'거나 '2045년까지 5대 우주 강국'으로 가겠다는 선언적 슬로건이 아니라, 구체적으로 우주항공 분야가 왜 중요하고 국가 전략적으로 어떻게 총력전을 벌여야 하는지에 대하여 먼저 정리하고 이를 바탕으로 비전을 제시하는 구도로 가야 설득력이 있을 것이다. 이에 따라 우주항공청의 위상을 높이고 역할을 정립해야 한다.

첫째, 지금처럼 우주항공 업무와 관련되는 여러 부처가 개별적으로 각자 사업을 추진하고 상호 소통이 부족한 상황을 타개하려면 컨트롤타워의 기능을 강화해야 한다. 이를 위해 현재 과기부 산하 외청으로 되어 있는 우주항공청의 지위를 부처 간 실질적인 소통과 업무 조정이 가능하도록 부처들의 상위 기관, 즉 국무총리실 산하의 우주항공처로 격상할 필요가 있다. 국방부, 국토부, 산업부 등 우주항공에 관여하는 여러 부처가 중복되는 사업 추진이나 예산 낭비가 없도록 우주항공처가 종합적이고 전문적인 관점에서 사업·예산·인력을 조정할 수 있어야 한다. 우주항공처의 조직은 기존의 항공, 위성, 발사체, 탐사가 아니라 새로운 비전과 전략을 담아 재편성할 필요가 있다.

둘째, 전략적으로 필요하다고 정의된 기술 및 사업을 누가 어떻게 수행할 것인지에 대한 업무 분장을 제대로 할 필요가 있다. 한국항공우주연구원, 한국천문연구원과 같은 연구 중심 기관들은 격상되는 우주항공처의 산하기관으로 옮겨서, 산업체들이 진입하기 어렵지만 국가적으로 꼭 확보해야 할 기술에 집중하도록 한다. 즉 전략 기술, 미래 기술, 도전적 기술, 게임체인저(Game Changer)가 될 기술들은 연구 중심 기관들이 주력하고, 산업체는 수익을 낼 수 있는 분야나 산업적으로 가치가 있는 분야에 참여하도록 한다.

우주항공 분야가 기술적, 경제적, 안보적 관점에서 미래를 책임질 분야라는 점을 정확히 인식하고 이에 걸맞는 컨트롤타워 역할을 수행할 거버넌스 확립이 절실하다.

미래사회로의 게이트웨이, 우주 기간망

이준

한국항공우주연구원 전략기획본부 책임연구원. 전북대에서 법학사 및 국제법 석사, 전남대에서 국제법 박사를 취득했다. The College of Law of England and Wales에서 과정을 마치고 영국 사법시험에 합격했다. 한국항공우주연구원에서 전략기획팀장, 국제협력팀장, 우주정책팀장, 정책연구부장, 전략기획본부장을 역임했으며, 법무, 정책, 국제 협력을 담당하고 있다.

미래의 필수 인프라

세상은 초고속, 초연결, 초정밀, 초공간, 초지능의 시대로 전환되고 있다. 이를 가능하게 하기 위해서는 최첨단 사회 인프라의 구축이 선행되어야 하는데 이들 가운데 많은 부분은 우주를 이용하는 것이 필수적이다. 즉, 지상에서의 서비스망으로는 한계가 있어서 우주에서 직접 위성을 통해 일상생활에서 필요로 하는 각종 서비스와 연결하는 구조를 선택하게 된다. 속도와 공간과 지능 면에서 선도적 위치에 서게 되면 전통적인 서비스와 비교할 수 없는 경쟁력을 갖게 되므로 미래사회에서 새로운 강자가 될 수 있다. 자연스럽게 위성이 사회의 필수 기간망이 되는 시대가 오게 된 것이다.

위성통신 기간망

통화와 문자에서 시작된 통신 서비스는 이제는 영화, 게임, 위치 기반 서비스, 웨어러블 등 다양한 분야로 확대되었다. 데이터의 양은 폭발적으로 증가하였고 이를 제약 없이 연결하려는 노력은 3G, 4G, 5G로 진화하면서 기술적 돌파를 계속해 왔다.

세상은 더 빠르고, 더 다양하며, 어디에서나 이용할 수 있는 서비스를 원한다. 인간의 욕망과 발맞추어 이제 6G 시대를 준비해야 할 시점이 되었다. 6G는 데이터 전송 속도가 5G보다 50배 빨라서 사물인터넷IoT 기반, 초정밀 위치 기반, 인공지능 기반 그리고 육상·해상·공중·우주의 공간적 커버리지가 가능한 초고도화 서비스를 제공할 수 있다. 6G 서비스를 충족시키려면 지상망에 더하여 위성망을 활용하는 것이 바람직하다. 위성망은 격오지, 산지, 바다를 가리지 않고 지형적으로 불리한 지역에도 커버리지가 가능하기 때문이다.

미국, 중국, 유럽을 비롯한 우주 강국들은 위성 통신망을 구축하는 데 전력을 기울이고 있다. 또 스페이스 엑스Space X, 원웹 Oneweb처럼 민간 기업의 참여도 적극적이다. 향후 미래사회의 핵심 인프라로서 반드시 필요한 위성 기간망을 외국의 서비스에만 의존해서는 안 된다. 오히려 압도적 경쟁력을 갖추고 새로운 성장 동력으로 만들어야 한다. 김대중 정부 때 정보고속도로 전략으로 세계 정보통신 선도국이 된 우리나라로서는 6G 시대를 대비하여 또 한 번의 도약을 준비해야 한다.

위성항법 기간망

위성통신과 더불어 사회의 필수 인프라로 인정받는 기술이 위성항법이다. 현재는 모든 국가들이 미국의 GPS 서비스를 무료로 받고 있지만, 점차 정밀한 위성항법 기술을 써야 하는 산업이 많아지면서 독자적인 위성항법 기간망을 가져야 하는 시대가 되었다.

교통 분야에서 육상로, 항공로와 해양항로는 점차 혼잡해지고 있고 또한 자율주행기술이 접목되고 있어서 초정밀 항법 서비스가 필수적인 상황이 되고 있다. 이에 더하여 드론, 도심항공교통UAM과 같이 플라잉카flying car들이 대량으로 공중교통을 주도하게 되면 지상의 복잡한 도로망이 하늘에도 촘촘하게 그려져야 한다. 그리고 이러한 보이지 않는 도로는 정밀 항법을 통해서만 운영이 가능하게 될 것이기 때문에 새로운 패러다임의 교통에는 항법 기술과 항법 인프라가 확보되었는지가 국가의 역량을 규정짓게 될 것이다.

농업 분야에서 드론과 무인 트랙터를 통한 무인 경작, 측지·측량 분야에서 초정밀 지도 제작, 토목 분야에서 대형토목설계, 재해·재난 관리 분야에서 재난지역에 대한 예측·피해 진단·사후 대응 등에도 정밀한 항법 기술이 들어가게 된다. 국방 분야에서는 정밀 유도무기 운용, 목표물이나 병력의 위치 파악에 위성항법 시스템이 핵심적 역할을 하는데, 이는 전시 또는 국가 간 갈등 상황에서 다른 나라의 GPS 서비스에 전적으로 의존하면 군 작전에 제한이 될 수 있다는 점에서 매우 취약하다.

이렇듯 위성항법 기간망은 경제와 산업은 물론 국방의 측면에서도 매우 중요하다. 유럽연합에서 분석한 자료에 따르면 전체 GDP의 약 6~7%가 위성항법 시스템에 의존한다고 하니, 국가의 생존과 번영을 위해서도 항법 주권은 독자적으로 확보해야 할 기술과 인프라이다.

현재 막 개발 사업이 시작된 한국형 위성항법 시스템[KPS]은 최대 20m인 GPS 오차를 센티미터 단위까지 줄이는 초정밀 위치·항법·시각 정보 제공으로 다양한 산업, 공공 수요, 국방 수요를 충족하게 될 것이다. KPS 사업의 차질 없는 진행과 이를 활용하는 다양한 기법을 국가 차원에서 개발할 때이다.

위성 데이터 기간망

위성 정보의 활용 관점에서 보면 위성 데이터에 대한 수요는 무궁무진하다. 특히 빅데이터, 인공지능AI, 사물인터넷 등과 융합하여 새로운 서비스와 비즈니스를 창출하고 있고 앞으로의 발전 가능성도 창대하다.

위성영상을 분광 분석해서 식물 발육지수, 곡물의 건강 상태에 대한 정보를 얻을 수 있는데, 방대한 지역을 AI로 분석하면 국가적 차원, 국제적 차원의 농업 작황 분석이 가능하다. 지면의 태양열 반사율, 하천의 유량 측정, 수질 측정, 토양수분, 사막화 과정, 생물자원 구성 및 분포 등을 모니터링하여 토지의 지속 가능한 이용, 생태계 모니터링, 기후변화 진행 상황도 분석할 수 있다.

위성영상 데이터를 기반으로 사람의 흐름에 맞춘 매장 계획, 글로벌 규모의 교통체증에 대한 파악, 북극해 항해 최단항로 예측 등 유통과 교통 분야에서 다양한 비즈니스를 창출할 수도 있다. 위성 데이터는 이렇듯 이미 우리의 일상 곳곳에서 활용되고 있으며 앞으로 지속 가능한 인류의 미래를 위해 활용되는 분야가 더욱 늘어날 것이다.

위성의 개발과 활용의 정책적 연계

우리나라는 지난 30여 년간 꾸준한 위성 개발을 통해 상당한 역량을 갖췄다. 수 킬로그램 단위의 초소형 위성부터 6~7톤 단위의 대형 위성까지, 광학 위성에서 적외선·레이더 위성까지 다양한 위성을 개발해 왔다. 사실 위성 개발과 제작 자체는 우주 경제에서 차지하는 비중이 크지 않다. 오히려 위성 활용 시장이 대부분을 차지한다. 2024년 말에 발간된 "우주산업 실태조사"에 따르면 세계 우주산업 규모는 약 4,000억 달러이며 그중 위성 제작은 4.3%, 위성 서비스 및 지상 장비 부문은 65%에 해당한다.

그렇다고 해서 위성 개발을 하지 않고 위성 서비스에만 치중할 수는 없다. 미래를 선점하려는 국가 간 경쟁이 치열해지는 상황에서 다른 나라의 위성에 의존하여 우리가 서비스·활용으로 돈을 번다는 것은 모래성을 쌓는 것과 다르지 않을 것이기 때문이다.

위성 기간망은 미래로 가는 게이트웨이다. 정부 차원에서 위성 수요를 제기하고 서비스산업으로 파급하도록 하는 역할을 지속적으로 추진해야 한다.

신 골드러시, 우주 자원

정서영

한국항공우주연구원 연구전략실 선임연구원. KAIST 항공우주공학과 학사, 프랑스 ESA 우주 기술 석사학위, KAIST 과학기술정책 박사과정 수료. 조지워싱턴대 우주정책연구소 보조연구원을 거쳤으며, NASA가 지원하는 우주 정책 연구에도 참여했다. 현재 우주탐사 및 우주 자원 분야의 정책연구, 전략수립, 국제 협력 업무를 담당하고 있다.

태양계는 우리의 경제 영역인가?

대한민국은 작은 국토와 제한된 자원을 가진 나라이지만 뛰어난 인재와 기술력을 바탕으로 산업 경쟁력을 확보하며 선진국 반열에 올랐다. 우주산업에서도 독자적으로 위성과 발사체를 개발할 수 있는 몇 안 되는 국가 중 하나가 되었으며, 이를 기반으로 우주탐사로 확장이 가능하게 되었다. 탐사를 통한 우주 자원 개발은 자원이 부족한 우리나라에 새로운 경제적 기회를 제공하며 산업 경쟁력을 높여 미래성장동력이 될 수 있다.

미국 백악관 과학기술정책실장을 지낸 존 멀버거$^{\text{John Marburger}}$ 박사는 "우주탐사에 대한 논의는 결국 태양계를 우리의 경제 영역에 포함시킬 것인지 여부로 귀결된다"라고 말했다. 이는 우주탐사가 과학적·정치적 목적을 넘어서 경제적 가치 실현이 핵심 동력이 될 것임을 의미한다. 이미 우주 강국들은 우주 자원의 경제적 잠재력을 인식하고 소행성, 달, 화성 등에서 자원을 확보하기 위한 경쟁에 돌입했다.

- **소행성 자원** 우주 자원의 가치는 상상을 초월한다. NASA가 탐사 중인 소행성 16 사이키$^{\text{16 Psyche}}$에 존재하는 철, 니켈 등의 광물을 시장 가격으로 환산하면 가치가 100경 달러에 이를 것으로 추정된다. 세계 경제 규모$^{\text{세계 GDP}}$인 100조 달러의 1만 배에 해당하는 수준으로, 우주 자원이 지구 경제의 판도를 바꿀 잠재력을 가지고 있음을 시사한다. 현재 화성과 목성 사이의 소행성대$^{\text{Asteroid Belt}}$에서 발견된 소행성은 130만 개 이상이다. 미래학자이자 기업가인 피터 디아만디스$^{\text{Peter Diamandis}}$는 "인류 역사상 최초의 조만장자^{Trillionaire}는 소행성 자원을 개발하는 사람이 될 것이다"라고 전망했다.

- **달 자원** 지구에서 가장 가까운 자원 채굴지가 달이다. 달에는 규소, 철, 알루미늄, 티타늄 등 다양한 금속과 희토류가

존재하는 것으로 확인되었다. 특히 핵융합발전의 연료로 활용될 수 있는 헬륨-3가 약 100만 톤 매장된 것으로 추정된다. 헬륨-3를 에너지원으로 활용하기 위해서는 채굴 및 정제 기술, 핵융합발전 기술이 완전히 개발되어야 한다. 기술적 난제가 많지만, 개발에 성공한다면 헬륨-3는 지구 전체의 에너지 문제를 해결할 수 있는 대체 에너지원이 될 수 있다. NASA와 여러 연구기관들은 달의 극지방에 상당한 양의 물이 존재한다는 강력한 증거를 확보했는데 물을 산소와 수소로 분해하면 생명 유지뿐 아니라 로켓 추진제로도 활용할 수 있다. 달 표면의 표토^{Regolith}에도 40~50%의 산소가 포함되어 있다. 미국 국방부와 민간 기업들은 이를 활용하는 연구를 진행하고 있다. 이는 궁극적으로 지구-달 경제권$^{Cislunar\ Economy}$ 형성의 기반이 될 것으로 기대된다. 달이 인류의 장기적인 우주 거주와 경제 활동을 위한 전략적 거점으로 부상하고 있다.

- **화성 자원** 화성 대기의 약 95%는 이산화탄소로 구성되어 있으며, 이를 활용하면 메탄과 산소를 화성에서 직접 생산할 수 있다. 메탄은 로켓 연료로, 산소는 산화제 및 생명 유지에 사용될 수 있어 화성에서 자급자족형 탐사 임무를 수행하는 데 중요하다. NASA는 이미 화성산소 활용실험^{MOXIE}의 장비를 통해 화성 대기에서 산소를 추출하는 실험을 성

공적으로 수행했다. 일론 머스크Elon Musk의 SpaceX가 개발 중인 스타십Starship은 메탄과 산소를 연료로 사용하는 엔진(Raptor 엔진)을 탑재하고 있으며, 화성 현지에서 이 연료를 직접 생산하는 방안을 고려하고 있다. 이러한 기술이 실현되면 화성에서 연료를 조달하여 지구로 복귀하는 '완전 재사용 가능 우주선'이 가능해진다.

- **우주 현지 자원 활용** NASA를 비롯한 여러 우주탐사 기관들은 자원을 우주 현지에서 직접 확보하고 활용하는 '우주 현지 자원 활용In-Situ Resource Utilization, ISRU' 연구를 하고 있다. 물, 산소, 연료 조달뿐 아니라 행성의 표토를 건설 자재나 식물 재배에 활용하고, 광물에서 금속을 추출해 물품을 제작하는 활동 등도 이에 포함한다.

우주 자원 기술 개발

우주 자원을 개발하려면 다양한 기술 확보가 필수적이다. 우주 자원을 탐색·분석하는 기술, 로봇을 활용한 채굴 및 광산 운영 기술, 정제 및 가공 기술이 핵심 요소이며, 이를 지원하는 운송·저장 인프라, 방사선 차폐 시설, 이착륙장 및 도로 구축을 위한 건설 기술, 거주지 조성 및 전력·통신 기술도 뒷받침되어야 한다. 또한, 지구로 운송할 대형 수송선과 극한환경에서도 작동 가능한 특수 장비 개발도 필수적이다. 우주 자원 개발은 이제 본격적으로 시작된 분야로 국가 간 기술 격차가 크지 않은 영역이다. 기계, 건설, IT, 원자력, 자동차 등 다양한 산업 분야의 기술 융합이 필수적인 분야여서 탄탄한 제조업 기반을 갖춘 우리나라에 유리하다. 정부가 적극적으로 장기 전략을 수립하고 연구 환경을 조성한다면 우주 자원 개발 분야에서 선도적 위치를 차지할 가능성이 크다.

국제 협력과 우주 외교

우주 자원 개발은 막대한 비용과 첨단기술이 요구되는 복합적 산업으로, 단일 국가나 기업이 독자적으로 수행하기 어렵다. 특히, 우주 자원을 실제 경제 활동으로 연결하려면, 채굴에서 가공, 활용까지 이어지는 글로벌 가치사슬Global Value Chain이 형성되어야 하며, 이를 위해 국제 협력이 필수적이다. 정부는 국내 연구기관과 산업체가 관련 기술 기반을 확보하고, 전략적 파트너십을 구축할 수 있도록 다양한 국제 협력의 기회를 마련해야 한다. 우주 과학 미션은 국가 간 경쟁보다는 협력이 용이하며, 인류의 지식 확장에 기여하면서도 전략적 파트너를 확보할 수 있다는 점에서 효과적인 협력 방법이다. 미국이 추진하는 아르테미스Artemis 미션과 달·화성Moon to Mars 탐사 장기 구상에 참여하는 것은 우리나라가 우주탐사 및 자원 개발 역량과 인프라를 확보하는 데 중요한 기회가 될 것이다. 이를 위해,

국제 공동 목표에 기여할 수 있는 시스템과 기술을 개발하여, 우리나라가 매력적인 협력 파트너로 자리 잡도록 해야 한다.

우주 자원의 경제적 가치를 인식한 각국 간에 무한 경쟁과 대립 가능성이 커지면서 새로운 규범과 질서 정립이 필요하게 되었다. 이에 따라 유엔 우주위원회^{COPUOS}는 우주 자원 활동에 관한 국제적 원칙을 수립하기 위한 협의를 지속하고 있으며, 아르테미스 약정$^{Artemis\ Accords}$에는 안전하고 지속 가능한 방식으로 우주 자원 개발이 이루어져야 함을 명확히 하고 있다. 그러나 각국의 이해관계가 얽혀 있어 국제질서 확립까지는 상당한 시간이 소요될 전망이다. 특히 뉴스페이스$^{New\ Space}$ 시대를 맞아 민간 기업 주도의 우주개발이 활발해지는 상황에서 이를 어떻게 조율하며 지속 가능성을 보장할 것인지가 중요한 과제다. 우리나라도 국제 사회에서 진행되는 규범 확립에 적극 참여하고 국익에 부합하는 우주 외교 전략을 마련해야 한다.

메이드 인 스페이스,
우주 공장

최기혁

한국항공우주연구원 위성우주탐사체계 설계부 책임연구원. 인하대 항공공학 학사, KAIST 터보엔진 분야 석사, University College London에서 우주과학/고층대기 분야로 박사학위를 받았다. 한국항공우주연구원에서 국제우주정거장 실험 담당, 한국 최초 우주인 사업단장과 달탐사 다누리호 사업단장을 역임하였다. 현재는 우주 비행체의 대기권 재진입을 연구한다.

우주에서 제작을

우주 공간은 무중력과 초저온과 초안정적인 환경을 갖고 있다. 중력의 영향을 받는 지구와 다른 이러한 특성으로 인해 어떤 제품은 우주에서 제작하는 것이 유리하다. 특히 미래 경쟁력을 좌우하는 고난도 산업 중에서 우주에서 제작하는 것을 필수 전제로 하는 제품들도 있다. 우주 환경을 활용한 의학 연구, 특수 소재 생산, 반도체 생산, 난치병 치료제 개발, 인체 장기 배양, 인공지능AI 양자컴퓨팅과 데이터센터 구축 등 다양한 우주 공장이 가능하다.

미래성장동력을 확보하는 차원에서 우주 공장을 전략적으로 구상할 필요가 있다. 이를 위해 한편으로는 공장의 역할을 할 대형 구조체, 우주 생산품을 지구로 옮길 수송선 등 인프라 개발이 중요하고 다른 한편으로는 우주 공장이 필요한 분야를 선정하는 작업, 즉 경제적으로 의미 있는 임무 개발이 중요하다.

우주 공장 인프라

우주 환경을 활용한 우주실험을 주로 수행하는 곳은 국제우주정거장ISS이다. ISS는 2030년까지 운용되고 퇴역할 예정이어서 이후에는 상업적인 민간 우주정거장이 등장하여 우주 공장의 역할을 할 것으로 예상된다. 미국이 주도하는 민간 상업용 우주정거장 개발은 대부분 2020년대 후반 운용을 목표로 컨소시엄을 구성하여 추진된다. 선두 주자는 액시옴 우주정거장Axiom Station이다. 2027년 첫 번째 모듈이 NASA의 ISS에 설치되어 상업 운용에 들어가며 추가로 모듈을 설치 후 2030년 ISS가 퇴역하면 분리되어 독자적으로 운용될 것이다. 이밖에 오비탈 리프Orbital Reef의 복합용도 비즈니스 파크, 스타랩Starlab과 해븐-1Haven-1 우주정거장 등이 민간에서 개발되고 있다.

우리나라도 우주실험과 우주 생산을 위한 인프라로 우주 공장을 개발하는 것이 필요하다. 하지만 단기적으로는 이를 준비하고 초기 연구를 하면 되므로 해외 상업적 우주정거장을 이용하는 것이 바람직하다. 보령(주)이 3%의 지분을 가진 액시옴 활용을 고려하는 것도 한 방안이다.

우주수송 분야에선 소형 우주실험 모듈이 개발되고 있다. 해외에서는 이미 우주 미세중력 환경을 활용하여 무인으로 생명과학 및 재료 연구를 수행하는 무인 소형 우주캡슐이 등장하고 있다. 국내에서도 2030년까지 무게 100킬로그램의 소형 우주실험 모듈을 개발하여 무인 원격 우주실험과 재진입 및 랑데부 도킹과 같은 핵심기술 확보를 추진 중이다. 2035년까지는 1톤급의 본격적인 우주과학 실험과 우주 제품 시험 생산을 위한 중형급 무인 재진입 캡슐 개발이 필요하다. 2040년대에는 20톤 규모의 생산을 위한 우주 공장 모듈을 국제 공동으로 개발하고 지상으로 우주 생산 제품을 수송하기 위한 10톤 규모의 유무인 우주 비행기를 국제 공동으로 개발할 필요가 있다.

우주 공장에서 할 수 있는 것

- **2차 고체전지 연구** 우리나라가 가진 2차 전지의 경쟁력을 유지하기 위해 우주 환경을 연구와 생산에 활용할 필요가 있다. 특히 전고체^{all solid state} 배터리를 위한 유리질 전도체

무질서 현상 연구가 중요하다. 전고체 배터리는 화재위험이 낮고 에너지밀도가 높은 꿈의 배터리인데, 리튬 인산염 산화질소^{LiPON} 전해질을 이용하면 성능이 우수하다. 전고체 재료는 비정질^{amorphous} 구조 유지가 바람직한데 Amorphous LiPON에서 중간규모질서^{MRO}가 존재한다. MRO 형성의 메커니즘과 MRO가 이온전도도에 영향을 주는 메카니즘은 베일에 싸여 있는데, 지상에서 볼 수 없었던 현상이 무중력 환경에서 나타나 근본원리를 밝힐 수 있을 것으로 기대하고 있다.

- **반도체 물성 연구** 지상에서는 5배에 달하는 비중 차이로 혼합이 불가능한 반도체 재료 게르마늄과 실리콘이 무중력에서 완벽하게 섞일 수 있으므로 고성능 혼합물 반도체 소재를 생산할 수 있다. 중력의 방해가 없으므로 대형 반도체용 실리콘 웨이퍼 제작이 가능하여 생산성을 획기적으로 높일 수 있다. 현재 지상에서 생산 가능한 최대의 웨이퍼 크기는 12인치로서 우주에서 18인치 웨이퍼를 생산하면 1장의 웨이퍼에서 2.4배의 반도체를 생산할 수 있어 생산비용이 30% 감소한다. 지상에서는 복잡한 공정이 필요한 초박막 증착이 수월하게 이루어질 수 있어 우주에서 마이크로전자 부품을 효율적으로 제조할 수 있다.
- **제약 연구** 우주의 무중력과 대류 현상이 없는 환경을 이용

한 정밀 화학반응 장비를 이용하면 약품 화합물 성공률을 높일 수 있다. 질병 모델 예측을 위한 오르가노이드[1]organoid를 만들기 위한 효율적인 세포 배양이 가능하다. 우주에서 생성된 소형화되고 단순화된 오르가노이드 장기는 질병을 평가하기 위한 3D 모델로 사용이 가능하다. 지지대가 없으므로 배아체 오가노이드의 결함을 크게 줄일 수 있어 성숙도를 향상시킬 수 있다. 우주에서 망막 생산 및 의약품 생산은 28억~42억 달러의 수익 창출이 예상되고, 고순도 단백질 결정 인슐린 결정 생산도 유망한 의약품으로 주목받고 있다.

- **인체 장기 생산** 무중력 환경에서는 줄기세포 배양이 쉽다. 자신의 줄기세포를 배양하여 면역 거부반응이 전혀 없는 환우 자신의 장기를 생산할 수 있다. 우주에서 인체 장기 배양이 실현된다면 삶의 질은 물론 거대한 우주 신산업 시대가 열린다. 국내에서만 연간 1조 원 이상의 우주 시장이 형성될 것이다. 이를 위해서는 암세포 출현을 막는 줄기세포 생장 제어기술, 안정된 인간 장기 배양기술 등 미래 생명과학의 우주 산업화 핵심기술 개발이 필수적이다.

---

1   오르가노이드는 줄기세포를 이용하여 만든 3차원 세포배양체로 인체의 장기의 구조와 기능을 모방하여 동물실험대체, 신약 개발과 재생 치료 등에 활용됨

- **우주 태양광** 우주 태양광은 지구 정지궤도에 위치한 태양광발전 위성에서 전기를 생산하여 지구상으로 무선 전송하는 기술로서 날씨에 상관없이 청정한 기저 발전원^{baseload}을 제공할 수 있다. 생산된 전력의 무선 전송, 에너지 변환 효율, 정지궤도의 우주방사선, 경제성 등 산적한 선결과제들이 있다. 국제 협력을 통해 GW급의 우주 태양광 발전소 건설을 추진한다면 K-스페이스의 플래그십 프로젝트로서 2050년 탄소중립 달성에 기여할 것이다.

우주 공장은 미래형 산업, 고난도 산업의 핵심이 될 것이고, 세계 경제에서 압도적 우월성을 확보하는 인프라이다. 이를 위해 선진 우주 강국들은 이미 발 빠른 움직임을 보이고 있다. 우리는 비록 우주개발을 늦게 시작하였으나, 이미 위성기술은 세계적 수준이고 발사체 기술도 독자개발이 가능한 정도가 되었다.

위성개발을 더욱 발전시켜서 우주 구조물을 저궤도에 올리면 우주 공장으로 이용할 수 있다. 국가 차원에서는 우주 인프라 및 기술 개발에 집중적으로 투자하고, 경쟁력 있는 반도체, 제약, 발전, 의료 분야의 기업들이 우주 공장으로 활용할 수 있도록 하면 미래 경제의 돌파구로서 기여할 수 있을 것이다.

인류 활동 영역의 확장, 유인 우주

최기혁

한국항공우주연구원 위성우주탐사체계 설계부 책임연구원. 인하대 항공공학 학사, KAIST 터보엔진 분야 석사, University College London에서 우주과학/고층대기 분야로 박사학위를 받았다. 한국항공우주연구원에서 국제우주정거장 실험 담당, 한국 최초 우주인 사업단장과 달탐사 다누리호 사업단장을 역임하였다. 현재는 우주 비행체의 대기권 재진입을 연구한다.

미래세대의 활동 영역

인류는 경계를 넘어서고 새로운 곳을 개척하며 영역을 넓히려는 진취적 유전자를 갖고 있다. 저 멀리 있는 세상에 대해 다양한 상상을 문학, 영화, 만화로 표현하고, 이러한 상상을 실현하기 위한 과학적 연구를 하며, 결국은 직접 가보고 살아보려고 필요한 기술을 부단히 개발해 왔다.

지구가 비좁아진 인류에게 우주는 새로이 진출할 영역이다. 지난 수십 년 동안 발전시킨 우주 기술을 통해 우주 공간과 천체의 활용 가치가 입증되면서 우주개발이 활발해지고 유인 우주 활동 계획도 늘고 있다. 이제 인류가 다행성 종족이 되는 것을 의심하는 사람은 없다.

우리나라는 지구상에서는 좁은 영토에, 주변국들의 영향도 무시할 수 없는 지정학적 위치에, 또 새로운 미래성장동력을 찾아야 하는 시대적 위치에 놓여 있다. 미래세대가 마음껏 우주를 다닐 수 있는 기술적·정책적 토대를 지금 만들 필요가 있다.

유인 우주 활동의 첫발

우리나라는 이미 우주인을 선발하고 우주 비행을 다녀온 경험이 있다. 이소연 우주인이 2008년 4월 8일부터 열흘간 국제우주정거장에 체류하면서 각종 우주실험을 수행하였다. 이러한 첫 번째 우주인 사업은 우주인 선발과 훈련 그리고 우주실험에서 성과를 거두었지만 몇 가지 문제점도 지적됐는데, 향후 2차 한국 우주인 선발과 우주 비행 사업에서 고려해야 할 교훈을 얻을 수 있다.

첫째, 국가적으로 유인 우주개발과 관련하여 장기적인 유인 우주 비행에 대한 계획이 있어야 한다는 것이다. 1차 선발은 장기적 계획이 없는 파일럿 프로그램이었지만 언론으로부터 일회성이라는 비판과 함께 우주인들이 의무복무기간을 채운 후 한국항공

우주연구원을 떠나는 원인이 되었다. 둘째, 유인 우주 비행과 임무 수행의 전문가로 키워야 한다는 것이다. 우주 비행을 경험한 우주인은 귀중한 국가의 자산이므로 국가 유인 우주개발을 위해 지속적으로 우주 비행 경험을 쌓으면서 우주 산업화를 위해 경험을 활용해야 한다.

우주인은 우주과학과 우주 생산을 위한 저궤도 우주인과 달과 화성 등 심우주 유인 탐사 우주인으로 구분할 수 있다. 저궤도 우주인은 주로 우주정거장에 탑승하여 우주과학과 우주 생산 임무를 수행하며, 미래에는 우주 관광을 위한 승무원도 포함될 것이다. 따라서 자격 조건이 까다롭지 않은데 이공계 석사 이상 학위와 일반적인 우주인 자격 요건을 만족하면 충분하다. 과학과 우주 생산 임무를 수행할 수 있는 과학기술자와 의학전문가가 적합하다고 할 수 있다.

달과 화성 등 심우주 탐사에 참여하는 우주인은 보다 강화된 자격 요건을 필요로 한다. 미국의 아르테미스 유인 달탐사 우주인은 18명으로 남녀 각각 9명이며, 10명이 군 조종사 경력자로서 테스트 파일럿 출신이고 실전 경험이 있을 정도로 우수한 군 경력을 보유하고 있다. 또 모든 후보가 미국 명문대학에서 이공계 STEM 석사 이상 학위를 가져 뛰어난 학문과 지식 소양과 체력을 가지고 있음을 알 수 있다.

우주 거주 인프라

우주 활동을 위해서는 우주정거장Space Station이 필수적이다. 2008년 국제우주정거장International Space Station, ISS이 완성되면서 우주 공간에서 인간의 거주와 우주 실험과 생산 등 우주 활동을 수행하고 있다. 중국은 독자적인 우주정거장을 개발하여 운영하고 있다.

최근에는 국제적으로 민간에서 상업적 우주정거장을 개발하려는 움직임이 활발하고 아르테미스 미션에는 달 우주정거장도 계획되어 있다. 보령(주)는 상업 우주정거장 계획인 액시움 우주정거장Axiom Station에 투자하고 있다. 우리나라도 유인 우주를 준비하는 일환으로 국제우주정거장, 상업우주정거장, 달 우주정거장 등 다양한 프로그램에 참여할 필요가 있다.

해외에서는 우주 거주를 위한 수송시스템으로 우주 비행기가 개발되어 운용 중이다. 대표적인 것은 미국의 우주왕복선 후속인 시에라 스페이스Sierra Space Corporation의 드림체이서Dream Chaser 유무인 겸용 우주 비행기이며, 미 공군은 보잉사 X-37B 무인 우주 비행기를 장기적인 지상과 우주 공간 감시정찰 목적으로 운용하고 있다.

우주 건설은 거주의 필수 인프라이다. 토양이 지구와 다르고 중력·대기도 다르며, 엄청난 먼지 폭풍, 극한 온도 등의 환경으로 지구상에서 건설하는 방식과는 다른 새로운 기술이 개발되어야 한다. 한편으로는 기술적 도전이며, 다른 한편으로는 엄청난 기회이다. 우리나라는 건설기술이 우수하고, 행성지질연구 역량도 있으므로 향후 다행성 시대에 세계 유인 우주산업에서 상당한 경쟁력을 가질 수 있다.

우주 사회의 모습

장기 지속 가능한 우주 거주를 하려면 다양한 우주 식품이 개발되어야 하고, 더 나아가서 먹거리의 현지 조달이 가능해야 한다. 한식이 세계를 휩쓸고 있는 요즘 K-푸드의 우주화는 매력적인 의제이다. 불을 사용하지 않는 조리, 오래 두고 먹을 수 있는 동결건조, 무중력에서도 먹을 수 있는 밀봉 상태의 흡식 등 다양한 방법이 개발되고 접목되어야 한다.

스마트팜의 우주화도 선제적으로 연구를 시작해야 한다. 우리나라의 농업기술은 생산력과 집약도 차원에서 볼 때 세계 최고 수준이다. 다양한 과일과 채소를 계절과 상관없이 비닐하우스에서 키우는 기법은 극한환경인 우주 공간과 행성에서의 작물 재배로 연계시킬 수 있을 것이다. 인류가 다른 행성에 많이 진출할수록 우리의 우주 농업산업은 비약적으로 커질 것이다.

미국 NASA는 유인 심우주 탐사 또는 행성에 거주하는 사람의 몸과 마음에 영향을 미치는 요인에 대한 해결도 서두르고 있다.

근골격계 약화, 심혈관계 혈행 문제, 인지능력 저하, 우주 방사선에 의한 암 발생, 정신심리 불안정, 수면 문제, 영양 불균형 문제 등을 연구하기 위하여 지상과 우주 환경에서 연구가 필요하다. 미국도 모든 의학 분야에서 연구를 진행할 수 없어 국제 협력을 추진하고 있다. 우리나라의 우수한 의학 인력과 인프라를 이용하면 향후 인류의 심우주 탐사에 기여할 수 있을 것으로 기대된다.

또 우주에서 사회를 구성하면서 생겨나는 경제 활동에 많은 직업군이 필요하게 될 것이다. 건축업자, 의료인, 농부 외에도 정보, 전산, 교통, 음식 분야에 종사하는 이들이 생겨날 것이다. 물, 산소, 온열용품 등 우주에 특화된 상품을 개발하여 판매하는 이들도 등장하고, 사회를 조직화하면서 생겨나는 행정기관, 정치인도 필요하게 될 것이다.

현재 전 세계 우주 시장 중 유인 우주개발 시장은 3% 정도에 불과하지만 향후 우주 생산과 유인 달과 화성 탐사가 본격적으로 시작되면 규모가 급격하게 커질 것으로 예상된다. 다른 나라도 국제우주정거장 미션 말고는 대부분의 유인 우주가 새로운 분야에 해당되기 때문에 우리가 선점한다면 경쟁력을 확보할 수 있다.

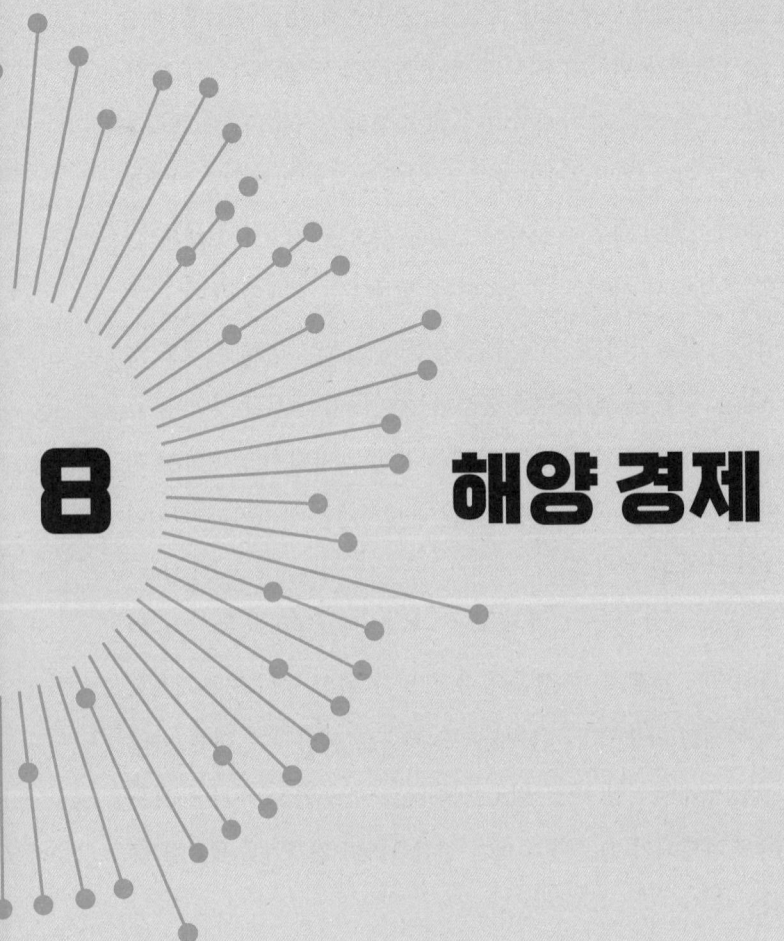

8 해양 경제

한때는 문화를 전파하는 고속도로였고, 식민지를 서로 차지하려고 다투는 전장이었던 바다. 여전히 지구 표면적의 70% 이상을 차지하는 그 바다는 현재 그리고 미래의 우리에게 어떤 존재로 다가올까?

지구상의 재화와 용역을 이동시키는 물류의 대부분은 바다를 통해 이루어진다. 지구 온난화를 해결하는 절대적인 역할도 바다의 몫이다. 바다는 에너지와 광물 등 무궁한 자원을 품고 있는 성장의 화수분이며, 인간이 해양레저를 즐길 수 있도록 휴식의 공간을 내어주는 행복의 터전이다.

제한된 육지 중심의 사고에서 벗어나 해양 중심으로 발상의 대전환이 필요하다. 바다를 이용한 '해양 신산업'은 지속 가능한 우리의 미래를 위한 보물 창고이다.

휴식과 힐링, 해양레저산업

김충환
경기도 해양레저산업 전문위원. 단국대에서 경영학 박사학위를 취득했다. 경기국제보트쇼 기획, 경기해양레저인력양성센터 개설, 경기해양레저포럼 운영 등 해양레저산업 육성을 실천하고 있다.

정우철
인하공업전문대 조선기계공학과 교수. 인하대 선박해양공학과에서 학사와 석사를, 히로시마대에서 선박해양공학 박사학위를 취득했다. 해양레저산업 정책 발굴과 기술 개발 연구를 수행하고 있다.

바다의 주된 사용자는?

소득과 여가시간이 늘면서 보팅, 요팅, 낚시, 서핑, 스쿠버다이빙, 카누와 카약 등 해양레저 활동 인구는 빠르게 증가하고 있다. 동력수상레저기구 등록 대수는 2023년에 3만 5천 척을 넘어섰고, 조종면허 취득자도 30만 명을 넘겼다. 해양수산부 집계에 따르면 서핑 인구는 100만 명, 낚시 인구는 750만 명을 웃돈다. 중장년층이 다수였던 낚시 사용자 중 20~30대 비중은 38%, 여성도 37%에 이르는 등 해양레저는 젊어지고 남녀가 함께하는 국민 레저활동으로 다양화, 대중화되고 있다.

이에 반해 어가 인구는 감소세다. 연안 수산자원의 고갈, 어민의 노령화 등의 이유로 어가 인구는 2011년 17만 7천 명에서 2023년 8만 7천 명으로 51% 감소했다. 반면, 조종면허자 수는 2011년 약 11만 1천 명에서 2023년 32만 2천 명으로 3배 가까이 증가했다.[1] 지난 10여 년간 바다의 주 사용자는 어민에서 해양레저 활동 인구로 역전되었다.

2022년 경기국제보트쇼 참관객 대상 설문 결과에 따르면 지난 1년간 해양레저 활동에 100만 원 이상 지출했다는 응답은 2019년 57%에서 63.5%로 6.5%p 증가하였다.[2] 연간 500만 원 이상 지출도 23.5%에서 27%로 증가한 반면, 연간 50만원 이하 지출 비중은 30.6%에서 17.5%로 줄어든 것으로 나타났다. 1회성 활동과 지출보다 반복적인 활동과 참여를 통해 지속적인 소비가 이루어진다는 것을 알 수 있다.

'향후 해양레저 제품을 구매할 의향이 있는가'에 대한 질문도 2019년 65.5%에서 2022년 73.3%로 높아진 반면, '제품 구매의

---

[1] 해양경찰청, 동력수상레저기구 조종면허자수, 2024. 01
[2] 킨텍스, 2022 경기국제보트쇼 만족도조사 결과보고서, 2022. 04

사가 없다'는 응답은 8.5%에서 2.1%로 크게 감소하였다. 이는 해양레저 활동을 위한 소비욕구가 전반적으로 크게 상승하고 있다는 것을 의미한다.

해양레저산업과 하이테크의 결합

해양레저에 필수품목인 보트의 경우 대부분 자동차 엔진을 해상용으로 전환한 것이므로 온실가스를 감축해야 한다는 압박을 받아 왔다. 이러한 환경에서 전기에너지, 수소에너지 등 친환경 에너지로 전환이 진행되고 있다. 해상용 디젤 엔진과 비교할 때 디젤 하이브리드 엔진은 연료 소모율을 약 60% 감소시켰으며 정비 시간과 정비 효율성까지 개선했다. 전기 배터리를 이용한 전기 보트는 수면 저항성을 줄이기 위해 수면 위로 항해하는 구조로, 기존 보트보다 적은 에너지 소모로도 더 멀리 갈 수 있는 기술을 적용하였다.

2023년 경기국제보트쇼 국제컨퍼런스에 참가한 크레이그 리치Craig Ritchie 글로벌 보팅산업 전문지International Boat Industry 북미특파원은 세계 보팅산업을 이끄는 기술로 태양광 패널, 광발전 페인트, 투명 태양전지, 배터리 급속충전, 자율주행 등을 제시하였다. 세계 해양레저 선진국들은 발빠르게 기술 개발과 표준 제정에 매진하고 있다.

관광산업은 공장이 없어도 소득을 올리고 고용을 창출한다는 매력을 갖고 있어 세계 모든 국가가 관심을 가지고 육성한다. 우리나라도 육상관광에 의존하던 범위를 바다로 확대시키기 위하여 2024년 〈해양레저관광 진흥법〉을 제정하여, 국민 건강휴양 증진을 위한 해양레저관광 활성화의 법적 근거를 마련하였다.

해양레저 활동과 해양관광은 높은 연관성을 가지고 있다. 만족도 측면에서 해양관광 경험이 있는 응답자는 해양레저 활동에 61.7% 만족한다고 응답한 반면, 해양관광 경험이 없는 사용자는 해양레저 활동 만족 응답이 43.8%에 불과하였다. 즉, 해양레저 활동 경험이 있는 사람들은 해양레저 활동에 대한 만족도가 높으며, 해양레저 활동을 많이 할수록 해양관광 경험치도 높았다. 바다 방문에 대한 응답도 동해바다 89.4%, 제주바다 79.6%, 남해바다 77.8% 등 매우 높은 비율로 바다 방문 경험이 나타났다.[3]

마리나Marina는 레저선박을 계류하는 공간이지만 소비력을 갖춘 사람들을 집객할 수 있다는 점에서 마리나 주변의 수변개발은 큰 경제적 가치를 유발한다. 마리나를 중심으로 도시개발계획을 수립하고 신사업을 발굴하는 등 개발사업을 통해 부동산 가치를 높일 수 있다. 또 마리나는 상호간 레저선박 운항의 기항지로서 기능하므로 수상 교류 활성화에도 도움이 된다. 이러한 수변 개발사업은 수변 지역으로의 교통 등 접근성 개선, 수변 조망

---

[3] 경기평택항만공사, 2022. 12, 경기바다 인지도 및 만족도 조사 결과보고서

개선 등 지역의 가치를 높이고 지역 소비를 촉진하는 긍정적 효과를 낳는다.

해양레저와 해양관광의 가치

해양레저산업은 소수의 특정인이 아닌 국민 다수가 '힐링'을 위해 찾고 회복하는 미래지향적 산업이다. 경제적 가치는 해양레저 소비뿐만 아니라 보트와 요트 등 해양레저 장비, 기자재 등 제조 분야와 마리나, 수변 시설 등 해양레저 인프라 분야까지 포함된다. 특히 4차 산업혁명 시대를 맞아 배터리, 자율주행 등 친환경 에너지와 하이테크 기술은 우리나라가 세계 해양레저산업의 첨단 기술을 선도할 기회이기도 하다.

하이테크 중심 해양레저 R&D 센터 건립, 안전을 위한 사용자 교육과 정비인력 배출을 위한 해양레저 전용 교육센터 구축, 좁은 면적에 다수의 레저선박 보관이 가능한 소형 레저선박 전용 계류시설$^{dry\ stack}$, 주요 포인트별 레저선박 슬립웨이^{slipway} 건설, 주요 유인도의 레저선박 접안시설 등 지금은 인프라와 기반시설을 중심으로 시작해야 한다. 이를 추진할 수 있는 중앙정부 내 실·국 수준의 해양레저 전담조직과 수행기관 신설 등 해양레저 거버넌스 구축이 필요하다.

이를 통하여 기대되는 효과는 우선, 해양레저산업 분야의 기술 경쟁력 확보를 비롯하여 시장 선점 효과를 기대할 수 있다. 특히 우리나라의 IT, 자동차, 섬유, 조선산업 등과 연계성 및 시너지가 높아 빠른 시간 내 기술경쟁력을 확보할 수 있을 뿐만 아니라 관련 산업이 어려울 때 위기를 돌파하는 대안이 될 수 있다. 인공지능과 디지털 등 4차 산업혁명 시대에 부합하는 디지털 대한민국의 주요 산업으로 자리매김할 수 있을 것이다. 그리고 해양레저산업 성장은 소비시장과 제조, 유통, 교육, 금융에 이르는 생태계를 형성하며 창업과 양질의 일자리를 만들어낼 수 있다. 무엇보다 해양레저산업을 통해 국민의 휴식과 힐링에 도움을 주어 행복지수를 높이고 건강한 삶에 기여할 수 있다.

스마트 조선, 친환경 조선

이장현
인하대 조선해양공학과 교수. 서울대 조선해양공학과에서 학사, 석사, 박사학위를 취득하였다. 선박 설계 및 생산 분야의 IT 자동화 등을 연구했으며 현재 인공지능을 활용한 설계 및 생산 기술 개선에 노력하고 있다.

류민철
국립한국해양대 친환경선박기술실증센터 교수. 인하대 조선공학과에서 학부를, 서울대 대학원에서 석사와 박사학위를 취득하였다. 친환경 및 자율운항기술에 대한 연구와 글로벌 산업협력 활동을 하고 있다.

바다의 자율주행

자율운항 선박이 미래의 선박으로 현실화되고 있다. 선박의 자율운항은 운항 데이터와 AI를 결합하여 안전하고 효율적인 해양 운송을 가능하게 한다. 특히, 무인 대양 운항 선박의 경우 선내 로봇 기술과 통합하여 유지보수 및 안전관리를 자동화하는 방향으로 발전하고 있다. 자율운항 기술은 연료비 절감과 해운업계의 인력난 해소를 위한 핵심기술로 주목받으며, 세계 시장에서도 수요가 증가하는 추세다. 우리나라에서는 2030년대 초까지 완전 무인 자율운항 기술(레벨 4) 확보를 목표로 연구개발을 지속하고 있다. 그러나 디지털 트윈digital twin, 자율적인 고장 진단과 방지 및 선내 유지보수, 사이버 보안, 친환경 연료 기술과의 통합, 각종 제어 장비 등에 있어서 여전히 초기 단계에 머물고 있다.[1]

국제해사기구IMO는 2050년까지 선박 온실가스 배출량을 2008년 대비 100% 감축Net-Zero하는 목표를 설정했다.[2] LNG, 암모니아, 수소 등 친환경 연료를 활용하는 선박과 이 연료를 운송하는 선박이 매우 중요해졌다. 이러한 친환경 연료 인프라 확대는 단순한 선박 운항의 변화를 넘어 연료 생산, 저장, 운송 체계의 혁신을 요구하고 있다. 환경 규제 강화에 대비한 기술 개발은 조선산업의 지속 가능한 발전을 위한 생명줄이다. 심지어 영화에서나 볼 수 있는 돛으로 가는 선박, 연을 매단 선박, 원통형 돛Rotor Sail과 같은 독특한 풍력 장비, 갑판에 태양광 패널까지 설치하는 선박이 개발되고 있다. 불과 10년 이내에 친환경 선박 기술을 선점하는 국가가 세계 조선산업을 주도할 것이기에 선제적으

---

1 산업통상자원부. 자율운항 선박 기술 개발 및 규제자유특구 운영 현황 보고서, 2023
2 International Maritime Organization. IMO strategy on reduction of GHG emissions from ships.https://www.imo.org/en/OurWork/Environment/Pages/Greenhouse-Gas-Studies-2014.aspx, 2023

로 핵심기술을 개발하고 해상에서 실증해야 경쟁국과 격차를 유지하고 세계 시장에서 주도권을 지킬 수 있을 것이다.

스마트 조선, 친환경 조선

스마트 디지털 조선소 전환은 복잡한 선박 제조와 대규모 생산을 효율적으로 관리하기 위해 필수적이다. 우리 조선소도 스마트 조선소, 지능화 조선소, 초연결 조선소 등의 키워드를 중심으로 지능형 공장으로 변모하려고 노력하지만 거대한 설비, 고비용 설비 개선 비용이라는 장벽에 부딪혀 있다. 조선 특화 인공지능, 디지털 전환 인력도 부족한 상황이다. R&D 인력 확보, 디지털 전환 가속화, 친환경 생산 기술을 위한 정부 지원이 결합된 전략이 필요하다.

선박 건조는 글로벌 공급망이 필수다. 선박 엔진, 프로펠러, 전자 장비 등은 세계 다양한 공급처에서 조달된다. 따라서 공급망 불안 요소가 산업에 큰 영향을 미친다. 선박을 이루는 단순한 선체만으로는 경쟁력이 없다. 선박에 탑재되는 장비가 경쟁력의 원천이다. 결국 조선산업은 글로벌 공급망 의존도를 줄이고, 핵심 장비의 국산화, 친환경화, 스마트화를 추진하여 경쟁력을 강화해야 한다.[3]

---

3   산업통상자원부. 조선 산업 공급망 안정화 및 국산화 전략 보고서, 2023. Retrieved

우리 조선산업은 중국의 추격을 따돌리기 위해 고부가가치 선박, 친환경 선박, 자율운항 기술 등 차별화된 기술력을 바탕으로 경쟁력을 강화해야 한다. 특히 LNG 운반선, 초대형 원유운반선 VLCC 대형 컨테이너선 분야에서 기술 우위를 유지하면서 수소 및 암모니아 추진 선박과 같은 친환경 선박 개발에 박차를 가할 필요가 있다. 또 스마트 조선소 구축을 통해 생산성과 효율성을 극대화하고, 디지털 전환과 인공지능^{AI} 기반 기술을 도입하여 경쟁 우위를 확보해야 한다. 중국의 대량 생산 전략에 맞서 기술력과 품질을 기반으로 한 프리미엄 시장을 공략해야 하며, R&D 투자 확대와 글로벌 규제 변화에 선제적으로 대응하는 전략이 요구된다.

제한된 R&D 예산을 친환경 선박, 자율운항 선박, 조선소 디지털 전환 등의 인력에 집중적으로 투자해야 한다. 조선해양공학 인력의 경쟁력을 강화하지 않으면 글로벌 조선산업에서 주도권을 중국에 빼앗길 위험이 크다. 조선해양공학을 전공하는 학생도 정책적 분야로 지정해야 할 때가 되었다. 해양 디지털 전환 및 자율운항 선박 개발을 위해 새로운 교육 모델이 필요하며, 이는 지속 가능한 기술과 인력 양성을 위해 필수적이다.

from https://www.motie.go.kr/motie/ne/presse/press2/bbs/bbsView.do?bbs_seq_n=164105

디지털 전환에 필요한 전문인력

우리나라 조선산업은 2015년부터 2017년 사이의 대규모 불황을 겪으며 숙련공 이탈과 고용 불안정이라는 구조적 문제에 직면했다. 특히 고부가가치 선박 수주가 증가하는 상황에서 고급 기술 인력의 수급 불균형은 조선소의 생산 일정에 직접적인 영향을 미치고 있다. 이러한 인력 문제를 해결하기 위해 외국인 노동자 채용을 확대하고 있으나 언어 장벽, 숙련도 부족, 현장 관리의 어려움 등 새로운 과제가 발생하고 있다. 노동 문제만이 해결책은 될 수 없다. 스마트 조선소로 전환, 인공지능과 로봇을 이용한 인력 대체와 같은 기술적 진전이 동시에 진행되어야 한다. 노동 인력에 있어서 디지털화, 세계화, 인구 통계적 변화(고령화, 이주), 문화적 변화는 우리 조선산업의 또 다른 과제이다.

친환경 선박, 자율운항 기술, 디지털 전환, 교육 체계의 변화, 고숙련 노동 인력의 확보와 같은 혁신적 변화는 산업의 지속 가능한 발전을 위한 필수 요소로 자리 잡았다. 이에 따라 한국 조선산업은 전통적인 강점을 넘어 스마트 기술과 친환경 기술의 선제적 확보를 통해 미래 성장 동력을 마련해야 한다.

특히 정부와 민간의 전략적 협력, 인력 양성과 연구개발R&D 투자의 강화, 글로벌 공급망의 안정화는 조선산업의 경쟁력 유지에 필수적이다. 청년층의 유입과 기술 인력의 지속적인 양성, 그리고 디지털 전환에 필요한 전문인력 확보는 장기적인 산업 성장의 핵심 과제가 될 것이다. 또한 국제 해사 규제와 글로벌 환경 기준 변화에 적극 대응하고, 혁신적인 설계 및 생산 기술을 통해 글로벌 친환경 선박 시장을 선도해야 한다.

조선산업은 전통적으로 고용 창출과 연계산업 동반 성장에 크게 기여하는 산업 분야이다. 그동안 축적된 기술과 연계한 '디지털', '에너지', '친환경' 등 4차 산업혁명 시대를 선도하는 국가 전략산업으로 육성하는 로드맵이 실행된다면, 지역 균형 발전과 일자리 창출을 통한 사회 안전망 구축에 크게 기여할 것이다.

탄소중립 해양에너지

이진학
한국해양과학기술원 해양공간개발·에너지연구부 부장(책임연구원). 한국과학기술원 기계공학과에서 학사를, 토목공학과에서 석사와 박사학위를 취득했다. 한국해양과학기술원에서 항만공학, 해양에너지, 해상풍력 분야의 연구에 참여하고 있다. 국제기술표준화기구인 IEC, 국제에너지기구 해양에너지 분야 한국대표 등을 맡아 국제 협력에 기여하고 있다.

해상풍력과 해상태양광

탄소중립 목표를 달성하기 위한 노력이 전 세계적으로 펼쳐지고 있다. 우리나라의 경우 해양, 토목, 기계, 전기전자, 조선 등 여러 부문의 산업 역량을 최대한 활용하여 국가 경제를 활성화하면서 바다의 바람과 태양, 조석潮汐이 가지고 있는 에너지를 이용하는 것도 중요하다.

현재 우리나라 전력 생산의 약 10%를 담당하고 있는 신재생에너지 분야는 우라늄이나 화석연료를 이용한 발전보다 대체로 비용이 많이 소요되고, 계절이나 날씨에 영향을 받아 전력망에도 부담이 될 수 있다. 특히 해양에너지는 해상풍력과 조력발전을 제외하면 아직 기술성숙도가 낮아 더 많은 연구개발이 필요하다. 기술성숙도를 높이고 경제성을 확보하여 관련 산업을 육성하기 위해서는 미래지향적으로 더 많은 투자가 필요하다. 바다는 많은 사고가 발생하는 위험한 공간인 동시에 우리에게는 또 다른 기회를 주고 있다.

해상풍력은 가장 많은 관심을 받고 있는 분야이다. 2017년 30MW급 규모의 탐라해상풍력단지가 본격적 상용운전을 시작한 이후 60MW급 규모의 서남해, 34.5MW급 영광, 100MW급의 한림해상풍력단지가 건설되어 운영 중이며, 96MW급 전남해상풍력1단지도 시운전 중에 있어 우리나라에서도 해상풍력은 이제 본궤도에 오른 것으로 보인다. 그러나 시공 중인 국내 최대 365.4MW급 영광 낙월해상풍력에서 이슈가 되고 있는 설치 선박 등 관련 인프라의 문제, 부족한 배후항만과 전력계통의 문제, 그리고 신재생에너지 공급 의무화 제도(Renewable Portfolio Standard, RPS) 개선 등이 해결되어야 하는 과제로 떠오르고 있다. 이런 이슈를 해결하고 해상풍력발전 산업을 활성화하기 위하여 국회에도 여러 논의를 거쳐 2025년 2월 27일 본회의에서 〈해상풍력 보급 촉진 및 산업 육성에 관한 특별법(해상풍력특별법)〉과 〈국가기간 전력망 확충 특별법(전력망특별법)〉을 통과시켰으며, 산업부, 해수부 등 관련 부처에서도 해상풍력 산업을 육성하기 위해 노력하고 있어 향후 해상풍력 산업은 더욱 발전할 것으로 기대된다.

육상태양광의 경우 포화상태에 이르고 있으며 국내 재생에너지를 이용한 전력 생산량의 50%를 차지하고 있다. 그러나 태양광발전의 경제성이 계속 향상되면서 보급을 더욱 확대하기 위하여 41MW급 합천댐 수상태양광 발전소가 운영 중에 있으며 47.2MW급 임하댐 수상태양광 사업도 진행 중이다. 네덜란드와 싱가포르의 경우 해상태양광도 소규모로 설치하여 시험운전 중이나 아직 국내에선 기술적 타당성을 검토하고 있는 단계이다. 해상태양광 기술이 발전하면 향후 급속한 보급이 이루어질 것으로 예상되는 해상풍력단지 내에 해상태양광을 적용하여 해상풍력-태양광 복합발전단지를 구축하는 것도 가능해 관심이 증가하고 있다.

풍부한 조력·조류 에너지 자원

우리나라는 삼면이 바다로 둘러싸여 있어 조력, 조류, 파력 등 해양에너지 자원이 많이 부존하고 있다. 조력발전의 경우 세계 최대 규모의 시화호조력발전소가 2011년 건설되어 운영되고 있다. 농지 및 산업용지 확보 등을 위하여 시화방조제를 건설하였으나, 해수 유통이 차단되어 시화호 내 수질오염이 심각한 수준에 이르러 시화호의 담수호 계획을 포기하고, 수질 개선 및 생태계 복원과 함께 깨끗한 전력을 생산하기 위하여 시화호조력발전소 건설 프로젝트를 추진하였다. 시화호조력발전소 운영 이후 화학적 산소 요구량은 17.4ppm에서 2ppm으로 크게 감소하였고, 저서생물 출현종은 77종에서 236종으로, 조류 출현종은 80종에서 143종으로 증가하여 방조제 건설 전의 시화호에 근접한 환경으로 복원되었다. 시화호조력발전소의 성공적인 건설 이후 국내에서는 가로림조력, 강화조력 등 여러 조력발전소 건설 기본계획 및 타당성 조사가 다수 진행되었으나 방조제 건설로 인한 갯벌 면적 감소 및 생태계 변화 등의 환경문제를 극복하지 못하고 좌초된 바 있다. 이러한 사실에서 알 수 있듯이 조력발전의 경우 하구나 만 입구에 방조제를 건설해야 하는 신규 조력발전소 건설 사업은 환경문제 등으로 추진이 어려운 상황이다.

현재 국내에서는 시화호조력발전소를 운영하는 K-Water에서 기존 254MW 설비용량을 늘리기 위해 노력하고 있다. 한국중부발전(주) 등 발전공기업은 서해안의 부남호, 화성호, 새만금 등 방조제가 건설된 곳의 수질 악화 문제를 해결하기 위한 역간척사업과 연계하여 중소 규모의 조력발전소 건설에 대한 타당성을 검토하고 있다. 역간척사업과 연계하여 조력발전소를 건설하는 경우 수질 개선과 함께 깨끗한 전력을 생산할 수 있어 친환경 개발을 가능하게 한다. 앞으로 이러한 역간척과 연계한 조력발전을 활성화하기 위해서는 산업부, 해수부, 농식품부, 환경부 등 관계부처 간의 협의가 필요하고, 또한 발전공기업의 관심과 투자도 필요하다. 만약 역간척과 연계한 조력발전소 건설이 성공을 거둔다면 조력발전에 대한 인식이 전환되어 우리가 가진 풍부한 조력 에너지 자원을 적극적으로 개발할 계기가 될 것이다.

우리나라는 2000년대 초부터 조류발전과 파력발전 등 해양에너지에 대한 연구개발을 시작하여 현재 선진 외국 기술을 많이 추격하고 있다. 조류발전의 경우 2009년 울돌목시험조류발전소를 건설하여 현재도 운영하고 있으며, 이후 지속적인 연구개발을 통하여 조류발전시스템의 기술 수준을 크게 향상시키고 있다. 국내에서 조류발전이 가능한 해역으로 백령도, 경기만 동·서수로, 천수만, 울돌목, 장죽수도, 맹골·거차수도 해역이 있으며, 총 10GW 이상의 조류발전 개발이 가능한 것으로 분석되고 있다. 한편, 국내 조류에너지 자원량의 약 80%가 집중되어 있는 진도군과 신안군에서는 조류발전에 대한 관심이 높으며, 신안군의 경우 2023년 기초단체 중 최초로 조류발전산업 육성 및 증진에 관한 조례를 제정하였고 현재 조류발전 육성 기본계획을 수립하고 있다. 한국중부발전(주) 등 발전공기업도 조류발전에 관심이 높아, 정부도 조류발전 중장기 개발 계획 등을 수립하여 이들 공기업의 투자를 활성화시키는 것이 필요한 시점이다.

바다에서 만들어가는 탄소중립

우리나라는 현재 석유, 석탄, LNG 가스 등을 많이 수입하는 국가이면서 에너지 다소비 국가로 꼽힌다. 따라서 2050 탄소중립 목표를 달성하기 위해서는 해상풍력, 해상태양광, 조력·조류 등 해양에너지를 보다 적극적으로 개발하여 이용하는 것이 필수적이다. 그러나 아직까지 이러한 해양에너지의 발전 단가가 석탄화력이나 원자력발전에 비하여 높기 때문에 기술 개발과 소규모 발전단지 개발을 통하여 기술력을 높이고 경제성을 향상시키는 것이 필요하다.

이를 위해서는 정부의 일관성 있고 장기적인 지원이 필요하다. 바다는 무한한 에너지를 가지고 있고 이러한 에너지를 지혜롭게 사용할 때, 우리의 에너지는 보다 깨끗해지고 지속 가능한 미래를 만들어가는 데 큰 역할을 할 수 있을 것으로 기대한다.

지속 가능한
해양자원 개발

김종욱
한국해양과학기술원 대양자원연구부 책임연구원. 연세대 지구시스템과학과에서 학사와 석사를, 서울대 지구환경과학부에서 박사학위를 취득했다. 한국해양과학기술원에서 심해 광물자원 탐사와 연구에 참여하고 있다. 광물자원 특성과 생성환경을 이해하기 위한 연구를 수행하고, 공해상 심해 광물자원 탐사광구 확보에 기여하였다.

심해 광물자원의 가치

지난 세기 산업 발전을 견인해 온 화석연료의 대량소비는 환경오염과 기후변화를 초래하였고 보다 효율적이고 깨끗한 에너지를 생산하기 위한 에너지 전환의 중심에는 희소금속[1]이 자리하고 있다. 하지만 희소금속 수요가

---

1   희소금속은 희토류를 포함한 35개 광종 56개 원소로, 첨단소재에 필수적으로 활용되

폭발적으로 늘어나면서 이들 광물을 독점적으로 공급하는 특정 국가들에 대한 의존도가 높아지고 자원 무기화 추세도 확대되고 있다. 이에 따라 희소금속의 안정적인 대체 공급원으로 심해 광물자원이 다시금 주목받고 있다. 예를 들어, 태평양 심해에 존재하는 망간단괴에는 전기차, 스마트폰 등의 배터리 제조의 핵심 재료인 니켈이 전 세계 육상 니켈 매장량의 2배 이상 포함되어 있는 것으로 추정된다.

 심해 광물자원에 쏠리는 관심의 배경에는 여기에 포함된 다양한 희소금속들이 자리잡고 있다. 오래전부터 인간은 철, 금, 은, 구리, 납, 알루미늄 같은 주요 금속을 채굴해 왔고, 1970년대 이후 수많은 희소금속의 자기적, 화학적 특성을 이용하기 시작하여 신재생에너지, 2차 전지, 첨단 디스플레이와 IT 기술에 이르기까지 그 쓰임새는 점점 증가해왔다. 희소금속이 심해 광물자원에 농집되어 있다고 하더라도 그 양은 아주 소량이다. 처음 심해 광물자원에 대한 관심은 함량이 높은 금속들인 망간, 구리, 니켈, 아연, 코발트 등에 있었다. 이들 주요 금속들을 추출하기 위한 기술들은 이미 개발되어 있다. 하지만 지금의 심해 광물자원의 가치를 상징하는 희소금속 추출 기술은 아직 걸음마 단계이다. 심해 광물자원 개발의 성공(경제성)은 희소금속 활용 여부에 달려

나 지각 내 존재량이 적고 추출이 어려운 금속자원

있다고 해도 과언이 아니다.

 심해 채광이 가시화됨에 따라 국제사회에서는 개발과 환경보호 사이의 균형을 두고 논쟁이 격화되고 있다. 탐사광구를 보유하고 있는 일부 국가와 민간 기업들의 개발규칙 제정 촉구에 따라 국제해저기구ISA는 심해 채굴에 대한 개발규칙 초안을 마련하였지만, 규칙의 채택은 지연되고 있다. 환경단체와 일부 과학자들은 심해 생태계에 미칠 영향이 충분히 검증되지 않았다며 상업적 채굴에 반대하고 있다.

심해 자원 탐사기술

 우리나라도 일찍부터 심해 광물자원 가치에 주목하여 공해상에 망간단괴, 해저열수광상, 망간각 자원에 대한 독점탐사권을 보유하고 있으며 개발 가치가 높은 자원을 선별하기 위한 탐사를 지속하고 있다. 오는 2028년에 우리나라는 현재 보유하고 있는 모든 탐사광구에 대한 유망지역 선별을 완료하고 향후 채굴 신청을 할 수 있는 권리를 보유하게 된다. 따라서 심해 광물자원 개발에 필요한 핵심 기술들을 선별하고, 이들을 확보하기 위한 국가의 강력한 지원 정책이 필요하다. 우리나라는 세계 최초로 망간단괴 채광시스템을 개발하였고, 2015년 동해에서 시험 채광 및 양광에 성공하였다. 하지만 세계 경제 침체에 따른 심해 자원개발 위축으로 기술 개발 효과는 빛을 발하기 어려웠다.

최근 5년 사이에 심해 채굴에 적극적인 국가와 기업들은 채광 로봇을 개발하였고 일부는 태평양에서 실해역 시험 채광에도 성공하였다. 상업적 채광 단계로의 진입을 위해서는 심해 채광에 따른 생태계 파괴와 같은 환경 이슈를 극복하고 생물 다양성 보존을 담보할 수 있는 친환경적 탐사 채광기술의 고도화가 절대 필요하다.

상업적 심해 채굴이 가시화됨에 따라 과학자들과 환경단체를 포함한 일부 ISA 회원국들이 개발에 따른 환경영향의 심각성을 우려하며, 환경영향에 대한 분명한 안전성이 확립되기 전에는 상업적 채굴에 반대하고 있다. 이런 상황에서 세계적인 민간 기업들은 현재 심해 채굴에 대해 유보적 태도를 보이고 있다. 특히 친환경 정책을 강력히 추진 중인 국가들에서 전기차, 모바일폰, 배터리 등을 생산 수출하는 기업들은 기업 이미지와 수출 규제를 고려해 심해 채굴을 지지하지 않고 있으며, 심해 채굴을 통해 생산된 금속 사용을 자제하겠다는 세계자연기금[WWF]의 '심해저 광물 채굴 방지 이니셔티브'에 동참했다. 에너지 패러다임 전환을 내세우며 2024년 자국 배타적 경제수역에서의 심해 광물 채굴을 추진하여 의회 승인까지 받았던 노르웨이 정부는 최근 소수 정당의 환경파괴 의견에 따라 심해 채굴계획을 보류하고 중단하였다. 하지만 관련 규정 제정과 환경영향 평가를 위한 준비 작업은 계속 진행 중이다.

지속 가능한 해양자원 개발

심해 채굴을 바라보는 우려의 목소리는 결국 심해 환경에 대한 이해 부족에서 비롯된다. 따라서 심해 광물자원 탐사 및 개발에 따른 인위적 변화와 영향 파악을 위한 다각도의 심해 환경연구를 통해 광물자원이 형성된 심해 환경 특성을 이해하고 이를 바탕으로 지속 가능한 개발을 담보하기 위한 환경관리계획 수립이 필요하다. 조사 활동이 수행되는 특정 시기에 국한되지 않는 장기 심해 모니터링 시스템 개발과 운용기술 확보는 현장 탐사에 의존해 온 기존 조사 방법의 한계를 극복할 수 있는 한 사례이다.

심해 광물자원 개발은 국내 연관산업의 활성화 및 고용 창출이 가능하며 다른 산업에 비하여 생산유발효과가 높다. 현재 우리나라가 보유하고 있는 세 종류 광종(망간단괴, 망간각, 열수광상)을 모두 개발할 경우 생산유발효과는 2021년 기준으로 연간 14조 원에 이르는 것으로 평가된 바 있다. 물론 여전히 기술적, 제도적 불확실성이 높은 조건을 감안하더라도 심해 광물자원 개발의 높은 경제적 기대효과는 자명하다.

심해 광물자원 개발은 경제적 기대효과를 뛰어넘는 다양한 가치를 갖는다. 심해의 극한 조건에서 이루어지는 탐사 및 개발 기술의 난이도는 우주탐사 기술에 비견된다. 고해상도 센서, 로봇기술, 환경 모니터링, 환경 복원 등의 심해 자원개발 활용기술은 지구 표면의 70%를 차지하지만 대부분이 미지의 영역으로 남아 있는 심해의 탐사와 연구를 위한 핵심기술들이다. 심해연구는 광물자원뿐만 아니라 기후변화 연구, 새로운 생명체와 의학적 응용, 우주탐사와의 연계, 환경보호와 생태계 보전 등 인류의 미래와 지속 가능한 발전에 매우 중요한 역할을 하며, 다양한 분야에서 혁신을 가져올 수 있는 중요한 분야이다.

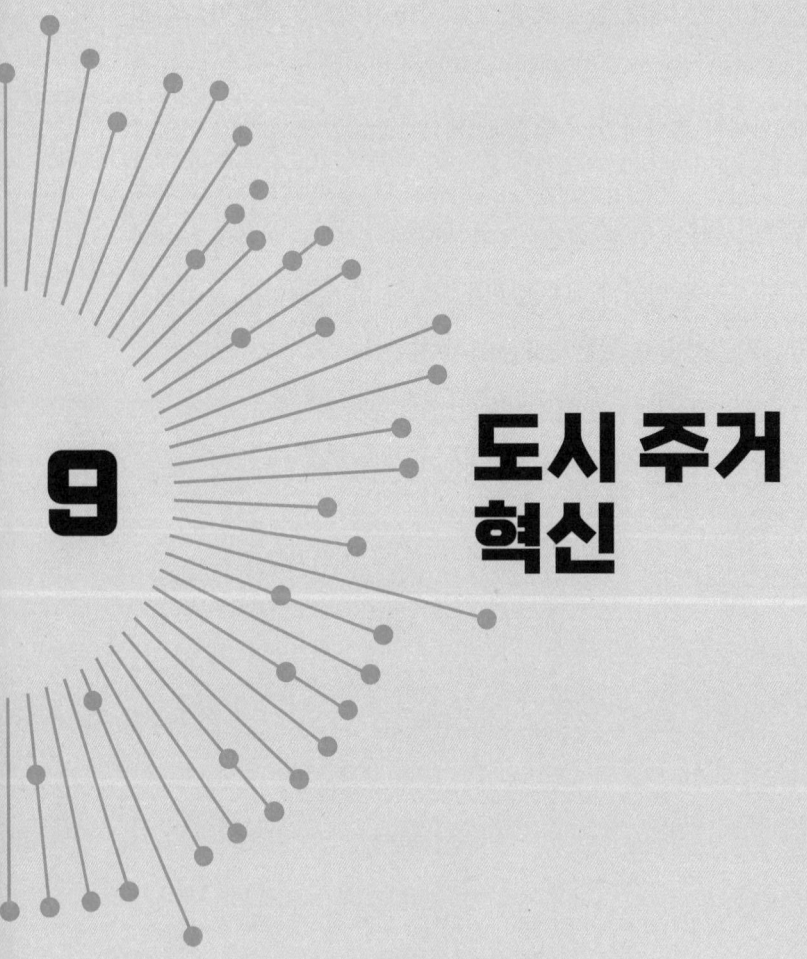

9 도시 주거 혁신

우리는 도시와 이를 구성하는 건축물에서 거주하고 있다. 우리나라의 도시화율은 빠르게 높아져 2023년에 92%를 상회한다. 그러나 급속히 변화하는 과학과 사회적 흐름에 비해 도시 주거 부문의 발전 속도는 상대적으로 더디기만 하다.

주거와 상업 등의 용도가 복합 개발되는 현대의 도시계획 흐름, 건축물 본연의 기능에 사물인터넷^{IOT}과 친환경적 요소가 더해지는 인텔리전트 빌딩에 대한 지속적 요구, 현장 노동집약적 건설생산 행태에서 탈피한 공장생산 OSC$^{Off\text{-}site\ Construction}$ 방식으로의 전환 등 도시 주거 분야의 글로벌 환경은 우리에게 많은 변화를 강제하고 있다.

도시 공간의 미래전환

김현수
단국대 도시계획부동산학부 교수, 사회과학대학 학장. 서울대 공과대학 도시공학과 졸업 후 서울대 대학원에서 도시공학박사를 취득하였다. 대한국토도시계획학회 회장, 국토교통부 중앙도시계획위원, 산업단지계획심의위원, 대도시권광역교통위원을 역임하였다. 김포한강신도시, 새만금수변도시, 고양창릉신도시, GTX복합환승센터 총괄계획가(MP)로 활동하고 있다.

혁신 인재가 모이는 도시

트럼프 대통령 2기가 시작되면서 관세·에너지·이민·군사 분야에서 전과 다른 변화가 진행 중이다. 첨단산업의 기술경쟁력을 강화하는 것이 국가경쟁력을 높이는 길이자 생존의 길이다. 혁신기업과 창의인재가 모이고 높은 부가가치를 만들어내는 장소, 도시 공간을 만들어내는 일이 도시계획가의 소임이다. 이런 공간은 기존의 산업단지, 도심업무지구, 교외연구단지와 다른 입지, 밀도, 형태 특성을 가진다. 대도시의 도심부에는 가용지가 없으니 저이용 토지, 기반시설부지를 입체적 복합적으로 콤팩트하게 활용하는 새로운 개발방식이 등장한다.

미래도시는 콤팩트한 거점compact들이 서로 연결된 모습network일 것이다. 시군별로, 생활권별로 개발사업과 기반시설을 배분하는 형태가 아니라, 여러 거점과 이를 연결하는 네트워크로 구성되는 모습일 것으로 전망된다.

입체화

도로와 철도를 지하화하여 지상부를 다양한 용도로 활용하고 기반시설을 중복 지정하는 입체적 도시 공간이 주목받는다. 용산국제업무지구, 삼성역 지하도시, 동탄신도시 지하고속도로, 하남 유니온파크, 대전역 복합환승센터 등이 대표적이다. 이들의 공통점은 기반시설의 입체·복합화이다. 이를 통하여 편리하고(동선 줄이기) 쾌적하며(입체공원) 높은 가성비(토지비 절감)에 더하여 환경 갈등 해소(소음, 진동, 혐오시설 갈등 완화)의 편익을 창출한다.

서울 용산국제업무지구에는 100층 안팎의 랜드마크가 들어서고 45층 건물을 잇는 보행자 스카이트레일sky trail이 설치된다. 또 지하부터 지상, 공중까지 사업부지 면적에 맞먹는 입체적 녹지가 조성된다. 강남구 삼성역 지하의 복합환승센터에는 2개 광역철도, 3개 도시철도와 광역버스에 더하여 공항터미널까지 연결된다. 도로와 철도로 단절된 도시 공간이 연결되면서 도시환경의 혁신이 일어난다.

도시계획시설의 입체·중복결정도 가능해졌다. 도로, 공원, 주차장 부지 위에 행정건물, 주택과 편익시설을 입체화 복합화하는 일이 늘어난다. 하남의 유니온파크는 생활폐기물처리시설을 지하화하고 지상부를 공원화한 입체복합시설이다. 폐기물이나 하수처리시설을 지하화하고 지상부를 공원이나 편의시설로 복합화하면서 갈등 해결의 해법을 찾는 사례가 늘어난다. 서울시는 도시정비사업의 입체공원제도를 도입하여 건축물의 상부를 공원으로 조성하고 입체공원 하부는 주차장과 주민편의시설로 활용하도록 하고 있다.

도쿄 시부야의 미야시타파크, 모리빌딩이 최근 완공한 도라노몬 힐스, 뉴욕의 허드슨야드Hudson Yard, 파리의 리브고슈Rive Gauche도 입체적 공간혁신의 사례이다.

복합화

용도지역제zoning는 19세기 산업화시대에 공장의 소음과 분진으로부터 주거를 보호하고 용도를 구분하기 위하여 도입된 계획수단이었다. 이제는 오피스, 연구소, 지식산업센터와 같은 생산시설이 오히려 주거와 융복합돼야 시너지를 내는 시대다.

도심복합개발사업도 활성화될 전망이다. 도정법에 의한 주택정비사업에 머물지 않고 도심복합개발사업법에 의한 공공개발사업으로서 리츠, 신탁 등 민간참여도 대폭 허용된다. 환승역세권 등 중심지를 대상으로 복합개발사업을 법정 상한 용적률까지 허용하되 준주거지역은 상한 용적률의 140%까지 허용하여 콤팩트한 융복합 거점을 조성한다.

주거와 상업과 공업의 용도 분리, 공공과 민간의 사업 시행 분리, 건축물과 기반시설의 시설 분리에서 기능적 형태적 복합화의 시대로 도시 공간은 전환 중이다.

콤팩트화

콤팩트시티가 도시개발의 새로운 트렌드로 부상한다. 왜 콤팩트시티인가?

첫째, 대중교통 중심도시다. 역세권 특히 환승역세권을 고밀 복합화하여 많은 시민이 대중교통을 편리하게 이용할 수 있다. 편리하고 쾌적하고 안전한 환승센터를 조성하고 주변 건물, 지역과 원활하게 연결되도록 한다.

둘째, 기후변화 대응도시다. 철도와 같이 온실가스 배출이 적은 친환경 대중교통 중심의 도시 공간 구조를 구축한다. 이동 거리를 최소화하도록 콤팩트한 복합거점을 조성하고, 친환경 대중교통을 이용하기 편리한 콤팩트한 도시계획이 필수다.

셋째, 혁신성장 거점도시다. 혁신기업과 혁신인력은 매력적인 대도시의 도심 환경을 선호한다. 이런 직주락職住樂 플랫폼에서 높은 부가가치와 좋은 일자리가 창출된다. 국가산업단지가 여기에 있는 것이다. 광역교통, 대중교통의 허브는 직주락 플랫폼의 핵심 요소이다.

넷째, 균형발전 거점도시다. 수도권 집중과 지역 소멸 위기를 극복하기 위해 '지역활력타운'과 같은 콤팩트한 정주 단위 거점 조성이 절실하다. 5대 광역시의 도심에 판교를 조성하는 '도심융합특구' 사업도 필요하다.

미래전환을 위한 실천

입체화·복합화·콤팩트한 도시공간을 창출하기 위해서는 기존의 공간 제도와 다른 접근이 필요하다.

첫째, 국토계획법에 도입된 공간혁신구역 제도는 입체·복합·콤팩트화 요구에 부합한다. 도시혁신구역·복합용도구역·입체복합구역의 3종으로 구성된 새로운 제도의 성패는 공간 재구조화 계획의 타당성에 달려 있다. 이를 위해 사전협상과 공공기여 산정이 합리적으로 이루어져야 하며 전문공무원의 확보 등 지자체 공무원의 역량 강화가 필수다.

둘째, 도로와 철도의 지상부 개발을 위해서는 지상부의 사권私權 설정에 대한 면밀한 검토가 필요하다. 지하화된 공공시설의 지상부를 수익화할 수 있어야 민간참여가 확대되고, 사업이 원활해지기 때문이다. 외곽의 단지형 개발과 달리 도심의 입체복합화 사업에는 민간참여 확대가 필수적이므로 국공유 재산의 대부 기간을 늘리거나 영구축조물 건축을 허용하는 제도개선이 필요하다.

셋째, 서울시는 도시정비사업에서 입체공원제도를 도입하였다. 주차장, 조경면적, 공원 등의 도시계획시설 설치를 입체화 복합화하는 방안이 확대돼야 한다.

넷째, 철도역의 환승센터는 입체화·복합화·콤팩트화의 핵심 연계시설이다. 환승센터 개발사업에서 공공재정 지원이 확대될 필요가 있다.

다섯째, 도심복합개발법이 본격적으로 시행될 수 있게 되었다. 부동산신탁, 리츠 등 민간참여 기회가 확보되었고, 용적률 인센티브도 주어진다. 기업 유치, 일자리 창출을 위한 행재정 지원도 필요하다.

여섯째, 도시 공간 구조를 계획하는 도시기본계획 등 기본계획을 수립할 때 거점연계형 공간구조 개념을 도입할 필요가 있다. 생활권, 읍면동 단위로 개발사업이나 기반시설을 평면적으로 배분하던 방식에서 거점과 연계하는 입체적 도시계획으로 전환이 필요하다.

콤팩트-네트워크 도시

김동근
경상국립대 겸임교수. 서울시립대에서 학·석사, 경상국립대에서 박사학위를 받았다. 1, 2, 3기 신도시 추진에 참여했으며 '개발제한구역 훼손지정비사업제도의 개선방안'(2020), '3기 신도시 개발전략 및 계획기준 수립 연구'(2020), '지방중소도시 도시구조 변화에 따른 도시발전 연구'(2021), '미래형 복합도시 주요 계획요소와 적용도 연구'(2024) 등을 수행하였다.

도시 공간 변화의 필요성

우리나라 인구는 2020년을 정점으로 감소세로 돌아섰고 경제활동인구(15~64세)도 2019년부터 감소하여 2046년에는 65세 이상 노인 인구가 경제활동인구를 추월할 전망이다. 이는 내수시장 위축 등 잠재성장률 하락세가 지속되는 인구오너스 demographic onus[1] 현상으로 이어져 저성장 국면을 고착화시키고 있다.

산업구조는 4차 산업혁명으로 대표되는 지식기반산업으로 전환되고 있다. 전통적 산업에서는 상품의 대량생산에 따른 '규모의 경제'가 중요하였다. 그러나 지식산업 시대에는 지식의 생산 및 기술과의 융합으로 새로운 것을 창조하기 위한 다양한 접촉과 혁신이 필수이고, 그것을 가능하게 하는 도심과 '집적의 경제'가 중요하다. 지식·창조산업 시대에는 핵심인재가 있는 곳에 기업이 입지한다. 인재가 선호하는 다양한 교류와 편의, 기회를 제공하는 경쟁력 있는 도시지역으로 핵심기능은 더욱 집중된다.

환경문제와 지구온난화에 대응하기 위해 지속가능발전목표^{SDGs}와 기후변화협약 이행체계에 세계가 편입되었다. 우리나라도 2019년 국가지속가능발전목표$^{K-SDGs}$를 수립하였고, 2050 탄소중립 목표 달성을 위해 온실가스 배출량을 2030년까지 2018년 대비 40% 감축하는 국가결정기여^{NDC}(2021) 방안을 발표했다.

지속 가능한 발전을 위해 모든 분야에서 변화에 대응하는 체계로의 전환이 필요하며, 도시 공간 또한 새로운 변화에 대응하는 혁신 구조로 변신할 것을 요구받고 있다.

---

1 생산가능인구가 전체 인구에서 차지하는 비중이 낮아지면서 경제 활동 참가율이 떨어지고 경제성장이 둔화되는 현상. 청년 비율이 높아 경제가 성장하는 '인구 보너스(Demographic Bonus)'의 반대 개념

콤팩트-네트워크 도시로

콤팩트-네트워크 도시$^{Compact \& Network City}$의 개념은 인구가 정체하거나 감소하는 상황에서 시가지를 집적화함으로써 공공서비스의 효율적 제공·관리, 에너지 소비 저감, 자연보존 등에 기여하고, 각 커뮤니티를 대중교통이나 지역 간 협업 또는 기능분담을 통한 네트워킹화로 소도시(소생활)권에서도 일정 수준 이상의 도시서비스 유지를 유지하거나 접근이 가능하도록 하는 도시 및 지역공간 구조 전략을 의미한다.

특징으로는 기반시설거점 중심의 고밀도 개발$^{Compact City}$, 복합용도개발^{MXD}, 철도나 대중교통 시스템과 보행 또는 자전거로 연계되는 효율적 교통시스템^{TOD}, 에너지 효율화, 재생에너지 활용, 충분한 녹지확보 등 친환경 개발^{ESSD}, 다양한 계층을 아우르는 사회 통합$^{Social\ Mix}$과 지역 간 기능 연계^{Network} 등을 들 수 있다.

우리나라 도시는 인구감소에 따른 생활 사회기반시설 운용의 비효율성과 탄소중립, 융복합적 기술혁신 환경 요구에 대응하여 에너지절약형 집약적 도시로 재구조화할 필요가 있다. 또 지역 간 격차와 지역소멸 문제를 고려하여 생활권역별 네트워크를 구축한 도시연합에 의한 공동대응으로 지역 문제를 해결하고 삶의 질을 높이는 토대를 마련하여야 한다.

콤팩트 전략①: 도시규모 적정화 계획

인구 성장 또는 성숙·안정형 거점도시(인구 50만 명 이상)의 외곽확산 방지와 인구 감소형 중소도시의 집약적 개발 유도를 위해 도시 규모 적정화 계획을 도입한다. 적정화 계획은 도시기본계획과 연계하되 별도로 도시의 변화 여건을 반영하여 중단기(5~10년) 계획으로 수립하고 피드백하여 성장 중심으로 치우칠 우려가 있는 도시기본계획을 보완한다.

확산이 우려되는 거점도시는 도시성장경계Urban Growth Boundary 개념을 포함하는 '확산억제형 적정화 계획'을 수립한다. 계획 방향은 기존 시가화 지역greyfield의 재생·정비에 우선순위를 두어 인센티브를 통해 콤팩트화를 유도하고, 불가피한 경우에 예외적으로 신규개발greenfield을 허용한다. 인구감소형 중·소도시(인구 50만 이하)는 '입지유도형 적정화 계획'을 수립하여 기존 시가화 지역이나 교통, 공공서비스 등 기반시설이 양호한 지역 중심으로 입지 유도 구역을 설정하고, 인센티브를 통해 집약적 시가화를 유도한다.

콤팩트 전략②: 입체도시개발 제도 도입

도시기반시설의 입체 활용을 위한 제도는 국토계획법에 도시·군계획시설 입체복합구역, 도시·군계획시설의 중복결정, 입체적 도시·군계획시설 결정 제도가 있으나, 시행을 위한 구체적 규정이

미비하고 국공유재산 관련법과의 관계가 명확하지 않아 사업으로 이행되기 쉽지 않다.

이를 해소하기 위해 기존의 도시개발법 체계를 활용하여 입체도시개발사업 제도 도입을 고려할 필요가 있다. 입체도시개발지구·사업 신설, 사업 가능한 기반시설 종류, 기반시설 활용에 따른 공공기여 방안, 사업시행자 범위, 효율적 관리를 위한 기반시설 관리 주체와 이해관계자 간 협정체결, 특히 기반시설 활용 시 국유재산법과 공유재산법의 특례를 도입함으로써 입체 공간의 안정적 이용과 재산권 행사가 가능하도록 할 필요가 있다.

거점도시 내 네트워크: 위계별 생활권 중심지 연계

도시 내 생활권 계획에 따라 설정된 대, 중, 소 생활권별 중심지 사이의 연계를 강화하여 다양한 서비스에 대한 접근이 원활하도록 체계화한다. 각 생활권은 N분 도시개념에 맞게 생활권 위계에 맞는 서비스 기능이 입지하도록 계획하여 보행, 자전거, PM$^{personal\ mobility}$ 등 근거리 이동 수단을 통해 접근이 가능하도록 하고, 중생활권 이상의 중심지는 미래형 교통수단을 포함한 교통 허브를 계획하고 주변을 대중교통 전용지구$^{transit\ mall}$로 지정하여 대중교통 중심 연계가 원활하도록 한다.

도시 간 네트워크: 지역 생활권역 통한 자립형 거버넌스

도시 간 네트워크 전략은 대, 중, 소규모 위계별로 도시 간 생활권역을 설정하여 도시연합 네트워크를 구축한다. 이를 통해 수도권 및 거대도시권에 대응하는 자립적 생활권역으로 발전을 유도한다.

대규모 생활권역으로는 시·도를 광역으로 통합하는 거점과 연계를 중심으로 하는 초광역권(메가시티)을 설정하고 수도권에 대응한 균형발전 거점이 되도록 한다. 권역의 통합적인 계획 수립과 거버넌스 구축을 위해 도시연합을 구성하여 초광역권 계획을 공동으로 수립하고 도심융합특구, 투자선도지구 등의 특화기능을 공동유치하여 도시 간 기능을 분담 및 연계한다.

중규모 생활권역으로는 거점도시(인구 50만 명 이상 대도시)를 중심으로 주변 중소도시와 네트워크를 구축하는 지역 생활권역을 설정한다. 소규모 생활권역으로는 강소도시(인구 10만~50만 명)를 중심으로 주변 소도시 및 농촌지역과 네트워크를 구축하여 강소도시권을 구성하여 공동으로 권역별 도시서비스, 기반시설 계획을 수립한다. 중앙정부는 부처별 지원정책을 권역별 계획에 따라 집중적으로 지원하여 자립기반을 유도한다.

제로에너지, 저탄소주택, 그린리모델링

고배원

(주)인테그라디앤씨 대표 겸 Innovative Design, Inc. CEO. 미국 Rensselaer Polytechnic Institute에서 건축공학 석사학위를 받았고, 한양대에서 학사, 박사 과정을 수료하였다. 국토교통부 "건축물 에너지 총량제 발전방안 연구", "민간건축물 그린리모델링 제도개선 방안 마련 사업", 서울시 "해외도시 건물 온실가스 관리제도 조사용역" 등을 진행했다.

주거 건축의 미래전환

주거 건축의 탄소중립을 이루려는 노력은 두 가지 쟁점과 마주하게 된다. 하나는 기축 건물의 딜레마, 다른 하나는 기술과 정책의 충돌 문제이다.

우선, 기축 건물을 어떻게 할 것인가? 739만 동, 연면적 42억 m^2의 건물이 2023년 현재 우리나라에 존재한다. 이 가운데 주거용이 458만 동, 19억m^2, 1,950만 호이고 아파트가 전체 주거의

64%를 차지한다. 연한으로 보면 20년 이상 된 아파트가 600만 호 이상이다. 이 중 400만 호 이상이 2050년까지 재건축 혹은 리모델링하게 될 것으로 예상되는데 이때 도입되는 기술과 정책이 탄소중립의 핵심 역할을 할 것이다.

국민 대다수가 점점 더 신축 대단지를 선호하는 추세다. 하지만 모든 기축 아파트들을 헐고 다시 짓는 재건축은 불가능할뿐더러 모든 국민이 신축 아파트로 이사할 수도 없다. 결국 리모델링 수요가 클 수밖에 없다. 문제는 리모델링의 초점이 평수를 늘리고 집값을 올리는 데 맞춰 있다는 것이다. 탄소중립 목표에 다가가려면 '그린리모델링'이 필수가 되어야 한다.

다음은 기술과 정책의 충돌이다. 주거 건축의 미래전환을 위한 세 가지 핵심 기술을 꼽는다면 안전, 탄소중립, 스마트홈이다. 많은 부분에서 이 세 가지는 교집합을 갖고 있다. 이들 세 기술 분야를 개발하여 적용할 때, 각종 건축 규제와 정책들이 발목을 잡는 경우가 많고, 규제와 지원이 따로 논다. 세심하고 통합적인 정책이 필요하다.

1. 제로에너지, 저탄소주택, 그린리모델링

제로에너지 인증 의무화제도는 2030년까지만 로드맵이 제시되어 있고, 그린리모델링 의무화는 논의와 연구만 산발적으로 있을 뿐, 구체적 계획이 제시되지 않고 있다. 이는 건설산업의 불확실성을 부추긴다. 신축과 기축, 에너지와 탄소배출량을 모두 포함하는 장기적인 정책 로드맵을 2050년까지의 탄소중립 목표와 연계하여 제시해야 한다.

기축 건물의 리모델링 수요가 가장 큰 이슈가 될 것이다. 이를 위해 그린리모델링 정책과 지원예산을 대폭 강화해야 한다. 그린리모델링이 민간에 확산되도록 과감한 지원과 인센티브, 그린리모델링 금융모델 등으로 수요를 유발하고 이후에는 의무화로 전환해야 한다. 이를 2050년까지의 로드맵에서 제시해야 시장이 예측가능성을 가지고 준비할 수 있다. 우리와 경제 규모, 인구, GDP에서 1.3~1.5배 수준인 영국은 그린리모델링 지원예산이 2023년 기준으로 연간 2조 7천억 원인 반면[1] 우리는 6분의 1 수준인 4천 7백억 원에 불과하다.[2]

건축물 온실가스 총량제와 생애주기 탄소배출량 산정제도를 묶어 '건물 온실가스 총량 관리제 K-LCAB^{Korean Life Cycle Assessment in Buildings}'를 도입하면 탄소중립을 위한 운영유지 방식이 개선되고, 재건축보다 리모델링이 활성화될 것이다. 환경규제가 강한 선진국으로 수출길을 열기 위해 자재 내재탄소^{embodied carbon}의 정

---

[1] 영국 정부의 언론보도자료, https://www.gov.uk/government/news/15-billion-to-improve-energy-efficiency-and-slash-bills

[2] 국토교통부 '23년 민간건축물 그린리모델링 이자지원사업 예산, 산업통상자원부 에너지절약시설 설치사업 예산, 에너지공급자 효율향상 시범사업 예산, 신재생에너지 보급확대사업 예산, 저소득층 에너지효율개선사업 예산을 합한 총액임

량화를 통해 환경성적표지Environmental Product Declaration, EPD를 국제 기준에 준하도록 정해야 한다.

2. 탄소중립 기술 개발

화석연료 기반의 난방은 탄소중립 달성에 최대 걸림돌이다. 도시가스를 사용하는 가스보일러와 지역난방을 점차 퇴출하고 전전화全電化 주택 기술을 개발해야 한다. 이를 위해 지역난방 공급지역의 지역난방 사용 의무화에서 전전화 의무화로 전환하는 등 정책적 뒷받침이 필요하다. 고효율 저온난화 냉매 히트펌프 산업을 육성하고, 특히 우리나라 특유의 고밀도 고층 공동주택용 바닥난방과 급탕 겸용 히트펌프를 개발하는 데 힘써야 한다.

건물의 에너지 공급과 저장, 분배를 혁신하는 기술도 중요하다. 고층빌딩이 집중된 도심에서 건물의 외장재에서 전력을 생산하는 BIPVBuilding Integrated Photovoltaics 기술과 전기에너지 저장장치Electric Energy Storage System, 폐열이나 재생열을 활용하여 난방용 온수를 공급하는 폐열 회수 장치, 난방을 위한 열에너지 저장장치Thermal Energy Storage System에도 투자해야 한다.

3. 스마트홈 보급의 걸림돌과 지원책

사용자 맞춤형 공간(냉난방, 보안, 조명, 환기 등)을 위해 개인정보보호법 개정이 필요하다. 재실 센싱 기술, 사용자 식별 기술, 무자각 무인지 제어 기술 등은 공간을 스마트하게 사용하고 에너지를 절감하는 기술이며, 많은 산학연에서 개발에 힘쓰고 있다. 다만, 이런 기술들을 실제 거주공간에 적용하려면 개인정보보호법이 걸림돌이 된다. 본인이 거주하는 공간의 스마트화에 사용되는 외부에 비공개되는 개인정보는 수집과 활용이 가능하도록 해야 한다.

안전과 탄소중립 기술과 교집합을 갖는 인공지능 기반의 스마트 제어 기술에 중점을 두고 R&D를 기획하고 예산을 집중할 필요가 있다. 스마트 제어 기술은 건물의 안전과 탄소중립을 달성하는 방법으로서의 통합 기술로 보고 연구와 정책을 준비해야 한다.

주거 건축의 미래전환과 탄소중립 정책이 효과적으로 실행되면 주거 환경은 지속 가능하고 혁신적인 방향으로 발전할 것이다.

첫째, 기축 건물의 그린리모델링 활성화를 통해 기존 건축물을 효율적으로 활용할 수 있다. 기존 아파트의 에너지 성능을 높이고 온실가스 배출을 최소화하여 탄소중립 목표를 달성하는 데 기여할 것이다. 이는 지속 가능한 건축 생태계를 조성한다.

둘째, 제로에너지 및 저탄소주택 확대는 기후 위기에 대응하는 해법이다. 전기 난방 시스템 도입과 BIPV 기술 개발은 주거용 건축물이 친환경 에너지 자립형으로 변화하도록 유도한다.

셋째, 스마트홈 기술과 인공지능 기반 제어의 확산은 에너지를 절감하고 생활의 편의성을 높인다. 개인정보보호법을 개정하여 스마트홈 기술이 활용될 수 있도록 규제를 개선한다면 편리하고 안전한 생활을 영위할 수 있다.

결국 건물 제로에너지화와 그린리모델링은 친환경 기술 정책에 그치지 않고 국민의 주거 복지와 안전, 주거 환경의 질적 향상까지 포괄하는 패러다임 전환이며 국민 누구나 안심하고 거주할 수 있는 지속 가능하고 스마트한 주거 환경을 제공하는 길이다.

건설 방식의 전환,
제조화 건설 OSC

안용한
한양대 ERICA 건축학부 교수. 미국 퍼듀대 학사, 오번대 석사, 버지니아 공과대학에서 박사학위를 받았다. 국가건축정책위원회 위원, 한양대 ERICA 공학대학 부학장, 스마트모듈러포럼 운영위원을 역임했다.

박철홍
한양대 ERICA 특임교수. 중앙대 학사, 단국대 석사, 경상국립대에서 공학박사 학위를 받았다. 한국ESG위원회 수석부회장을 지냈으며, 한국토지주택공사에서 부사장과 공공주택사업본부장을 역임했다.

건설산업의 생산성 위기

우리나라 건설산업은 경제성장, 인프라 구축, 주택 공급 그리고 국가 경쟁력 강화에 기여해 왔다. 국내총생산 GDP의 15~20%를 차지하며, 200만 명 이상의 근로자가 종사하는 대표적인 고용 창출 산업이기도 하다.

그러나 노동집약적 현장 생산 방식, 경직된 일정 관리, 관행적 작업 방식으로 인하여 건설산업은 위기에 직면해 있다. 기능 인력 측면에서도 젊은 계층의 3D$^{\text{Dirty, Dangerous, Difficult}}$ 기피 현상으로 신규 건설근로자 유입이 현저히 줄어 건설근로자의 평균 연령이 51세를 상회[1]하고 있다.

줄어든 젊은 인력은 외국인 근로자가 대체하고 있어, 2024년 말 기준 외국인 근로자의 비중은 16.4%[2]에 이르고 있다. 이에 따른 언어 소통 부재와 전문성 결여는 건설 품질 저하로 이어진다. 또 건설산업은 전 세계 온실가스 배출량의 약 25%를 차지하며, 환경·ESG(환경, 사회, 거버넌스) 분야의 사회적 요구는 날로 증가하고 있다.

이러한 문제들을 해결하기 위해서는 전통적인 현장 시공 방식에서 벗어나 공장 기반의 스마트 생산 방식인 OSC$^{\text{Off-Site Construction}}$ 건설로의 전향적 확대가 필요하다.

제조화 건설^{OSC}로의 전환

OSC는 구조물의 전체 또는 일부를 공장에서 제작한 후 현장에서 조립·설치하는 방식이다. 이는 기존의 현장 시공 방식과 비교하여 생산성을 대폭 향상시키고 품질을 균일하게 유지하며, 환경적 영향을 최소화할 수 있는

---

[1] 성유경, 건설산업의 청년인재 확보, 건설산업연구원, 2024. 12
[2] 건설근로자공제회, 피공제자 동향분석자료, 2024. 11 기준

혁신적인 건설 방식으로 평가받고 있다.

OSC에는 다양한 기술이 포함되며, 대표적으로 모듈러$^{\text{Modular Construction}}$, 패널라이징$^{\text{Panelized Construction}}$, 프리캐스트$^{\text{Precast Concrete Construction}}$ 방식 등이 있다. 모듈러는 건축물의 주요 구조와 인테리어를 공장에서 제작한 후 현장에서 조립하는 방식으로, 공공주택, 병원, 호텔, 학교 등의 건축에 효과적으로 적용될 수 있다. 패널라이징은 벽체, 바닥, 지붕 등의 패널을 공장에서 제작한 후 현장에서 조립하는 방식이며 주택, 상업·업무·물류시설 등에서 활용된다. 프리캐스트는 콘크리트 부재를 공장에서 제작한 후 현장에서 조립하는 형태로, 교량, 터널, 주차장, 고층 건물 등의 대형 인프라 건설에서 주로 사용된다.

우리나라에도 OSC 사례가 일부 있었으나 프로젝트별 분절적 적용으로 인해 기술 축적이 어려웠으며, 기존 공법보다 건설비용이 상대적으로 높아 시장에서 외면받는 실정이다. 그러나 노동력 구조 변화와 건설 품질 저하 등의 현실을 고려할 때 OSC 활성화는 필연적이며, 이를 위해 다음과 같은 정책적 지원이 필요하다.

제조화 건설^{OSC} 지원 방안

1. 법·제도 정비 및 규제 완화

OSC 건축물이 기존 현장 시공 방식과 전혀 다른 생산 방식을 갖는 만큼 이를 반영한 새로운 법·제도 정비가 필요하다. 건축법 및 주택법 개정을 통해 OSC 관련 규정을 명확히 하고, 공장에서의 생산 프로세스 및 부재에 대해서 사전 인증제를 도입하여 생산 품질을 강화할 필요가 있다. 또한 기존의 전통적인 건축 방식과 차별화된 모듈 접합 구조에 대해서는 새로운 내진, 구조, 소방 기준을 마련하고, 표준화된 설계 지침을 수립하여 OSC 공법의 품질을 균일하게 유지할 필요가 있다.

2. 공공의 선도적 도입(발주 쿼터제) 및 세제 지원

OSC 공법의 건설 원가는 높은 초기 투자비 및 운반비 추가 요인 등으로 기존 공법에 비해 상대적으로 높은 실정이다. 공장 제품의 특성상 대량 생산할 경우 규모의 경제에 따라 원가절감이 가능하며, OSC 공법에 최적화된 공사관리로 공사 기간과 인력을 절감할 수 있다. 따라서 산업의 마중물 역할이 가능토록 정부에서 발주하는 공사 물량에 OSC 공법을 일정 비율 이상 적용하고, 시급한 주택 공급이 필요한 재개발 순환 이주단지, 세대 규모가 작아 모듈 간 접합이 최소화되는 공공임대주택 등에는 우선 적용하여 산업 활성화를 도모한다. 또한 사업성 제고를 통한 OSC 활성화를 위해서는 설계 시 용적률 완화 등의 인센티브를 부여하고, 관련 기업에 세제 혜택 등을 제공한다.

3. 기술 개발 및 산업 생태계 조성

OSC 전용 스마트 건설 기술(자동화, AI, 로봇 공정 등) 개발을 지원하고, 국내 건설 기업과 제조업체 간 협력을 통해 OSC 전용 생산 플랫폼을 확대한다. 이에 필요한 연구개발 비용은 국가 연구개발 과제 공모 또는 정부와 기업의 공동 투자 매칭펀드 방식으로 지원하는 방안을 강구한다. 또한 OSC 전문 인력을 양성하기 위한 교육 프로그램 및 연구기관 지원도 필요하다.

4. 국제 협력 및 해외 진출 지원

OSC 선진국인 미국, 영국, 싱가포르 등과의 기술 협력을 강화하고, 글로벌 시장 진출을 위해서 국제 표준(EN, ASTM 등)과 국내 표준(KS 등)의 상호인정 협정 방안을 마련한다. 모듈러 주택에는 세계 최고 수준의 국내 가전제품을 주택과 일체로 제작·공급할 수 있도록 하여 건설산업과 가전 제조산업을 동시에 활성화하는 K-하우징 방안도 강구한다.

OSC 방식으로의 전환은 건설산업의 근본적 변화를 이끄는 핵심 전략이 될 것이다. 공장 기반의 스마트 생산 체계를 구축함으로써 건설 공정을 효율적으로 개선하고, 생산성을 획기적으로 향상시킬 수 있다. 이를 통해 공사 기간이 최소 30% 이상 단축될 수 있으며 대량생산 방식에 의한 비용 절감 효과도 기대할 수 있다.

공장에서 부재를 제작함으로써 균일하고 우수한 건설 품질을 생산할 수 있고 내구성이 향상되어 건축물의 기대수명이 높아지는 장수명 건축물을 지향할 수도 있다. 이는 불필요한 재건축 수요를 억제하여 사회적 비용을 절감하고, 산업 폐기물 및 온실가스 저감에도 기여하여 지속 가능한 건설환경 실현에 중요한 역할을 할 수 있다.

또한 OSC 방식의 확대는 건설업의 디지털 전환을 촉진하고, AI, 로봇, 자동화 기술의 도입도 가속화할 수 있다. 이러한 변화는 청년층의 유입을 유도하고 숙련 노동력 부족 문제를 해결하는 데에도 기여할 수 있다.

이에 대해 정부가 적극적으로 지원하고 제도적 정비를 추진하여 OSC 산업을 활성화하면 세계 최고 수준의 대한민국 제조업 분야와 같이 건설산업도 고부가가치 산업으로 전환될 수 있을 것이다.

지역 중심 시니어 돌봄

홍선
미래전환 이사. 한양대 도시공학과 박사과정을 수료했다. 민간 싱크탱크 희망제작소에서 지역활성화 정책을 지방정부와 함께 연구부터 실행까지 수행하였다. 이후 서울시와 서울시50플러스재단에서 일하면서 공공정책기획 및 중장년사업(교육, 일자리, 창업지원, 캠퍼스 운영)을 수행하였다. 체감도 높은 정책을 발굴하고 사업의 효과성을 높이는 방법을 연구한다.

노년이 건강한 사회

2024년 여름 정부는 「시니어 레지던스 활성화 방안」 계획을 발표하였다. 첫째, 민간 기업 참여 확대를 위한 규제 완화. 둘째, 저소득층 대상 고령자 복지 주택 공급 확대. 셋째, 자가 주택 계속 거주 지원 확대. 크게 3가지 축이었다. 현재 계획을 조금 확대하는 수준이었다. 그럴 수밖에 없었을 것이다. 공공의 주택 공급 정책과 고령자 돌봄 서비스 확대

정책은 노령 인구 비중이 높은 현실에서 보편적 적용이 쉽지 않기 때문이다.

우리나라는 2024년 12월 기준, 초고령 사회에 진입했다. 65세 이상 주민등록 인구수는 10,244,550명으로, 전체 인구의 20%를 차지한다. 65세 이상 인구의 1%인 단 10만 명이라도 혜택을 보게 하려면 정책을 원점에서 재검토해야 한다.

노인이 생활하기 좋은 공간에 최첨단 IOT 기술을 도입하여 실버주택 아파트를 짓고 낮은 임대료로 입주해 살 수 있다면, 그리고 돌봄 서비스를 제공하는 기관까지 입주한다면 환상적일 것이다. 그러나 가능할까? 우리보다 먼저 고령화 사회를 맞은 일본이 2005년 개호보험법 개정을 통해 지역포괄케어 community care를 도입한 것은 지역 실정에 따라 고령자가 익숙한 환경에서 자립적 일상생활을 할 수 있도록 돕겠다는 원론적 이유 외에 요양시설 건립이나 실버타운 건축 등으로 고령화 문제를 해결할 수 없고 사회보장 재정 고갈이 우려된다는 현실적 판단이 있었다. 우리 정부도 2018년 11월 '지역사회 통합 돌봄 기본계획'을 발표하며 통합 돌봄을 위한 로드맵과 중점 과제를 제시했지만 노인들은 여전히 외롭고 갈 곳이 없다. 더 보편적으로 많은 이들이 접근할 수 있는 지속 가능한 모델이 필요하다.

지역 중심 시니어 돌봄에는 무엇이 필요할까?

Aging in Place^{AIP}는 자신이 살던 집이나 지역사회에서 계속 생활하면서 나이 들어가는 것을 의미한다. 급격한 환경 변화를 겪지 않아도 되는 안정감이 있으나, 오래 산 지역이기에 주택과 기반 시설이 노후한 경우가 많다. 노인에게 필요한 서비스는 무엇일까? 독립적 생활이 가능한 정도에 따라 필요로 하는 서비스가 다르다.

- **주거 환경 개선** 고령자 친화적 주거 공간 개선(안전 손잡이, 동작감지센서, 문턱제거 등)
- **일상생활 지원** 식사, 목욕, 청소, 세탁 등
- **이동 지원** 차량 및 이동 지원, 병원 이동 등
- **건강 관리** 의료, 요양(간병, 수발) 등
- **정신, 심리** 관계, 여가 취미, 생활체육(운동 지원), 안부 확인 등

1. 지역이 노인 자립과 케어의 중심

노인을 위한 서비스는 경제적 측면(일거리, 보조금), 건강적 측면(의료 서비스, 돌봄 서비스), 관계적 지원 등이 필요한데 노인이 처한 상황에 따라 다르고 지역별로 큰 차이를 보인다. 지역별 특성(대도시, 도농복합도시, 농촌지역 등)에 따라 접근 방식을 달리해야 한다.

선진국들이 돌봄서비스 제공의 주체로 지자체에 역할을 부여하는 이유이기도 하다. 일례로 덴마크는 지자체가 재택돌봄서비스(홈케어)를 운영하는데 목욕, 청소, 말동무, 산책 등 옵션이 다양하고 아플 땐 하루 4~6회 방문 및 24시간 상주 서비스 신청도 가능하다. 덴마크의 노인돌봄 원칙은 '자립'이며 지자체가 돌봄 수준을 결정한다.[1]

2. 예산 배분은 더 정밀하게 설계

권역별, 동별 인구 특성을 파악하면, 노인 인구 비율 및 경제적 여건 등이 데이터로 나온다. 물론 인구가 집중되어 거주하는지 분산되어 거주하는지에 따라 일부 예산 조정이 필요할 수 있다. 이런 지표(권역별 노인 인구 비율, 경제 수준, 지역별 분산 정도 등)를 감안하여 공공 예산 투입 비율을 결정하고 예산 집행의 과학적 근거를 강화하도록 한다.

3. 공공과 민간이 역할 분담

노인이 되면 매 끼니 식사부터 병원에 다니고 이동하는 데 큰 불편이 따른다. 관계 단절은 말할 것도 없다. 사람마다 필요한 서비스가 달라 공공과 민간이 강점을 살려 역할을 나누는 것이 필요하다.

---

[1] 이소현, "세금 냈더니 노후보장. 나라가 돌봐주는 덴마크 노인들" 2023. 07.

- **일상 지원 노인 케어** ① 식사(공공시설에서 노인에게 저렴한 비용으로 점심 제공) ② 목욕+청소(민간 청소 플랫폼과 연계 등) ③ 차량 이동(모빌리티 플랫폼 회원제 서비스 연계) ④ 병원 이용(병원 동행 서비스, 동별 주치의 병원 지정)
- **데이터 기반 노인 케어** ① 생활 데이터(동작, 출입, 활동량)로 이상 징후 감지하여 건강관리 및 위기 응급 대응 ② '의료복지 디지털 플랫폼 구축'하여 사회복지 정보, 의약품 정보 등 확인 ③ '노인카드'를 발급하여 의료복지 서비스 신청뿐 아니라 교통카드 등으로 사용
- **노인 케어 스타트업 생태계** 돌봄 인력 확보가 어려워 로봇 등이 필요하며 이것은 스타트업 창업 기회. 정부는 시범사업(노인 움직임 지원 로봇, 돌봄 및 요양 로봇 등)을 추진하고, 노인돌봄 서비스 모델 마련을 위해 스타트업 테스트베드 사업을 추진하여 비용 효과적이고 실질적인 서비스 모델 창출
- **실버산업 정책화 및 제도화** 노인을 위한 서비스는 공공의 역할과 더불어 실버산업 성장도 중요

4. 노인을 위한 도시와 주택 공간 설계

전 세계 12개 존재하는 치매마을을 국내에 적용하려 하였을 때 지역주민 반대 소송에 패소해 백지화되었다. 추진 지역과 설립 지역이 달랐던 게 가장 큰 문제였을 것으로 보인다. 노인이 많이 살

던 곳에서 노인을 위한 공간을 만드는 게 필요한 이유이다.

노인을 위한 공간 설계는 건축적으로 기존 집을 노인이 생활하기 편리하도록 리모델링하는 것과 권역적으로 노인을 위한 집단시설 건립 및 공공 인프라 개선 등이 있다.

- **주택과 마을 리모델링** 건축적 설계 노하우와 편리한 시공, 관련 업체들이 활성화될 수 있도록 초기 공공 지원 필요
- **구도심 재개발** 노인 비중이 높은 구도심 지역은 일부분을 묶어 재개발. 이 경우 노인을 위한 실버타운뿐 아니라 세대 융합형 단지가 이뤄지도록 정책 지원(청년 입주 시 용적률 인센티브 제공, 청년 우선 입주)

5. 요양원과 요양병원 공공성 강화

요양원과 요양병원은 좋은 기관들도 많지만, 노인들이 요양원에 가기 꺼리는 점은 시사하는 바가 크다.

전국적으로 요양원 및 요양병원에 투입되는 예산 현황(공공 예산, 기업 후원 등)을 파악하고, 운영 기관 수, 입주자 현황 및 만족도 등을 분석해야 한다. 우수 사례를 발굴하여 성공 요소를 추출하고 확대 가능한 모델을 만들고 정책을 보완해야 한다.

문제는 예산이다. 요양시설 운영 방식 개선 및 우수 정책 발굴, 요양 시설 종합 컨트롤타워와 정책 리딩기관 등의 역할을 위해 공공 요양시설이 일정 비율 이상으로 운영될 필요성이 있다.

공간복지

김세용

고려대 건축학과 교수. 고려대에서 학사, 박사, 서울대와 컬럼비아대에서 석사학위를 받았다. 컬럼비아대 교수, 하버드대 펠로우를 거쳤고, 서울주택도시공사 사장, 경기주택도시공사 사장 및 한국도시설계학회장을 역임했다. 새로운 공공주택 분양 모델과 부실공사 방지를 위한 혁신적 건설 방식을 도입하는 등 공공주택 혁신을 선도했다.

인구구조, 가구 형태가 달라지다

인구구조가 급변하고 있다. 우리나라는 2013년 전체 가구 중에서 1인과 2인 가구가 차지하는 비율이 50%를 넘어섰다. 60%를 넘기는 데 걸렸던 시간은 불과 6년이었다. 2024년 현재 1인 가구 비율은 35% 초과이고 1인과 2인 가구 비율은 70%를 곧 넘길 전망이다.

고령화 속도도 빠르다. 우리나라에서는 1955~1963년 사이 출생을 1차 베이비부머라 하는데, 그 8년 사이에 태어난 사람들이 현재 700만여 명으로 전체 인구의 7분의 1을 점하고 있다. 2차 베이비부머는 1968~1971년 출생으로 1차와 2차를 합치면 인구의 4분의 1이 된다. 우리는 2024년 말 인구의 20%가 65세 이상인 초고령사회에 진입했다.

인구문제에서 더 큰 난제는 저출생에 있다. 2021년 기준 세계의 평균 출산율은 2.3명이었다. 같은 해 일본은 1.3명으로 세계 평균에는 못 미치지만 한국(0.8명), 중국(1.1명)보다는 높았다. 한국과 중국의 출산율이 일본보다 낮은데는 여러 원인이 있겠지만, 일본에 비해 뿌리깊은 유교문화도 무시할 수 없을 것이다. 여아 100명당 남아 수를 보여주는 출생성비를 보면 2021년 한국 105명, 중국 108명으로 일본의 95명보다 높다. 남아선호는 이제 극복되어가고 있다고 판단된다. 그러나 출산 여성의 경력 단절, 육아 여건의 미비, 교육비 등 우리가 풀어야 할 난제는 쌓여 있다.

비혼 동거 가구에 대한 배려가 부족하다는 것도 문제다. 우리 사회에는 100만 명의 사람이 '남'과 산다. 100만 명이 다 비혼 동거는 아니지만, 부인과 남편 사이도 아니고, 자식과 부모 관계도 아니다. 이들을 비친족가구라고 하는데, 계속해서 늘고 있다. 20여 년 전 40만 명이 안 되었던 비친족가구 수는 이제 특례시 인구만큼 커졌다. 그들은 비정상도 아니고, 건강하지 못한 가정도 아니다. 그럼에도 비친족가구는 여전히 제도가 외면하고 제도권

밖에서 머물고 있다. 이들은 법적 부부가 아니어서 주택청약 특별공급을 받을 수 없고, 법정대리인이 아니어서 보호자로 수술 동의서에 서명할 수도 없다. 아이가 태어나면 부모 지위나 보호자 인정을 받기 위해 수많은 절차를 거쳐야 하고, 여러 공공서비스에서 자연스럽게 배제된다.

무엇을 어떻게 공급해야 하나?

1. 수요자 요구 파악

그동안 우리는 중앙정부가 매년 주택공급 목표를 정해놓고 이를 공공과 민간에 압박하는 공급정책을 추진해왔다. 주택을 사람이 잘살기 위한 곳이라기보다 숫자로 취급해온 경향이 강했다. 사람이 주택에 맞춰서 살아야 하는 상황이 벌어졌던 것이다. 4인 가구가 표준이던 시절이 있었다. 멀리 갈 것도 없이 1기 신도시는 4인 가구를 타깃으로 삼았다. 가족에게 좋은 환경을 주려고 가장들은 매일 2~3시간씩 걸리는 통근을 감내했다. 세월이 흘러서 2024년 기준 4인 가구는 20%가 채 안 된다. 1~2인 가구는 교외보다 직장 인근을, 결혼해서 자식을 희망하는 신혼부부는 처가(혹은 친가) 인근을 선호한다. 통근에 시간을 버리고 넓은 집에 살기보다는 좁더라도 도심 내 주택을 선호한다. 또 1~2인 가구들은 동네에서 많은 것을 해결하려 한다. 인구변화는 당연히 수요자 요구의 변화를 수반한다. 이제 수요자 요구에 맞춘 다양한 주택이 필요하다.

2. 생애주기별 공급

주택은 생애주기별 요구를 분석한 뒤 공급되어야 한다. 지금까지 해온 일보다는 어려운 작업이지만, 20~30대의 요구가 40~50대의 요구와 같을 수는 없다. 주택은 사는^{BUYING}것이 아니라 사는 ^{LIVING} 곳이라는 식의 태도도 버려야 한다. 정책이 인간의 욕구를 누르기는 어렵다. 내집 소유를 원하는 사람들이 욕구에 부응하여 자가 확대의 기회를 더 제공해야 한다. 지분적립형이 좋은 대안이 될 것이다. 물론 소득 1, 2, 3분위를 위한 임대주택 공급은 꾸준히 계속되어야 한다. 비혼동거가구 등 사회적 무배려층에 대한 공급 역시 추진해야 할 시점이 되었다.

3. 생산성 높이는 OSC

수요자 위주, 생애주기별로 공급하는 정책을 수립해도 현장에서 이를 받지 못하면 문제는 계속된다. 고용노동부에 따르면 2024년 상반기에 건설업계는 3만 4천 명분의 일손이 부족했다. 2020년 같은 분기 부족분이 1만 2천 명 정도였음을 감안하면 인력난이 심화되고 있다. 팬데믹 때 외국인 노동자 수입이 어려워지면서 인건비도 급격히 올랐다. 대한건설협회에 따르면 2024년 하반기 일반공사 노동자의 1일(8시간 기준) 임금은 26만여 원이었고 2020년에는 21만여 원이었다. 2023년 기준 33만여 명의 외국인들이 부족한 부분을 채우고 있는데 대부분 3년 만기 비자로 입국하므로 숙련공이 되기 어렵다.

   숙련공 부족과 고령화는 생산성을 떨어뜨리고 건설업의 개인 생산성은 제조업의 60% 수준에 머무르고 있다. 건설업은 사람이 현장을 따라다니며 움직이다 보니 노동자의 정규직화가 어렵고 혹한기에는 현장 작업도 쉽지 않다. 제조업의 생산성을 따라가기 어려운 업종이다. 생산성을 높이려면 패러다임의 변화가 필요한데 제조화 건설(Off Site Construction, OSC)이 유력한 해결책이다. 그동안 OSC는 선진국 이야기로 생각했지만 당장 도입이 필요하다.

4. 공간이 복지

이제 우리나라 사람 중 60% 정도가 아파트에 살고 40%는 단독주택이나 빌라, 연립 등에 거주한다. 아파트 주민들은 단지 내에 조성된 경로당, 체육관 등 각종 공간의 혜택을 누리고 있는 반면 비아파트 주민들은 주차부터 전쟁이고 보육이나 문화시설에 대한 접근은 엄두도 내기 어렵다. 주거 만족도를 보면, 아파트 주민과 비아파트 주민의 만족도 차이는 2배 이상이다. 불만족은 거실, 방, 화장실이 있는 주택 내부공간이 아니라 주로 외부공간에서 나온다. 특히 주차와 문화공간에 대한 비아파트 주민의 요구가 크다. 상황이 이러하니 단지형 아파트만 계속 생겨날 수밖에 없다. 비아파트 거주민을 대상으로 공간이 복지라는 인식을 갖는 주택을 공급하는 게 필요하다.

우리가 본격적인 도시개발에 나선 지 반세기쯤 지났다. 그럼에도 수요자 요구를 감안한 주택은 많이 부족하다. 소득 양극화 못지않게 공간 양극화가 심해지고 있으나 쉽게 고쳐지기 어려운 게 현실이다. 수도권과 비수도권, 아파트와 비아파트의 공간 양극화를 제대로 보정하지 못하면, 수도권 아파트로의 쏠림현상은 더욱 가속화할 것이 자명하다. 인구변화를 감안하고, 수요자 요구를 수용한 주택공급을 추진해야 공간복지를 실현할 수 있을 것이다.

10 R&D혁신

스푸트니크 쇼크$^{Sputnik\ Shock}$에 비견되는 중국 기업 딥시크^{DeepSeek}의 등장은 과학기술의 국가 간 경쟁이 더 치열해지며 과학기술은 더 무기화될 것임을 보여준다. 과학기술에 대한 사회적 기대가 어느 때보다 크고, 동시에 우리나라의 과학기술이 지속 가능한가라는 질문에 대한 우려 또한 작지 않다. 개발연대 이후 형성된 과학기술 혁신 시스템의 한계가 드러났는데도 전환이 지체되기 때문이다.

이 장에서 우리는 과학기술 혁신 시스템의 대전환을 위해 필요한 과제를 제시한다. 미래세대가 과학기술을 꿈꾸는 나라를 만들기 위해 새로운 빅 사이언스 제도를 발명하고 혁신 인재를 양성하며 기초 및 첨단과학 분야의 진흥을 위한 전환 의제를 도출한다. 글로벌 격변에 대응할 스마트한 전략 기술 투자 및 과학기술 외교 정책의 전환 방향을 모색하고, 이러한 대전환을 책임있게 추진할 거버넌스 혁신 의제를 제안한다.

격변하는 경쟁 환경에서 살아남고 성장하며, 과학기술로 더 나은 잘사니즘 국가를 만들기 위해 과학기술 혁신 시스템 전환의 골든타임을 지켜내기를 희망한다.

미래전환을 대비하는 빅사이언스

이주한
한국기초과학지원연구원 책임연구원. 서강대 물리학과를 졸업하고 런던대 킹스칼리지에서 물리학 박사학위를 받았다. 차세대 나노 융합물성 분석 시스템 구축 개발 총괄책임, 포항 방사광가속기 상압형광전자 분광분석 시스템 구축 책임, 중부권 차세대 방사광 가속기 구축 기획 총괄책임, 대형 연구시설 기획연구단장, 삼성종합기술원 책임연구원을 역임했다.

필수불가결한 빅사이언스 프로젝트

빅사이언스Big Science라고 불리는 국가 대형 연구시설은 뛰어난 성능을 갖추고 최첨단 연구 분야에 활용됨으로써 해당 분야에서 중요한 영향력을 발휘할 수 있는 대규모 연구시설 및 장비라고 정의한다. 물리학, 천문학 등의 기초과학과 화학, 바이오, 지구환경, 해양, 우주, 항공 등에서 빅사이언스를 수행하기 위한 고가의 첨단 시설과 장치를 의미한다. 이러한 빅사이언스는 국가의 전폭적인 지원 없인 불가능하므로, 정부의 과학기술 정책이 전체를 결정짓는 영향력을 갖는다.

1994년 1천 5백억 원을 들여 완공한 제3세대 포항방사광가속기PLS-1를 우리나라 빅사이언스의 출발점이라고 볼 수 있다. 매년 2천여 편의 논문을 배출하며 과학인력을 양성하는 성공적인 빅사이언스로 인용되고 있다. 한국형 핵융합 장치인 K-Star는 미래 에너지로 주목받는 핵융합발전 분야의 국제경쟁에서 우리나라가 우위에 서 있는 빅사이언스다. 경주엔 양성자를 중저 에너지 대역에서 가속하는 양성자가속기가 5년에 걸쳐 약 2천억 원을 들여 2015년 완공되었으며, 중이온가속기는 2010년부터 시작되어 1조 4천억 원이 투입되어 현재 저에너지 가속 구간이 완성된 상태로 사업이 종료되었다.

그러나 경주 양성자가속기는 이용자가 많은 에너지대의 양성자 가속을 확보하지 못해서 완공 이후 현재까지 목표보다 사용 빈도가 훨씬 떨어지는 상태로 전락하였다. 중이온가속기는 더 심각하다. 원래 저에너지 가속과 고에너지 가속을 동시에 하나의 가속기로 융합하겠다는 야심찬 계획으로 국비 1조 4천억 원을 투입하였지만, 고에너지 가속 구간은 짓지 못했고 저에너지가속기만 완성된 상황이 되었다. 포항방사광가속기 PLS-1은 구축된 지 30년을 지나면서 국제경쟁력을 완전히 상실한 상태가 되어갔고 신규 방사광가속기 구축안이 다시 어렵게 시작이 되었다.

2020년 충북 오창에 차세대 첨단방사광가속기를 구축하는 게 최종승인을 받고 새로운 빅사이언스가 10년 만에 출발하게 되었다. 그러나 중이온가속기 건설과정에서 불거졌던 고질적인 문제가 오창방사광가속기 추진과정에서도 나타났으며 원래 계획보다 2년이 넘도록 착공이 지연되고 있는 상황이다. 빅사이언스의 성공적 완성을 위해서 현재의 문제에 대한 해결책을 제시하고자 한다.

'과학의 관점'에서 결정되어야

빅사이언스는 적은 규모의 연구비만 하더라도 2천억 원을 훌쩍 뛰어넘으며 최근의 추세는 조 단위의 연구비가 소요된다. 우리나라엔 대형연구사업은 관리할 수 있지만 빅사이언스를 관리할 수 있는 관리유지시스템이 부족하다. 구축사업단은 단순해야 하고, 신속하게 대응할 수 있어야 한다. 감독기관과 의결기관은 사업 방향성을 점검하는 기능에 충실해야지 간섭은 줄여야 한다. 문제의 근원은 우수한 관리시스템이 없다는 것이다. 선진화된 빅사이언스 관리유지시스템을 구상하고 대형사업이나 빅사이언스의 기획, 선정, 평가, 관리, 유지를 총괄하는 역량을 갖추는 곳에서 출발해야 한다.

빅사이언스는 다음과 같은 절차를 거쳐 과학적 성공에 이른다.

① 우선 '과학적 큰 질문'을 정의함

② 질문의 해답을 찾기 위한 구체적인 연구 방법을 도출함
③ 연구 목적을 달성할 연구시설·장비를 제안하고 구축함
④ 연구시설·장비를 활용한 빅사이언스 연구를 수행함

그러나 우리나라에선 순서가 뒤바뀌어, 연구시설·장비부터 짓고 거기에 맞추어 연구를 수행하는 상황이 발생한다. 그래서 연구의 목표, 연구시설·장비에 대한 검토 등이 충분히 이루어지지 않는 부실한 기획이 되고, 부실한 기획은 프로젝트가 성공하지 못하는 결정적 원인이 된다.

따라서 대형연구사업 평가만 전담으로 총괄 관리하는 시스템을 수립할 것을 제안한다. 빅사이언스 구축이 세계적 연구사업 결과로 직결될 수 있는 선진 과학기술 환경을 조성해야 한다. 우리나라에선 기획 따로, 사업주관 따로, 그리고 구축 이후엔 운용은 또 따로 하는 불합리한 상황이 벌어지고 있다. 빅사이언스는 사업을 기획하면서 기획의 주체가 사업을 맡고 관리까지 가는 선순환 구조를 통해서 지속적인 유지관리 평가를 해야 한다.

미국, 일본, 유럽의 경우 빅사이언스는 학술기관과 전문가 협의체의 결정이 가장 중요한 역할을 한다. 미국 학계는 대형연구시설·장비의 건설이 '과학의 관점'에서 결정되어야 한다는 원칙을 세웠다. 대형연구시설이나 장비가 결정되기 전에 관련 분야 학자들의 동의를 얻어 결정하자는 합의를 콜로라도 스노우매스에

서 도출하였고, 이후 항상 스노우매스 미팅을 한다. 일부 과학자의 의견만 반영되는 우리나라와 대조적이다. 일본도 마찬가지로 학계 전문가들이 향후 10년간의 주요 과학 질문과 우선순위를 설정하고, 이를 해결하기 위한 과학이 무엇인가 조사하는 절차 Decadal Survey를 통하여 5~10년 이상의 장기적 추진을 요하는 빅사이언스 계획은 10년 후를 내다보고 보고서를 작성하는 프로세스를 가지고 있다. 유럽인프라전략포럼은 1천 명이 넘는 전문가들이 참여하여 EU FP$^{Framework\ Program}$를 통해서 2년 주기로 로드맵을 업데이트한다.

우리나라도 대형연구시설 장비는 과학자들이 모여 10~20년의 장기적 시각을 가지고 마스터플랜을 작성해야 한다. 한 번으로 끝나는 이벤트가 아니라 매년 10년 후를 바라보는 기획보고서를 만들어 빅사이언스 기획에 대한 전문성과 정밀성을 높여야 한다.

정부는 지원할 뿐 간섭은 최소로

구축사업단의 권한이 축소되고 관리감독기관의 간섭이 비대해지면 빅사이언스 구축은 실패할 위험이 커진다. 최첨단 빅사이언스가 나오는 것이 아니라, 감시기관의 요구에 맞추는 최소한의 빅사이언스로 변질된다. 주관기관이 정해지면 그 권한을 존중하고 지원을 하는 것이 정부의 역할이 되어야 한다. 불확실성을 해소하고 과학자의 신뢰를 받는 정책 확립을 위해 '정부는 지원할 뿐 간섭은 최소로 한다'는 원칙을 지켜야 한다.

물리학 및 천문학 등의 기초과학 분야에서 빅사이언스는 해당 분야의 난제를 해결할 뿐 아니라 사회적 문제의 솔루션까지 제공하는 연구 결과를 제공한다. 구제역 바이러스를 세계 최초로 검출에 성공해서 구제역 백신을 만드는 데 결정적 역할을 하였고, 코로나바이러스가 창궐할 때도 방사광가속기에서 백신을 만드는 데 결정으로 기여하였다. 신약개발과 첨단반도체 연구, 나노소재와 에너지소재 그리고 농업 분야에 이르기까지 광범위하게 활용되는 대형연구시설의 경쟁력을 높이기 위해선 지속적인 업그레이드가 필요하다. 과학선진국으로서 10년 후를 바라보는 장기적 로드맵을 주기적으로 업데이트하는 시스템을 갖춰야 한다.

선도연구를 이끌고 반도체소자, 에너지 소자, 신약개발 분야의 연구 결과를 국민과 공유해서 그 혜택이 고르게 국민에게 돌아갈 수 있도록 하는 것이 빅사이언스의 역할이다. 코로나 팬데믹은 과학기술이 미래사회의 유일한 해법임을 깨닫게 해주었다. 미래전환시대를 대비해서 실패하지 않는 성공적 빅사이언스를 구축하는 자산을 쌓아가야 한다.

혁신 인재 양성을 위한
일반대학연구진흥금 GUF

이재호
아주대 의과대학 교수. 서울대 의학과를 졸업하고 서울대 대학원에서 박사학위를 받았다. 미국 국립암연구소에서 박사후연구원으로 일했고 1995년부터 아주대 의과대학 생화학교실 교수로 일하고 있다. Experimental and Molecular Medicine 부편집장, 분자세포생물학회 세포주기분과학회장 등을 역임하였다. 현재 기초연구연합회 운영위원으로 활동하고 있다.

과학기술 경쟁력 확보의 시발점, 인재 양성

과학기술정책연구원의 최근 조사에서 과학기술 경쟁력 확보를 위한 국정과제로 일반인과 전문가 모두 "기초연구지원 및 인재 양성"을 첫 번째로 꼽았다. 예측하기 어려운 미래에 대응하기 위해 특정 방향을 설정하고 준비하는 것보다 기반 역량을 갖추는 것이 적절하다는 판단으로 보인다.

인재 양성은 과학기술 경쟁력 확보에 중요한 시발점이다. 하지만 현실은 녹록하지 않다. 학령인구의 감소 때문이다. 2025년 이후 이공계 일반대학원의 입학 지원자 수가 급격히 감소할 전망이다. 2050년 무렵이면 이공계 석·박사 과정생의 수가 현재의 절반 이하로 감소할 것이다.[1]

두 가지 선택지가 있다. 하나는 예상되는 규모 감소에 맞춰 대학원 체계를 감축 및 재구조화하는 것이다. 일견 타당성이 있으나 근본적 위험이 있다. 이공계 대학원의 규모를 인위적으로 조정하고 연구역할을 특성화하는 것은 현장의 저항뿐 아니라 기초연구 분야의 다양성과 지속성장에 지장을 초래한다. 이공계특성화대학 몇 개를 가지고 어느 정도 "핫한" 연구는 수행할 수 있겠지만, 다양성 감소로 인해 기초과학의 발전동력을 상실할 위험이 있다.

다른 선택지는 인재 양성 시스템의 질을 높여 양적 감소를 늦추거나 보완하는 것이다. 이 선택은 다수가 동의하는 방향인 "기초연구지원 및 인재 양성"과 궤를 같이하는 동시에, 다양성과 자발성에 크게 의존하는 연구의 속성에 부합한다. 다행히 아직 석사과정생의 규모가 유지되고 있고 박사과정생은 사상 최대에 달하고 있다. 적시에 대응한다면 대학원생 감소를 최소화하고 적정

---

[1] 이혜선, 박기범, "학령인구 감소, 이공계대학원 지원정책 방향전환 시급", 과학기술정책 Brief, Vol.4, 2023, 과학기술정책연구원

규모의 연구생태계를 유지할 수 있다. 이 선택지에 기반해 몇 가지 전환정책을 제안한다.

대학 연구생태계 활성화

2023년 기준 국내 주요 기술·공학 관련 대학원 80%가 입학정원을 채우지 못했다. 4대 과학기술원의 석사 충원율도 70.2~83.5%에 그쳤다. 왜 대학원에 가지 않을까? '이공계 대학원생 처우 개선을 위한 설문조사'[2]를 보자.

다시 선택할 수 있다고 가정했을 때 37%의 대학원생만 지금의 연구실을 선택할 것이라고 답했다. 대학원생은 연구와 상관없는 잡무에 거부감을 갖고 있다. 교수가 자신을 값싼 노동력으로 여기고 있다고 생각하고, 경제적으로 자립하지 못함에 곤혹스러워하고 있다. 논문작성, 연구방법, 연구윤리 교육 등이 제대로 이루어지지 않고 있다고 생각한다. 대학원에 대한 부정적 인식이 대학원생들 사이에 상당히 퍼져 있다.

대학원이 학생들의 발전에 도움이 되는 곳으로 만들어야 한다. 투자가 필요하다. 재정지원에는 평가가 따른다. 현재의 대학 재정지원사업 평가항목에는 대학원 평가가 들어 있지 않다. 대학

---

[2] 국가과학기술자문회의가 국내 이공계 관련 석박사과정 전일제 대학원생을 대상으로 2019년에 시행한 온라인 설문조사로 총 1330명이 응답했음

원 연구·교육 역량 향상을 위한 재정지원을 목적으로, 평가대상을 일반대학원으로 국한해서 대학원 관련 평가항목을 정하고 이를 대학평가에 포함할 필요가 있다. 대학원생의 불만을 개선하는 방향으로 지표를 반영하고 학생들이 자체평가보고서를 제출하도록 한다면 학생을 위한 대학원을 만들 수 있을 것이다. 대학평가와 별도로 대학원 인증제도를 시행할 수도 있다.

대학원생의 연구역량 계발에 있어 교수만큼 영향을 미치는 것이 연구그룹 내 석박사급 연구자들이다. 영국 케임브리지 MRC 분자생물학연구소 연구팀은 평균적으로 연구책임자 1명에 대학원생 2명, 박사급 연구원 8명으로 팀을 이루며 연구지원인력 4명의 도움을 받는다. 하지만 국내 대학의 연구팀은 대부분 연구책임자와 대학원생 위주로 구성되어 있다.

불완전한 인력 구성의 결과 국내에서는 교수와 대학원생들이 박사급 연구원의 역할과 연구지원 업무까지 수행하고 있다. 연구활동이 연구책임자의 아이디어에만 의존하게 되어 연구팀이 지적으로 정체되는 현상을 가져온다. 연구활동 외의 업무에 많은 시간을 소모하면서 연구 몰입도와 효율성이 떨어진다. 이런 현실에서 이중 삼중의 부담을 떠안고 있는 대학원생들은 가장 큰 피해자이다.[3]

---

3   차선신, "대학연구를 팀플레이로 도약시키자", 2021, 동아사이언스

대학 내 석박사급 연구직의 신설 및 확충이 절실하다. 전문 연구직의 신설이 가능하도록 다양한 펠로십을 시행하고, 이들의 직업 안정성을 강화해야 한다. 비정규직인 핵심연구 지원시설 운용인력(주로 석사급 연구자)이 2년마다 바뀌는 문제도 해결해야 한다.

GUF 도입하여 연구지원 환경 조성

과제기반 연구비 지원으로는 이런 정책목표를 달성하기 어렵다. OECD는 정부 연구비 지원 방식을 7단계로 분류하는데(그림), 우리나라의 기존 연구개발비 지원 방식은 주로 6~7단계의 프로젝트 기반의 개인 혹은 집단 과제지원 방식이다. 근래 과기부 대학연구소 사업과 같이 프로젝트 기반이면서 기관지원 방식인 4~5단계 재정지원이 도입되고 있다. 우리가 경험하지 못한 것이 1~3단계로, 기관지원이면서 기관이 정해진 범위 내에서 지원받은 재정을 다양한 용도로 사용할 수 있는 블록펀딩 방식의 지원이다.[4]

유럽과 일본은 정부 재정에서 지원되는 일반대학연구진흥금 General University Fund, GUF이라는 블록펀딩을 통해 연구시설과 장비

---

4 기초연구연합회 자체 자료. OECD 공공연구재정분배 방식 분류를 기반으로 개념도를 자체 제작함. 기초연구연합회는 기초연구관련학회 30여 개를 회원으로 둔 연구자 연합회로 "연구자 중심의 창의적인 기초연구" 진작을 위한 정책 제안과 기초연구 사례발굴에 힘쓰고 있음

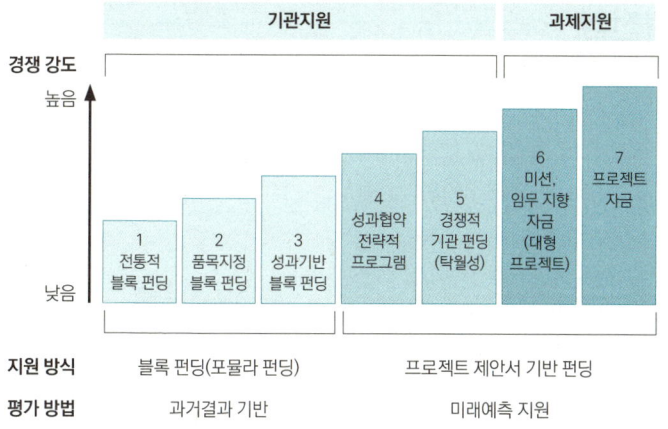

그림. OECD 공공연구재정분배 방식 분류 개념도, 기초연구연합

를 구비하고 연구인력을 고용하며 신임교수의 정착 연구비와 교수 연구비를 보조해 대학 연구를 지원하고 있다(그림 1~3단계). 미국은 중앙정부의 GUF가 없지만 주정부 지원금과 민간 기부금이 이를 대신한다.

우리나라는 GUF를 실시하지 않고 있다. 과제연구비로 기관 차원의 인프라 구축과 운영은 불가능하다. 핵심연구지원센터 사업 등이 있지만 프로젝트 기반 지원의 관성을 벗어나지 못해 효과는 제한적이다. GUF를 통해 대학과 대학원 단위에서 연구 공간, 자재, 인력을 확충하고 관리하게 함으로써 연구에 집중할 수 있는 환경을 만들어야 한다. 고등·평생교육지원특별회계를 확충하고 GUF 재원으로 활용할 것을 제안한다.

과학연구 지원체계의
대전환

박인규

서울시립대 물리학과 교수, 자연과학연구소장. 프랑스 파리 11대학에서 '입자 및 장 물리'로 박사학위를 받았다. 유럽입자물리연구소의 거대강입자충돌기를 활용한 CMS 국제공동연구단의 한국 대표를 역임했으며, 현재 한국고에너지물리학회 학회장을 맡고 있다. 저서 『사라진 중성미자를 찾아서』와 역서 『이토록 아름다운 물리학이라니』가 있다.

모든 고등학교를 과학고 수준으로

2014년, 18세 기준의 학령인구는 70만 명이었다. 그로부터 10년이 지난 2024년의 학령인구는 43만 명으로 떨어졌다. 2014년 출생아 수가 44만 명이었고 2024년에 24만 명으로 떨어진 것을 고려하면, 가까운 미래에 대학 입학 가능 인원이 20만 명대로 떨어지는 것은 자명해 보인다.

대학의 전공별 입학자 추계를 보면 사정은 더 심각하다. 의대 쏠림 현상 때문에 이공계에 인재를 유치하는 것은 불가능한 일이 되었다. 현재의 대한민국은 과학입국이란 기치 아래 이공계에 인재가 유입되어 만들어진 결과다. 문제는 충분한 학령인구가 바탕이 되고 경쟁적으로 과학자를 꿈꾸던 시대에 만들어졌던 교육과 연구개발 정책에 미세 조정만 있었을 뿐 근본적인 정책과 제도개혁을 한 번도 추진해 보지 않았다는 것이다. 이미 늦었다는 사람도 있고, 개혁에 따른 혼란과 저항을 피하기 위해서는 점진적 변화만이 답이란 믿음도 있다. 하지만 멈춰선 대한민국의 심장을 다시 뛰게 하려면 지금은 심폐소생술이 필요한 때다.

학생 수가 많고 교육 예산이 부족하던 시절에는, 소수를 선발하고 집중적인 예산을 투여하여 인재를 양성할 필요가 있었다. 우리나라에는 20여 개의 과학고가 있고 연간 1,600여 명이 선발되고 있다. 전체 고등학교 수가 1,600여 개임을 고려하면 각 학교의 전교 1등 학생을 20여 개의 과학고에 모아서 교육하는 선택과 집중 방식이라 하겠다.

문제는 각 과학고에 모인 인재 가운데 상위권에 진입하지 못하는 60~70%의 학생이 상대 평가로 인해 자신감과 흥미를 잃는다는 것이다. 이들이 모두 전교 1등이 가능했던 인재였음을 고려하면 과학기술계에 큰 손실이다. 지금과 같은 학령인구 감소 시대에는 더욱 아까운 인재들이라 하겠다. "달걀을 한 바구니에 담지 말라"라는 격언이 있듯이, 낙오자 없는 과학 교육체계를 마련할 때다. 학령인구 감소는 1인당 교육 예산의 증대로 볼 수 있으므로 이제는 특목고 중심에서 보편적 인재 양성 체제로의 대전환을 생각할 때다.

모든 고등학교의 과학 실험 실습실을 과학고 수준으로 향상시키고 박사급 수준의 과학 교사를 대폭 임용하여 전 고등학교를 과학고 수준으로 업그레이드할 필요가 있다. 이에 맞춰 과학고를 줄여나가고 모든 고등학교가 과학고가 되는 공교육 체계로 전환해야 한다. 1,600여 명을 교육시키는 과학고 대신 학교마다 20여 명의 과학반을 운영하면 20배나 많은 3만 명 이상의 인재를 양성할 수 있다. 최상위권 학생 4천여 명이 의대로 진학하더라도 이공계 대학에 수준 높은 인재가 충분히 입학할 수 있을 것이다.

기초가 첨단…
과학연구 지원체계 대전환

기초과학과 첨단과학 연구는 산업기술 개발과는 연구의 동기와 목표가 다름에도 불구하고 우리는 지금껏 획일화된 연구 지원체계와 평가 시스템을 유지하고 있다. 우리나라가 산업기술 분야에서 눈부신 성공을 거둬 온 것에 비해, 기초 첨단과학 분야인 물리, 화학, 생명과학 분야에서 이렇다 할 세계적 성과가 없음은 우리가 '기술 개발'에는 잘 대응해 왔지만 '과학연구'에 대해서는 그렇지 못했다는 것을 방증한다.

산업과 연결되는 공학과 달리 기초 첨단과학은 근본적인 새로운 기술을 만들거나 먼 미래의 산업으로 연결되는 특성이 있다. 전 세계가 초 단위로 경쟁하는 공학 분야는 2~3년 단위의 R&D 지원 체제가 적당하나, 기초 첨단과학 분야에는 초장기 연구지원이 필요하다. 또 국가가 정해진 몇몇 기술에만 집중적인 지원을 하면, 기초 첨단 분야 과학자들도 펀딩을 쫓아 이중삼중으로 중복 연구를 수행하는 비효율에 빠질 수밖에 없다. 따라서 기술과 공학 분야는 현행 R&D 체제를 유지하더라도, 기초 첨단과학 분야에는 완전히 새로운 지원체계를 적용할 필요가 있다.

자연과학은 항상 근원을 찾고 새로운 돌파구를 마련하는 역할을 해왔다. 현대의 기술 문명이 모두 수십 년, 수 세기 전의 과학적 발견에서 얻어진 결과임을 상기해 보면 기초가 곧 첨단이란 인식 전환이 필요하다. 무엇보다 대학의 안정적인 기초과학 연구를 위해 유럽식 교육 및 연구 체계를 도입할 필요가 있다. 현행 연구지원 방식에서 대학원생 인건비는 장학금 제도로, 연구원 인건비와 장비 및 재료비는 직접 제공 방식으로 바꾸어, 연구자가 연구에 전념하고 행정 부담을 줄이는 제도개혁을 해야 한다. 연구 과제도 과학적 큰 질문을 먼저 정하고, 연구지원도 10년 이상의 단위로 평생을 걸고 공동 연구자와 함께 수행할 수 있도록 장기, 블록화해야 한다.

청년들이 다시 과학자를 꿈꾸는 시대

우리나라의 연구개발은 여러 부처의 소관 업무로 나뉘어 추진된다. 반도체, 양자, 바이오, 인공지능 등 12가지 전략 기술에 대해, 교육부, 과기부, 산자부를 포함한 여러 부처가 2024년부터 5년간 약 30조 원의 예산을 투여한다.

전략 기술 개발에 있어서 교육과 연구, 산업 현장은 떼어 놓을 수 없는 유기체다. 미국이 독주하고 있는 인공지능AI 분야를 예로 들어보자. AI의 교육은 교육부가, AI의 개발은 과기부가, AI의 활용은 산자부가, 각기 업무를 나누어 추진할 수는 없는 일이다. 미국의 경우 오픈AI, 메타, 구글, 테슬라 등 기업 자체가 각기 교육 및 개발, 활용의 생태계를 구축하고 있다. 미국과는 달리 제한된 재원을 가진 우리로서는 따라가기 힘든 산업이다. 과거 우리나라가 원자력, 통신, 반도체, IT 분야에서 성공을 거둔 것은 모두 강력한 민관 협력 덕분이었다. 이제 다시 학연산이 모두 뭉친 범부처 R&D 체계로 돌아가야 할 때다.

부처별 고유의 연구개발은 기존대로 추진하되, 기초 첨단과학 분야와 국가전략기술 분야는 교육과 연구, 개발과 활용을 담당할 대학-출연연-기업이 클러스터를 구축하여 과학자와 기술자가 추진 주체가 될 필요가 있다. 미국의 달 탐사 계획인 아르테미스Artemis는 NASA뿐 아니라 대학과 기업이 대거 참여하는 프로젝트이다. 미국보다 10배나 작은 우리 정부의 예산을 감안하면, 각 부처가 주체가 되어 연구 사업을 기획하고 입찰받는 형식보다 대학, 출연연, 기업이 모인 K-사이언스 클러스터가 연구개발을 추진하고, 정부는 예산만 지원하는 형태로 과감한 정책 전환을 할 필요가 있다.

자연과학에 대한 인식이 '기초'에서 '첨단'으로 전환되고, 과학분야 인재를 위한 장학금, 고용이 안정된 국가 과학자 제도, 단순화된 연구비 제도, 10년 이상의 초장기 연구 등이 정착되면, 자연스럽게 의대 쏠림이 해소되고 청년들이 다시 과학자를 꿈꾸는 시대가 열릴 것이다.

이렇게 양성된 과학 인재가 대학을 거쳐, 국가 연구소와 기업에서 안정적으로 연구에 참여할 수 있는 장기 K-사이언스 프로젝트가 추진된다면, 시류에 따라 연구 주제가 바뀌고 단기 성과에만 집착하는 풍토도 해소될 것이다.

미래 성장을 위한
국가전략기술

한선화

한국과학기술정보연구원(KISTI) 전문위원. 카이스트 전산학과에서 석사·박사학위를 받았다. 한국과학기술정보연구원에서 지식정보센터장, 정책연구실장, 정보기술개발단장, 첨단정보연구소장, 부원장을 거쳐 원장을 역임하며 데이터 기반 연구, 오픈 사이언스 등을 주도하였다. TJB 대전방송의 생방송투데이에서 Science Factory를 진행한다.

과학기술에 대한 전략적 투자

2023년 9월 국가전략기술육성 특별법이 제정되어 국가 차원의 실천 과제를 종합 제시하는 기본계획 수립 근거를 마련한 바 있다. 그러나 트럼프 행정부의 출범과 함께 국가 간 협력보다 자국 위주의 기술, 경제, 안보 블록화 추세가 강화되고 있으며 이를 기반으로 국제질서가 재편되고 있다. 그럼에도 핵심 기술을 보유한 국가는 적극적 러브콜의 대상이 된다. 변화하는 국제 정세에 대응하기 위하여 국가 간 협력을 전제로 하되, 초격차의 핵심 병목 기술은 자체 확보하는 등 지속 가능한 성장을 위한 국가전략기술 확보 방안이 면밀히 검토되어야 한다.

우선 국가전략기술에 대한 새로운 해석이 필요하다. 현재 국가전략기술은 미래 성장을 중심으로 한다. 하지만 격변하는 국제 지형 속에서 국가와 국민을 지키며 지속 가능한 성장이 필요한 시점이다. 국가가 확보하여야 할 전략 기술은 다음을 포함하여야 한다.

- 국민의 안전과 생존을 지키는 기술
- 국가의 번영을 책임질 기술

우리나라의 R&D 투자 규모는 민간을 포함하여 세계 5위 수준이다. 초거대 인공지능 시대에 접어들면서 R&D에도 규모의 경제가 핵심이 되고 있다. 이러한 경쟁은 AI 빅테크와 초거대 자본의 결합으로 더욱 심화될 것으로 보여 국가 R&D의 전략적 방향 설정과 투자가 중요한 시점이다.

우선, 국가전략기술의 목적이 무엇이냐에 따라 차별화된 확보 전략을 추진하여야 한다. 국민의 안전과 국가의 생존을 위한 기술의 경우 자국 우선주의의 세계 질서 속에서 경제와 기술 블록화에 대비하는 필수 확보 기술을 발굴하여 기반을 갖추는 것이 중요하다. 식량, 보건, 안보 기술이 이에 해당한다. 특히 산업 기반이 취약한 경우, 유사시 확보 방안에 대한 사전 전략이 필요하며 주요 부품과 소재에 대해 유사시 국내 확보 및 생산 체제를 갖추어야 한다.

국가의 번영을 책임질 미래 기술의 경우 승자 독식의 형태가 가중되고 있다. 따라서 '세계 3위 확보'라는 목표보다는 확실한 경쟁 우위를 가질 수 있는 기술을 선택하는 것이 중요하다. 또 후발국의 기술 습득 및 추격 속도가 빨라지고 있으므로 초격차를 유지하되 시장과 기술 변화를 주시하며 미래 시장에 대비하는 것도 중요하다. 모든 분야에서 3위를 하는 것보다 각 분야에서 핵심 길목 기술을 발굴하여 1위를 하는 것이 중요하다. 데이터 기반의 미래 기술에 대한 분석 및 모니터링이 지속적으로 필요한 이유이다.

산학연 협업과 출연(연)의 역할

전략 기술 확보는 장기적 안목으로 추진하여야 하지만, 사회적 수요와 변화에 대응하여 다양한 기술이 협업하여 빠르게 대응하는 것도 필요하다. 최근 사례에서 볼 수 있듯 AI 경쟁은 규모의 전쟁이다. 초거대 인공지능에 대응하기 위해 기관별로 경쟁하기보다 협력하여 규모를 키우는 것이 국가적으로 바람직하다. 이순신 장군의 승리는 '거북선'에만 있지 않고, 울돌목의 지형을 활용해 13척의 판옥선으로 133척의 왜군 함선을 물리친 것에 있다. R&D 지형을 파악한 후 우리의 투입 자원을 고려하여 승리할 수 있는 길목을 찾는 것이 중요하다.

전략 기술은 긴 호흡으로 꾸준한 연구가 필요하며, 이를 총괄하는 조직의 권한과 책임을 강화하여야 한다. 우리나라에는 분야별 정부출연연구소가 존재하며, 우수 인재가 다른 조직에 비해 안정적으로 연구할 수 있다. 특히 출연(연)은 PURE$^{Publicity, Uncertainty, Risk-taking, Excellence}$ R&D 원칙에 입각한 연구에 집중하는 조직이다. 이러한 출연(연) 조직이 국가전략기술 연구의 거점이 되어 전략 기술 확보의 지속 가능성을 높여야 한다. 출연(연)이 단독으로 모든 연구를 수행하는 것이 아니라, 전략 기술 확보에 대한 체계적 로드맵을 수립하고 이에 기반하여 산학연이 함께 성과물을 도출하는 구심점 역할을 하는 것이 바람직하다.

출연(연)은 지속 가능한 조직의 구성을 가지고 있으나, 대학에 비해 신규 연구인력의 유입 측면에서 인력 유동성이 떨어진다. 반면, 대학에서 석박사 과정을 마친 신진 연구인력은 조직 차원의 목적 지향적 연구에 접할 기회가 부족하다. 전략 기술의 지속 가능성은 해당 분야의 신규 인력이 지속적으로 양성되고 공급되어야 확보될 수 있으며, 이는 대학과 출연(연)의 연계를 통해 가능하다. 출연(연) 연구원이 대학의 겸임교수로 공동 학생 지도를 하고, 대학교수와 학위 과정의 대학원생이 출연(연)의 과제에 참여하는 유연한 학사 제도가 필요하다. 또한 출연(연)에서 더 많은 박사후 연구원을 고용할 수 있도록 하여 대학과 산업계 사이의 인력 저수조 역할을 해야 한다.

전략 기술의 사업화를 위한
국가의 역할

국민의 생존과 안보를 위한 전략 기술의 경우 국가가 시장 형성에 보다 적극적으로 개입할 필요가 있다. 국산 기술로 생산되는 전략 기술 제품은 국내 시장에 적극 도입하여 기술과 생산이 사장되지 않도록 하여야 한다.

국가의 번영을 책임질 전략 기술의 경우 기술과 시장이 연계될 수 있도록 하는 산학연 협력이 핵심이다. 부처 간 연계를 통한 제도적 이어달리기, 기술 이전의 단순 방식으로는 불가능하다. 연구진이 오버랩되면서 기반기술 개발, 파일럿 실증, 생산공정 실증의 단계별로 책임자가 연결되며 이동해 가는 단계별 스케일업 전략이 필요하다. 또한, 기술과 시장의 변화와 경쟁자 분석을 통해 지속적으로 롤링플랜rolling plan이 가능한 유연한 과제 운영도 필요하다. 이를 위해 전략 기술 선정 단계부터 산업체의 참여를 확대하고, 단계별 피드백을 통해 과제 목표 변경이 가능하도록 한다.

이 외에도 국가는 전략 기술을 위한 기술 테스트베드의 제공과 함께 관련 규제 환경을 정비하여야 한다. 새로운 기술을 실제 환경에서 실험하고 검증할 수 있는 테스트베드를 마련하여 기술의 상용화를 촉진하고, 실증을 통해 기술 수용도를 높이는 지원도 필요하다. 또 국가전략기술을 안정적으로 활용하기 위한 표준화 작업과 함께 확보된 기술이 경쟁력을 가질 수 있도록 국제 표준 활동도 적극적으로 할 필요가 있다.

지속 가능한 전략 기술 확보를 위한 시스템 구축이 중요

전략 기술 확보 전략은 '어떤 기술에 투자를 집중하여야 할 것인가?'를 결정하는 것보다 '어떠한 시스템을 구축할 것인가?'에 초점이 맞추어져야 한다. 또 권한과 책임을 강화하여 지속 가능하게 시스템이 유지될 수 있어야 한다. 1970년대 국가 경제 부흥을 위해 설립한 출연(연)을 전략 기술 확보를 위한 산학연의 구심점으로 활용한다면 이러한 시스템이 지속적으로 유지될 수 있을 것이다. 이 시스템을 통해 세계 기술 변화의 지형이 상시적으로 관찰되고, 기술 투자의 방향과 획득 방법이 결정되며, 학연산으로 이어지는 핵심 인력의 양성이 이루어질 것이다.

과학 외교의 초점은
인재 확보

구본경

기초과학연구원 유전체교정연구단 단장. 포항공대에서 학사, 석사, 박사학위를 받고, 유럽 3개국에서 10여 년간 연구하였다. 웰컴트러스트, ERC, HFSP, Marie Curie, CRUK 등 유명 플래그십 연구프로그램에 모두 선정된 과학자이다. 클래리베이트 HCR에 선정되었으며 생명과학 분야를 대표하는 40대 석학이다.

과학기술,
이제 자유롭게 공유되지 않는다

21세기 인류 발전의 핵심 동력은 과학기술이다. 경제 발전을 뒷받침하고 군사적 억제력을 제공하며 국가 안보에도 직결된다. 원자핵 기술뿐 아니라 생명공학 기술까지 국가가 직접 관리하는 시대가 되었다. 특히 난치병 극복이나 수명 연장 기술은 국가 간 외교에서 중요한 지렛대 역할을 할 것이다. 어떤 강력한 독재자라도 수명의 한계 앞에서는 무력할 수밖에 없으며, COVID-19 팬데믹 동안 미국과 유럽의 mRNA 백신 기술이 자국과 우방국에 우선 적용되는 모습을 보며 세계는 과학기술이 과거처럼 자유롭게 공유되는 것이 아니라 국가 생존과 번영의 핵심 자원임을 깨달았다.

과학계는 전통적으로 개방성을 유지해왔다. 냉전 시대에도 적대국 간 스포츠 교류가 이루어졌듯, 과학 분야에서도 국적이나 인종을 초월한 협력이 이루어졌다. 과학적 발견은 저널을 통해 공유되었다. 특허로 보호되는 경우도 있지만 이는 경제적 활용을 제한하는 것일 뿐, 발견된 과학적 원리가 우방국이나 적대국에서 재현되는 데는 큰 제약이 없었다. 국가 안보와 관련된 일부 기술만 통제되었을 뿐 과학기술 전반은 비교적 자유로웠다. 그러나 특정 국가들이 이러한 개방성을 전략적으로 활용하면서 새로운 인식이 필요해졌다.

과학기술 정보는 논문뿐만 아니라 인재를 통해 이동한다. 단순한 이론적 지식과 함께 연구자의 암묵적 지식도 전파되며, 이러한 인력 이동이 과학기술 발전에 기여해 왔다. 하지만 이는 국가 안보의 취약점이 될 수도 있다. 2차 세계대전 당시 나치 독일에서 자유를 찾아 망명한 유대인 과학자들이 미국의 전쟁 승리에 기여한 것은 잘 알려진 역사적 사실이다. 오늘날에도 과학자들은 더 나은 연구 환경을 찾아 국경을 넘고 있으며, 선진국들은 이들을 유치하기 위해 치열한 경쟁을 벌인다.

현대 사회에서 과학기술 인재의 확보는 단순한 연구 수준을 넘어 국가 경쟁력과 직결된다. 각국은 자국 내 연구 환경을 최적화하고 우수한 인재들이 정착할 수 있도록 유인책을 마련해야 한다. 과학기술이 단순한 학문적 탐구를 넘어 외교, 경제, 안보와 깊이 얽혀 있는 만큼 향후 각국의 과학기술 관련 외교 전략은 더욱 정교해질 것이다.

사례(1) 중국: 천인계획에서 만인계획으로

과학계의 개방성을 활용한 대표적 사례가 중국의 천인계획이다. 파격적인 대우와 연구지원으로 중국뿐 아니라 해외 과학자들에게도 매력적 조건을 제시했다. 20세기 말까지만 해도 중국 과학계는 국제 수준에 미치지 못해 미국과 유럽에 인재를 공급하는 대표적 수출국이었다. 이 과정에서 중국계 과학자들이 미국 학계의 2진을 담당했다. 이후 불과 10여 년 만에 천인계획의 성공에 이어 자국의 인재를 자국에서 키우는 만인계획으로 전환되었다. 중국의 인재 유입 정책은 성공적이었다. 현재 중국은 과학 논문 발표 실적에서 미국을 넘어섰으며, AI 기술 발전은 글로벌 경제에 큰 영향을 미쳤다. 이는 개방된 과학 구조가 전략적으로 활용될 수 있음을 보여주며, 후발국도 단기간에 과학기술 경쟁력을 확보할 수 있음을 증명한 사례다.

사례(2) 유럽: 호혜성 기반의 ERC 프로그램

2차 세계대전 직후 유럽은 재건 과정에서 많은 인재를 영국과 미국에 내주었다. 이후 유럽 최상위 인재를 재유입하는 데 효과적이었던 전략이 유럽연구위원회^{European Research Council, ERC} 프로그램이다. ERC는 유럽 기초과학 발전을 견인한 제도로 평가되며, 앞으로도 많은 노벨상 수상자를 배출할 것이다. EU는 2000년대 초반부터 논문 발표의 양과 질에서 미국을 앞섰으며, ERC 도입 이후 이 격차가 안정적으로 유지되고 있다. 브렉시트로 영국이 ERC를 떠나며 유럽 과학계가 일시적으로 위축되었으나 결국 영국은 ERC에 재합류했다. ERC는 해외 인재를 다시 유치한다는 점에서 중국의 천인계획과 유사하지만, 유럽 중심주의보다 인류 지식 확장을 강조한다. 개방성과 상호 호혜성을 기반으로 한 이 전략은 주요 선진국과 함께 과학계를 견인하는 역할을 하며, 비교적 덜 위협적으로 받아들여졌다.

과학 외교 초점은 '인재 확보'

우리나라는 주요 선진국의 오랜 우방이자 미국에 많은 인재를 공급하는 우수한 인재 수출국이다. 물론 해외에서 배운 인재들이 다시 고국으로 돌아와 전쟁으로 초토화된 나라를 선진국으로 발전시키는 데 기여했다. 최근 대두되는 '과학 외교' 개념을 이해하려면 이러한 역사적 배경과 국가 간 이해관계를 고려해야 한다. 다행히 대한민국은 여전히 신뢰받는 과학 인재를 배출하는 우방국이며, 열린 과학계를 유지하는 핵심 멤버로 평가된다. 그러나 베이비붐 세대가 은퇴하고, MZ 세대는 인구절벽과 의대 선호로 인해 과학기술 분야의 인재풀이 급감하고 있다. 이제 해외에 인재를 보내고 그들이 배운 지식을 활용해 발전하는 기존 성장 모델에 의존하기 어려운 상황이다.

대한민국은 빠르게 발전했지만, 과학기술계는 글로벌 인재들에게 매력적 종착지가 되지 못하고 있다. 해외 한국인 과학자들조차 한국의 연구비 시스템이 지나치게 복잡하다고 느끼며, 커리어 경로에서 한국을 기착지로 선택하는 경우조차 많지 않다. 최근 글로벌 협력과 선도자 first mover 형 연구로의 전환이라는 긍정적 흐름이 생겼지만, 여전히 한국을 대표하는 플래그십 flagship 인재 유치 프로그램이 부재하다.

중국의 천인-만인계획이나 유럽의 Marie Curie-ERC처럼 대학원생부터 리더급 연구자까지 '한국행'을 자연스럽게 고려할 수 있는 대표적 인재 양성 프로그램이 필요하다. 과학기술 강국으로서 경쟁력을 유지하기 위해서는 체계적인 글로벌 인재 유치 전략이 필수다.

필자가 제안하는 과학기술 인재 양성 프로그램은 대학원생부터 리더급 연구자까지 5~10년간 정주할 수 있는 최우수 펠로십형 프로그램이다. 우리가 선진국으로서 인류 지식 확장에 기여

한다는 명분 아래, 전 세계 인재를 대상으로 하는 이 프로그램은 국내 과학 꿈나무들에게도 희망이다. 이를 국제사회에 내놓으면 자연스럽게 해외 우수 인재를 유치하고, 동시에 국내 인재를 단계적으로 성장시키는 효과를 기대할 수 있다.

해외에서도 직접 지원할 수 있는 시스템을 구축하고, 영어 기반의 평가 프로세스를 도입해야 한다. 세계적 수준의 전문 리뷰 패널과 외부 심사위원을 활용하는 것이 필수이지만 기존 연구재단 체계로는 이를 수용하기 어렵다. 더불어 외국인 및 해외 한인 귀국자를 위한 주거·교육 시설 확충, 영어가 일상적으로 사용되는 연구 환경 조성이 필요하다.

우리나라도 어느 정도 준비되어 있다. 기초과학 연구를 대표하는 IBS는 핵심 요건을 대부분 충족한다. 다만, IBS는 주로 디렉터급 연구단장을 중심으로 운영되며, 커리어 단계별 지원 프로그램이 부족하다. 리더급 과학자에 집중된 현재 구조로는 학문 후속세대를 체계적으로 양성하는 데 한계가 있다.

R&D 거버넌스 전환

홍성주

과학기술정책연구원 선임연구위원. 서울대 과학기술학으로 박사학위를 받았다. "국가난제 관점의 대한민국 정책현황 매핑 분석과 시사점(2024)", "국가난제 혁신전략 연구(2024)", "임무중심 국가과학기술 혁신정책 전환방안 연구(2022)" 등을 수행했다. 과학기술정보통신부 장관자문관, 국가과학기술자문회의 위원, 국가과학기술연구회 기획평가위원 등을 역임했다.

취약한 거버넌스

2023년 늦은 여름 과학계는 충격에 빠졌다. 다음 해에 진행될 연구개발 예산이 5조 원 이상 삭감된다는 소식이 전해진 것이다. 예산 조정이 시급한 국가적 위기 상황이 아니었는데 R&D 예산만 14.8% 삭감되었다. 다른 분야 예산은 전년 대비 증가하거나 소폭 감소한 정도였다. 정부는 삭감 사유로 연구개발계의 이권 카르텔 문제를 제시했으나 그 실체를 밝히지는 못했다.

컨트롤타워control tower 논란이 다시 불거졌다. 대통령이 의장인 국가과학기술자문회의, 과학기술정보통신부, 대통령실 과학기술비서관 등 누가 R&D 삭감을 결정했는가? 결과적으로 예산 삭감에 책임이 있는 주체는 명확히 밝혀지지 않았고, 잠정적으로 대통령과 기획재정부의 영향이 있었다는 식으로 사태가 종결되었다.

하지만 예산 삭감 사태의 파장은 그것으로 끝나지 않았다. 연구비 불안정성 확대로 연구 현장의 사기가 떨어졌다. 풀뿌리 연구를 나눠주기식, 뿌려주기식으로 폄하하며 기초연구의 기반을 흔들었다. 연구자에게는 정부 정책에 대한 불신이 생겼다. 어른의 현재는 아이의 미래이므로 과학기술 미래세대 육성도 불투명해졌다. 비가역적인 악순환 고리가 이미 형성되었고, 이후의 개선 노력은 효과를 거두기 힘든 상황이다.

우리나라 R&D 거버넌스에는 여전히 결함이 존재한다. 연구개발 인재 소멸이 위태로운 지금, 대전환 수준의 거버넌스 혁신이 필요하다. R&D 거버넌스 전환의 방향과 함께 대통령 직속 자문회의와 과학기술 정책을 전담하는 행정부처 등 주요 의사결정 주체의 역할과 책임을 보다 명확히 해야 한다.

R&D 거버넌스 전환

현재 R&D 거버넌스에서 가장 먼저 해야 할 일은 정부와 연구현장 사이의 신뢰 회복이다. 지속 가능한 R&D 생태계를 위해 연구자 중심의 거버넌스 운영혁신도 필요하다. 책임 있는 거버넌스 강화, 의사결정 과정에서 연구자의 참여와 주도성 확대 등을 포괄하는 거버넌스 전환 의제를 다음과 같이 제안한다.

전환(1) 거버넌스 책임성

R&D 거버넌스의 최상위 행정주체는 국가과학기술자문회의, 대통령실 과학기술수석비서관, 과학기술정보통신부이다(2025년 3월 기준). 하지만 R&D 예산 삭감 사태에서 볼 수 있듯, 최상위 주체 간에도 의사소통과 합의된 전략이 부족하였다. 시사IN의 'R&D 예산 삭감 미스터리' 탐사보도에 따르면, 2022년 말부터 대통령실을 중심으로 국가R&D 혁신방안이 모색되었으나 여타 기관들 사이에 상황이 공유되지 않은 채 2024년도 연구개발 예산안이 제출된 셈이다.

따라서 의사결정 주체 간 책임분산 및 의사소통 비효율을 개선하기 위해 심의기구와 집행부처의 물리적 결합이 시급하다. 좋은 선례가 존재한다. 노무현 정부는 국가과학기술위원회 체제에서 대통령을 위원장, 과학기술부장관을 부위원장, 과학기술혁신본부장을 간사로 두었다. 과학기술부를 부총리급으로 격상하며 과학기술부총리로 하여금 과학기술관계장관회의를 이끌도록 했다. 이 체계는 R&D 의사결정 전반의 흐름에서 과학기술부총리를 중심으로 정책리더십을 집중시킨다. 대통령실, 심의기구, 과학기술독임부처의 매끄러운 업무체계를 확보하기 위해 노무현 정부를 벤치마킹한 통합형 R&D 거버넌스 혁신이 필요하다.

전환(2) 거버넌스 전문성

과학적 근거에 기반한 의사결정은 세계 모든 정부의 화두이다. 우리 정부도 각종 전문가위원회 등의 임시조직을 설치하고 과학기술자를 정책 과정에 참여하도록 독려해 왔다. 그러나 취지와 달리 과학기술 전문가가 참여하는 의사결정 과정에 적지 않은 문제가 나타난다. 최근 국가과학기술자문회의는 "국가과학기술자문회의 심의회의 회의체 전문성·효율성 강화 방안" 보고서를 공개했다. 민간 전문가가 의사결정 회의체에 반 이상 참여하는데도 전문성과 효율성 개선이 필요하다는 취지였다.

우리나라는 전문가들에게 전문성 높은 정책 결정의 자문을 구하기보다 일반행정의 정책 결정에 전문가의 동의를 구하는 방식으로 전문가위원회를 활용해왔다. 그러므로 전문가위원회의 전문성 부족 논란은 제도 설계 자체의 오류에서 비롯된다. 전문가의 활용은 전문성의 영역에서 집중적이고 효과적인 성과로 연계되는 게 당연하다. 위원회의 의사결정 임무를 명확하게 설정하고 전문성에 따라 위원을 구성하며, 위원의 의사결정 역할과 권한을 확대하는 방향으로 개선할 필요가 있다.

전환(3) R&D 총괄기관

과학기술혁신본부는 노무현 정부 후반부에 신설된 조직이다. 설립 당시 혁신본부는 부처별로 기술계획과 정책이 파편적으로 기획 및 운영되던 관행을 혁파하고 R&D 전략과 계획 수립의 구심점 역할을 수행할 것으로 기대되었다. 하지만 이명박 정부는 출범 초기에 혁신본부를 해체하였고, 박근혜 정부는 미래창조과학부를 출범시키며 구 혁신본부에서 실무조직만 남겨두었다. 문재인 정부는 과학기술정보통신부 내에 차관실 조직으로 혁신본부를 설치하며 과거의 위상과 역할을 일부 복원했고 그 체제가 지금까지 이어져 오고 있다.

국정의 불확실성을 해소하고 과학자의 신뢰를 받는 정책 확립을 위해서는 과학기술혁신본부의 R&D 총괄역 확립이 필요하다. 지난 20여 년 동안 행정체계의 변동 속에서 혁신본부가 본래 해결하고자 했던 R&D 분산파편화 및 정부 간 비효율적 경쟁 운영의 문제는 논란이 지속되고 있다. 거버넌스 개편을 통해 혁신본부의 연구개발 조정 역할과 위상을 강화하고 혁신본부에 과학기술계 정부출연연구기관을 소속할 것을 제안한다. 최고 의사결정

주체의 연구개발 정책심의 및 부처 간 정책조정 과정에서 혁신본부장의 간사 역할을 확립하고, 혁신조정관은 정부 조직 간 총괄역을 강화할 필요가 있다. 또 혁신본부 연구개발투자심의국에 과학기술 대분야별로 심의관 제도를 신설 및 확대함으로써 R&D 총괄수행의 실질 체계를 갖추어야 한다.

우리나라 발전의 열쇠는 과학기술자에게 달려 있다. 세상이 어떻게 바뀌더라도 과학기술 경쟁력을 확보한 나라는 글로벌 경쟁에서 유리한 위치를 차지하기 마련이다. 과학기술자가 연구개발에 안정적으로 몰두하고 좋은 성과를 만들기 위해서는 정책의 안정성과 일관성이 선결 과제이다.

R&D 거버넌스의 세 가지 전환 의제는 과학기술 생태계에 긍정적인 변화를 가져올 것이다. 첫째, 정책 거버넌스의 책임성을 높여 연구개발계에 영향을 주는 정책 불확실성을 줄일 수 있다. 둘째, 전문성 기반의 의사결정 참여가 활성화되면 과학 기반의 국정운영이 이루어질 뿐만 아니라 정책 과정 참여자들이 정책 리더로 성장하며 더 좋은 정책을 만드는 선순환이 작동할 것이다. 셋째, R&D 총괄기관의 역할이 정립된다면 정부 내 정책기획 우수성과 조정 효율성을 높일 수 있다.

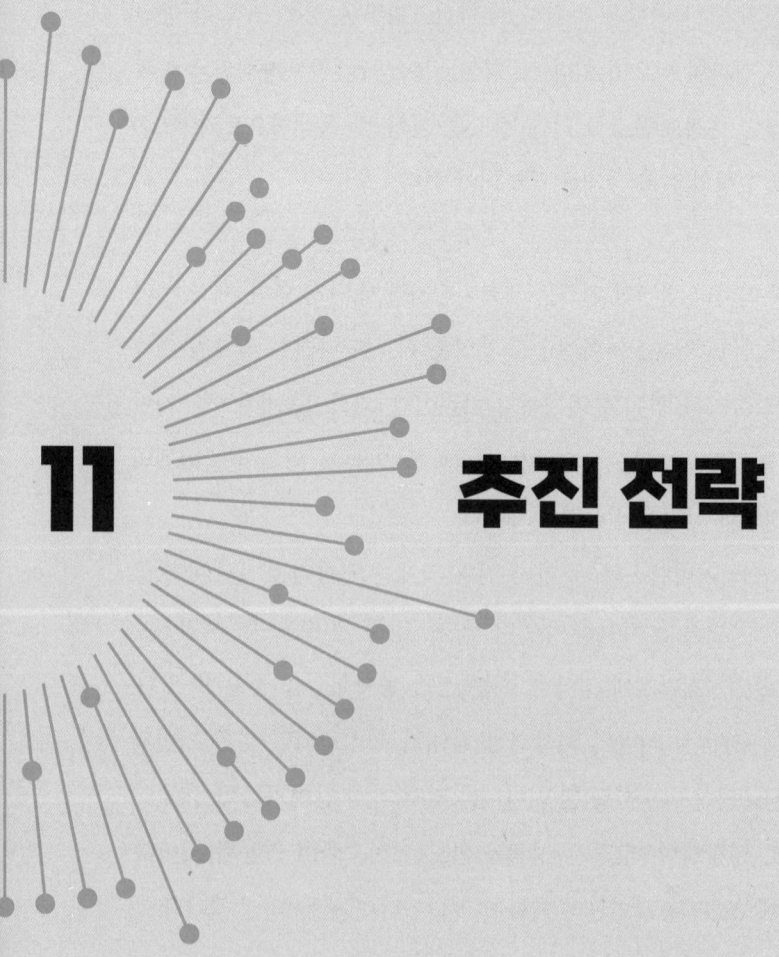

11 추진 전략

국가정책의 집행은 행정부 몫이다. 미래전환을 제대로 하려면 행정부가 국정운영을 영리하게 해야 한다. 이번 장에선 앞서 살펴본 10개 분야별 전환을 잘하기 위한 정부의 추진전략을 ① 정부 혁신 ② 임무 지향 산업정책 ③ 미래전환 펀드, 3개 분야로 나누어 제시한다.

첫째, 정부 혁신에서는 디지털 전환^{DX}과 에너지 전환^{EX}을 위한 정부 개혁 추진전략으로 '임무 지향 정부'를 주장한다. 정부조직 개편안과 실행 방법을 제시하고, 미래전환 성공의 열쇠는 공무원이 '제대로' 일하는 방식으로 변화하는 것에 달렸음을 역설한다.

둘째, 임무 지향 산업정책$^{Mission\ Oriented\ Industrial\ Policy,\ MOIP}$에서는 지속 가능한 국민경제 성장을 위해 정확한 목표 설정, 이해관계자 협력, 실행전략 마련, 지속적 피드백과 개선이 유기적으로 연결되어야 함을 강조한다.

셋째, 미래전환 펀드는 과학기술과 사회구조(소유·분배) 혁신을 동시에 달성하기 위한 집합 투자기구로서 '기업가적 국가'가 공공의 모^{母}펀드와 민간의 자^{子}펀드를 융합하여 공익성과 경제성의 두 마리 토끼를 잡아야 함을 주장하고 펀드 운영사례를 예시한다.

임무 지향 정부,
융합형 거버넌스

홍석빈
우석대 교수. 서울대 외교학과(학사), 경영대학원(석사), 행정대학원(박사)에서 수학했다. Accenture와 Deloitte 경영컨설턴트, LG경제연구원 책임연구원, 민주정책연구원 부원장, 한국정책학회 이사, 서울행정학회 부회장을 역임했다. 『기본사회가 꿈꾸는 세상』(공저, 2024), "정부 정책과 대외 협상 결정요인 연구"(2018) 등 정부 혁신, 국제통상, 규제정책을 연구한다.

정부 위기의 본질, 패러다임 전환 대응 실패

인류의 삶 전반에 걸쳐 디지털 전환^{DX} 및 에너지 전환^{EX}이 촉발한 패러다임 이동이 진행 중이다. 생존하기 위해서는 변화를 주도하거나 최소한 적응해야 한다. 다른 선택지는 없다. 행정부라고 예외일 수 없다.

우리나라는 엘리트 관료집단으로 구성된 정부 주도형 발전모델로 산업화에 성공했다. 2000년대 초에는 정보통신기술^{ICT} 기반의 패러다임 전환인 정보화로 변신했다. 공공부문 정보화 성과 중 하나인 전자정부는 전 세계 국가들의 부러움을 샀다. 지도자의 통찰과 혁신 지향적으로 행동하는 관료들의 집단지성, 선도적 정부 거버넌스 개혁이 이룩해낸 성과였다. 그런데 이후 우리나라 정부와 관료제는 디지털 및 에너지 전환을 비롯한 글로벌 도전과제들 앞에 방심했다. 전산화와 정보화는 '디지털화'를 위한 선결요건인데 정보화에서 멈춰 섰다.

정부 위기의 본질은 패러다임 전환에 대응하지 못한 데 있다. 첫째, 정부가 주도하던 산업화 시대의 중앙집권적·위계적 정부 운영방식이 여전히 내재해 있다. 둘째, 규제자·통제자 역할에는 익숙하나 조정자·조력자로서 갈등과 문제를 해결하는 플랫폼 역할은 미흡하다. 셋째, 부처 간 칸막이 행정, 정책 조정기능 부족으로 권한쟁의가 심하다. 넷째, 정권이 교체되면 정책의 일관성·지속성이 흐트러지면서 매몰비용과 기회비용이 중복되고 증가한다. 다섯째, 관료제의 복잡한 절차$^{red\ tape}$가 비효율성을 확대한다. 여섯째, 디지털 및 에너지 전환 패러다임 변화에 대응하는 전문성 부족은 정부의 '학습 조직화'를 어렵게 만든다.

'임무 지향 정부'로 개혁

정부는 왜 변해야 하나? 무엇을 어떻게 개혁해야 하나? 변화해야 할 이유는 디지털 전환과 에너지 전환이다. 핵심은 미래전환을 주도할 정부 혁신이다. 실행 방법은 변화에 부응하여 정부조직을 개편하고 관료가 맹성하여 일하는 방식을 바꾸는 것이다.

디지털 및 에너지 전환을 성공적으로 실현하기 위해서는 변화 순응·적응 전략에서 변화 주도·창출 전략을 구사해야 한다. 쉽지 않은 일이다. 부처별 역할과 책임 조정, 전문인력 확충, 재정 투자, 조직문화 개선, 관료 의식변화 등 각고의 노력과 시간, 자원투자가 필요하다.

정부 혁신의 지향점을 '임무 지향 정부Mission Oriented Government'에 둬야 한다. 이는 정부 역할이 주어진 행정을 운영하는 데 그치지 않고 각 분야의 혁신과 변화를 능동적으로 주도하는 임무 수행자로서 사회혁신의 엔진이 되는 정부를 말한다.

첫째, 디지털 전환 측면에서 정부가 지향해야 할 골격은 디지털 플랫폼 정부이다. 2023년 대통령 직속 디지털플랫폼정부위원회를 출범시켰지만 성과는 미흡하다. 둘째, 에너지 전환 측면에서도 대통령 직속 2050 탄소중립녹색성장위원회가 활동 중이다. 2009년 녹색성장위원회로 출발해 현재에 이르고 있으나 성과평가에 논란이 많다. 두 위원회는 대통령 직속임에도 불구하고 정책 실행력, 지속성, 확장성을 확보하기 어렵다. 헌법기관인 행정각부가 아닌 데다 최종 의사결정권자의 관심과 지원을 유지하기 어려운 위원회 체제의 한계 때문이다.

디지털·에너지 두 전환은 서로를 강화하는 연계 관계에 있다. 상호작용으로 시너지를 창출하기에 조화로운 조정이 필요하며, 조정 임무를 맡을 주체가 정부다. 임무 지향 정부로 혁신하기 위해서는 조직구조 개편과 정부조직법 개정이 필요하다. 디지털 및 에너지 전환에 성공하기 위한 임무 지향 정부로의 혁신을 위해 세 가지 층위의 정책을 제안한다.

부총리급 디지털에너지혁신부(가칭) 창설

첫째, 디지털과 에너지의 양대 전환을 주무할 부총리급 중앙행정부처(가칭 디지털에너지혁신부) 창설이 필요하다. 두 전환 사이의 정책을 조정하고 실효적으로 추진할 권한, 전문인력, 재정력을 확보한 부처가 있어야 한다. 직접 관련 부처는 과학기술정보통신부, 산업통상자원부, 환경부, 중소벤처기업부 등 네 부처다. 분산된 기능 조정, 중복 조직구조 개선, 일하는 방식 혁신, 디지털 및 에너지 거버넌스 효율화를 위한 실권 있는 융합형 지휘조직이 필요하다. 선진국에 뒤진 양대 전환을 신속히 따라잡고 향후 세계 표준화 경쟁에서 우위를 선점하기 위한 총력전에 나서야 하기 때문이다.

둘째, 국회는 현 정부조직법 제4장(행정각부) 개정을 통해 신설되는 부처가 안정성과 추진력을 확보할 수 있도록 뒷받침해야 한다. 정권 교체기는 정부조직 개편의 기회가 열리는 창[*]이다. 디

정부조직 개편 제안(안)

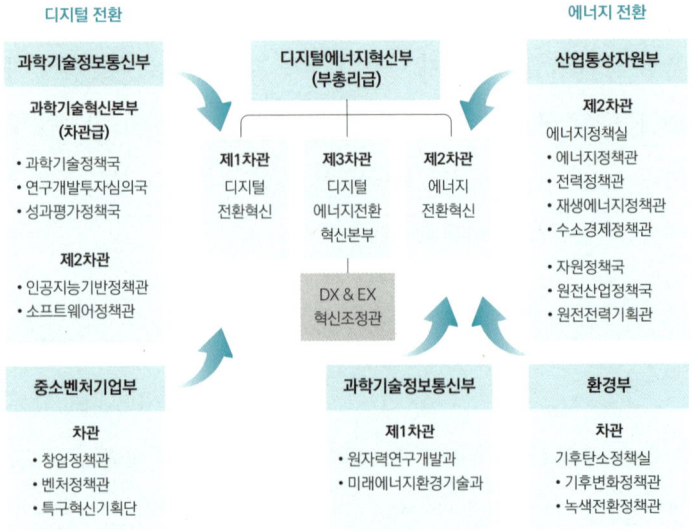

지털 및 에너지 전환의 과제 앞에서 국리민복을 위해 전략적 선택과 집중이 중요하다. 국회의 디지털에너지혁신부(가칭) 창설을 주 내용으로 한 정부조직법 개정은 양대 전환에 정당성과 혁신 추진력을 제공해줄 것이다.

셋째, 신설되는 디지털에너지혁신부에 재정 운용의 독립성을 부여할 필요가 있다. 예산 편성과정에서 기획재정부의 심사 및 조정권에 한시적 예외를 두고 신설 부처의 요구를 포용적으로 수용하는 전략적 판단이 필요하다. 기재부의 저항이 거셀 것이다. 집권자의 추진 의지와 관련 법률과 시행령 개정이 필요한 부분이다.

임무 지향 정부의 디지털·에너지 전환 기대효과

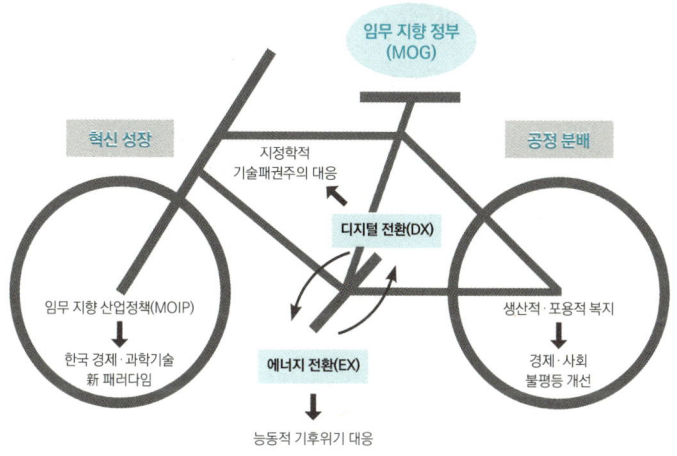

임무 지향 정부의 융합형 거버넌스

정부 혁신은 상호 연계된 디지털과 에너지의 트윈 전환Twin Transition 성공을 선도하고 후원하는 융합형 거버넌스를 지향한다. 디지털 기술을 활용한 친환경 사회전환을 추진하여 디지털화 및 녹색화(2050 탄소중립)라는 국가목표를 달성하는 기반을 갖추는 것이다. 이와 함께 디지털 및 에너지 분야에 전문성을 갖춘 관료를 육성하는 인프라, 네트워크, 지원체계를 갖춘 정부로 업그레이드하고, 궁극적으로는 미래 혁신 산업을 창출하여 산업별 세계 표준화 경쟁에서 비교우위를 확보하도록 지원하는 '제대로 일 잘하는 정부'를 만드는 것이다.

전환 성장과
임무 지향 산업정책

유승경
전 경기도경제과학진흥원 원장. 서울대 경제학과를 졸업하고 프랑스 사회과학고등연구원 박사과정을 수학했다. 『MMT 논쟁』(2021), 『탄소세 도입 정책동향과 경기도 시사점』(2022), 『주권화폐−준비금 은행 제도를 넘어서』(2023, 번역) 등 통화 정책 및 산업 정책 관련 연구를 수행하고 있다.

전환 성장, 왜 필요한가

현대 경제는 기후변화, 디지털 전환, 글로벌 공급망 재편, 보건 시스템의 취약성, 불평등 심화 등 복합적이고 구조적인 도전에 직면해 있다. 이러한 문제들은 기존 성장 모델만으로 해결하기 어렵고, 경제 시스템 전반의 근본적인 변화가 요구된다. 이를 해결하기 위한 접근법으로 등장한 개념이 '전환 성장Transformative Growth'이다. 이는 단순한 산업 경쟁력 강화가 아니라 산업 간 융합, 가치사슬Value Chain 재편, 노동시장 변화, 소비·생산 방식 혁신을 포함하는 포괄적인 경제 전환을 의미한다. 특히, 기존 시장 조정 방식으로는 충분하지 않으며, 새로운 시장을 창출하고 경제 질서를 형성하는 '시장 조성Market Shaping'의 관점에서 접근해야 한다.

전환 성장의 필요성은 다음과 같이 요약할 수 있다.

첫째, 기후변화 대응을 위해 탄소중립Net Zero 목표를 달성하려면 화석연료 중심의 산업구조를 친환경 기술과 재생에너지 기반으로 전환해야 한다. 단순한 환경 규제 강화만으로는 한계가 있으며, 산업과 기술혁신을 적극적으로 조율하고 새로운 시장을 창출하는 방식이 필요하다.

둘째, 디지털 전환으로 인해 AI, 빅데이터, 자동화 기술이 산업구조와 일자리에 미치는 영향을 고려한 새로운 정책 접근이 요구된다. 디지털 경제로의 전환이 단순한 기술적 변화가 아니라 산업 전반의 구조적 변화를 수반하는 만큼, 정부는 새로운 산업과 시장 형성을 촉진하는 역할을 해야 한다.

셋째, 공공 보건 시스템의 회복 탄력성Resilience 강화가 필수적이다. 코로나19 팬데믹을 통해 공공 보건 시스템의 취약성이 드러났으며, 이에 따라 글로벌 공급망 재편과 산업 회복력 증대가 필요하다.

넷째, 노동시장 변화에 대응하여 자동화 및 디지털화로 인한 노동 격차 확대를 해소하기 위해 교육 및 재훈련Reskilling 정책과 연계된 산업정책이 요구된다.

이러한 맥락에서 특정 산업을 보호하고 육성하는 기존의 산업정책을 넘어서는 '임무 지향적 산업정책Mission-Oriented Industrial Policy, MOIP'이 주목받고 있다. MOIP는 특정 산업이 아니라 사회적 문제 해결을 중심에 두고 정책을 설계하며, 이를 위해 새로운 시장을 형성하고 경제 구조 자체를 전환하는 전략적 접근을 취한다.

임무 지향적 산업정책MOIP의 개념과
사회적 도전 과제 해결

산업정책은 국가 경제성장의 핵심 전략으로 오랫동안 활용되었다. 특히 한국의 경제개발 5개년 계획이나 일본 통상산업성MITI의 전략은 정부 주도의 산업정책이 경제 구조 변화를 주도한 사례로 평가된다. 그러나 1980년대 이후 신자유주의적 접근이 확산되면서 정부 개입이 축소되었고, 2008년 글로벌 금융위기를 계기로 다시 산업정책의 필요성이 대두되었다. 이에 따라, 현대의 산업정책은 특정 산업 육성을 넘어 경제 전반의 구조적 전환을 지원하는 방향으로 변화하고 있다.

임무 지향적 접근방식은 기존 산업정책과 차별화된다. 맨해튼 프로젝트(핵폭탄 개발), 아폴로 프로그램(달 탐사)과 같이 명확한 목표를 설정하고 이를 달성하기 위해 다양한 산업과 기술 간 협력을 촉진하는 방식이 MOIP의 원형이다. 1990년대 이후에는 기후변화 대응, 지속 가능한 개발, 글로벌 보건 문제 해결 등 복합적인 문제 해결을 위해 MOIP가 정책적 도구로 활용되기 시작했다.

MOIP는 전통적인 산업정책이 특정 산업을 보호하고 육성하는 데 초점을 맞춘 것과 달리, 사회적 도전 과제 해결을 중심으로 새로운 시장을 창출하고 경제 시스템 전체를 변화시키는 전략적 접근법을 취한다. 예를 들어,

- **기후변화 대응** 탄소중립$^{Net\ Zero}$ 실현을 위한 친환경 기술 및 지속 가능한 에너지 시스템 구축
- **디지털 전환** AI, 빅데이터, 자동화 기술을 활용한 산업 혁신 및 스마트 인프라 구축
- **공공보건 증진** 신약 개발, 전염병 대응, 의료 시스템 디지털화
- **지속 가능한 도시 개발** 스마트시티, 친환경 건축 기술, 교통 시스템 혁신

이러한 목표를 달성하기 위해서는 산업 간 협력과 기술 융합이 필수적이며, 정부는 이를 촉진하는 핵심 역할을 수행해야 한다.

임무 지향적 산업정책의 핵심 특징

MOIP는 기존 산업정책과 혁신

정책을 뛰어넘어 사회적·경제적·환경적 문제 해결을 핵심 목표로 삼는 새로운 정책 패러다임이다. 이는 다음과 같은 특징을 갖는다.

- **산업 중심에서 임무 중심으로 전환** 특정 산업 보호가 아니라 사회적 목표를 달성하기 위해 산업과 기술을 결합하는 방식을 도입한다.
- **거버넌스 혁신** 기존의 부처 간 칸막이를 극복하고, 민간·연구기관·시민사회 등 다양한 이해관계자가 협력할 수 있는 체계를 구축한다. 하향식Top-down과 상향식Bottom-up 접근을 결합한 새로운 정책 모델을 추구한다.
- **기술 개발과 시장 형성의 동시 추진** 공공 조달Public Procurement, 세제 혜택, 보조금 지원 등 시장 형성을 촉진하는 정책 도구를 적극 활용한다.
- **유연성과 학습 능력 확보** 빠르게 변화하는 기술·경제 환경에 대응할 수 있도록 데이터 기반 피드백 시스템을 구축하고 정책을 지속적으로 조정한다. 실험적 접근Experimental Approach을 통해 새로운 기술 및 정책을 검증하는 환경을 조성한다.
- **지속 가능한 재정 및 리스크 관리** 정부가 초기 투자자로서 연구개발R&D과 인프라 구축을 지원하고, 이후 민간이 시장 확산을 주도할 수 있도록 설계한다. 단순한 보조금 지급이 아닌 성과 기반 지원 체계를 구축하여 지속 가능한 재정 운

용을 도모한다.

임무 지향적 산업정책MOIP의 미래

MOIP는 기존 산업정책을 넘어, 산업 전반의 구조적 변화를 촉진하고 새로운 시장을 창출하는 강력한 정책 수단이다. 전환 성장Transformative Growth의 실현을 위해, 명확한 목표 설정과 이해관계자 협력이 필수적이며, 지속적인 피드백을 통해 정책을 유연하게 조정하는 구조가 필요하다.

궁극적으로 MOIP는 기후변화 대응, 포용적 성장, 디지털 경제 전환 등의 사회적 가치와 긴밀히 연결된 새로운 산업정책 패러다임을 형성하는 데 중요한 역할을 하게 될 것이다.

미래전환펀드

김정기
금융기관 사외이사로 재직 중이다. 고려대(학사), KAIST 테크노경영대학원(석사)을 거쳐 30여 년 금융기관에 근무하면서 금융시장과 자본시장의 격변기를 겪었다. 산업현장의 최일선에서 치열한 경쟁과 다양한 경험을 통해 금융시장의 중요성과 역할을 살피는 시각을 갖게 되었다. '함께 더불어 살아가는 따뜻한 사회'를 꿈꾼다.

전환에 투자, 성과는 공유

미래전환펀드는 정부가 주도하여 과학기술 혁신과 사회구조(소유 및 분배구조) 혁신을 동시에 달성하기 위한 집합투자기구를 의미한다. 공유부 social wealth 신규 재원을 지속 발굴하고 민간부문의 막대한 금융자산을 미래전환 및 혁신기술에 투자함으로써 임무 지향 혁신 mission-oriented innovation 을 촉진하는 기업가적 시스템이다. 미래전환과 혁신기술에 대한 투자를 공유지분과 연계하여 공적 가치를 창출하고 전환성장의 성과를 국민이 공유하는 사회적 부 기금 social wealth fund 이다.

- **초격차 발생에 대응** 에너지 전환, 디지털 전환, 인공지능AI, 바이오, 우주항공 등 전환 및 혁신기술 투자는 초격차를 발생시킨다. 국가들 사이의 격차를 뛰어넘기 위해 정부의 주도적 투자가 필요하며, 사회 내부격차를 완화하기 위한 정책과 결합하여야 한다.
- **기업가적 국가[1] 역할** 정부는 임무 지향 혁신자가 되어야 한다. 공공 벤처캐피털로서 전환기술에 선제적으로 투자하고 성과를 공유함으로써 혁신생태계의 지속 가능성을 키워야 한다. 공공투자는 마중물이 아니라 적극적 최초 투자가 되어야 민간부문과 동반 성장하는 혁신을 창출할 수 있다.
- **성과 공유형 사회 전환** 소유와 분배구조에서 소외된 저소득자, 미래 주인공인 MZ세대, 주거 안정이 절실한 신혼부부, 노후가 불안한 실버세대, 장애인 등을 위한 사회혁신 투자와 함께 정부 주도의 미래전환 투자를 통해 발생한 성과를 공유하는 통합적 사회 전환이 시급하다.

---

1 기업가적 국가(The Entrepreneurial State)는 단순히 시장 실패를 교정하는 것이 아니라, 과감한 투자를 통해 새로운 시장을 만들고 공적 가치를 창출하며 공공부문과 민간부문 사이의 고정관념을 깨고 혁신의 원천으로서 정부의 역할을 강조한다.

미래전환펀드의 목적과 효과는 일곱 가지로 정리할 수 있다.

첫째, 미래를 위한 전환과 혁신기술에 전략적 투자결집으로 국내기업의 국제경쟁력을 높이고 산업생태계의 변혁을 유도한다. 둘째, 민간투자 유치를 통해 디지털 전환, 에너지 전환, AI, 우주경제 등 미래전환과 혁신투자 결집이 가능하다. 셋째, 과학기술과 사회구조(소유 및 분배) 혁신을 동시에 전개할 수 있다. 넷째, 미래전환과 혁신기술 발달과 함께 창출되는 투자성과를 국민이 함께 공유함으로써 산업정책의 역진성을 해소하고, 자산과 소득의 불평등을 완화하며, 생산적 지속적 복지를 실현한다. 다섯째, 저소득계층이 경제적 자립하거나 재기하기 위한 종잣돈 즉, '미래전환자산'을 마련할 수 있도록 지원함으로써 사회안전망을 강화한다. 여섯째, 실버타운, 요양원, 재활센터, 산후조리원 등 안전하고 편안한 공공 인프라를 확대하여 가족의 경제적 시간적 부담을 줄이는 동시에 일자리를 창출한다. 일곱째, 정부 인허가 등으로 독과점적 지위를 보장받는 공기업 및 금융기관에 대하여 사회통합과 미래전환을 위한 사회적 책임을 강화한다.

미래전환펀드, 母子펀드

미래전환펀드는 정부 출연으로 母펀드를 구성하고, 여기에 민간투자 결집, 저소득자, MZ세대, 신혼부부 등의 직접 출연을 연계하여 투자목적별로 다수의 子펀드를 구성하는 母子펀드 구조이다.

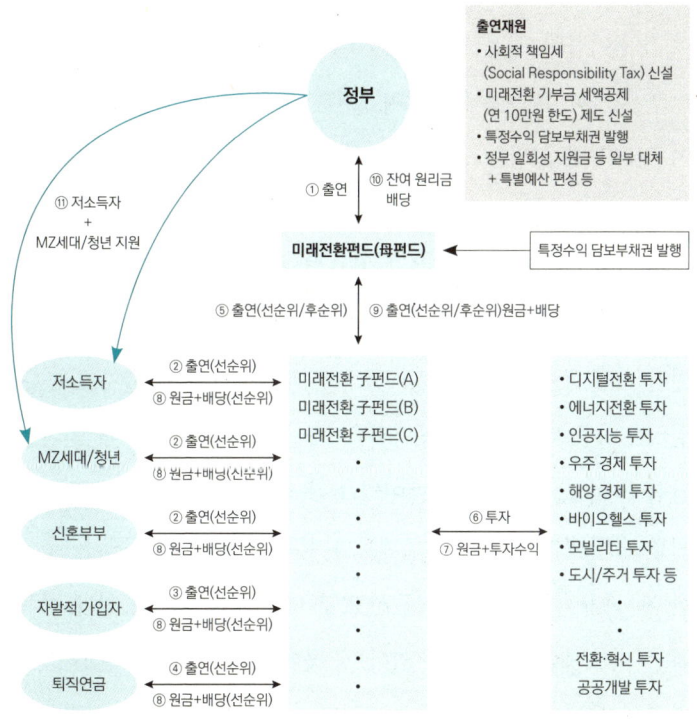

① 정부의 미래전환펀드(母펀드) 출연 ② 저소득자, MZ세대/청년, 신혼부부의 미래전환 子펀드 출연(선순위) ③ 자발적 가입자의 미래전환 子펀드 출연(선순위) ④ 퇴직연금 가입자의 미래전환 子펀드 출연(선순위) ⑤ 미래전환펀드(母펀드)에서 미래전환 子펀드에 출연(선순위/후순위) ⑥ 미래전환 子펀드가 미래전환·혁신기술, 공공개발 등에 투자 ⑦ 투자원금 및 투자수익을 미래전환 子펀드에서 수취 ⑧ 저소득자, MZ세대/청년, 신혼부부, 자발적 가입자, 퇴직연금에게 원금 및 배당(선순위) ⑨ 미래전환펀드(母펀드)에게 (선순위/후순위) 잔여 원금 및 수익 배당 ⑩ 미래전환펀드(母펀드)는 정부에게 잔여 원리금 배당 ⑪ 정부는 저소득자, MX세대/청년 등에게 미래전환 子펀드 목적별로 지원

미래전환 母펀드 재원은 세금, 기부금, 채권 발행 등으로 충당한다. 독과점적 지위를 보장받는 공기업과 금융기관 등에 대하여 영업이익의 일정 부분을 부과하는 가칭 '사회적 책임세social responsibility tax'를 신설한다. '미래전환 기부금' 세액공제를 도입하여 정규직과 고임금 근로자의 자발적 참여를 유도한다. '특정수익 담보부채권revenue bond'을 발행하되, 정부나 지자체에서 지급보증하여 조달비용을 절감하고 정부의 직접적인 재정부담을 경감한다. 정부와 지자체의 물적자산을 현물출자 받는다. 공기업과 민간 기업(금융기관, 정유사 등) 보유 부동산을 현물출자 받는다. 한국토지주택공사는 공공택지를 조성한 후 건설회사에 일반분양을 하여 건설회사가 개발이익을 독점하는 구조인데, 향후 미래전환 母펀드가 미래전환 子펀드를 통하여 공공개발사업을 추진한 후 선순위 배당금을 지급하고 잔여 이익을 국민이 함께 공유하는 시스템을 구축할 수 있다. 공공이 보유한 지식재산권을 민간에게 라이선싱 하는 방안, 전력망을 발전사업자에게 연결해주고 장기간 망 사용요금을 받는 방안도 유망하다.

미래전환 子펀드 재원은 다음과 같다. 미래전환 母펀드에서 출연받는다. 저소득자/MZ세대/신혼부부가 직접 출연한다. 자발적 민간 투자자(법인 및 개인)로부터 출연받는다. 미래전환 子펀드를 퇴직연금 편입가능 자산에 포함하여 안전성과 수익성을 겸비한 노후 안전자산을 확충한다.

미래전환펀드는 재원조달, 자산운용, 성과배분의 전 과정에 대한 정교한 설계와 투명한 집행이 관건이다. 정부는 최소한으로 관여하고, 자산운용과 관리는 독립적 전문적 관리기구가, 투자대상 선정과 운용은 투자목적별 子펀드가 담당하는 것이 바람직하다. 子펀드의 투자목적 사례로는 저소득자와 MZ세대의 미래전환자산 마련, 금융기관·정유사 보유 역세권 부동산을 활용한 공공인프라 개발 운영, 정부·지자체·LH 등이 보유(조성)한 토지의 공공개발 등이 있다.

수익은 선순위와 후순위 및 지분에 따라 배분한다. 미래전환펀드를 통해 발생한 운용수익을 투자목적에 맞게 사용하고 나머지 잔여수익은 재투자함으로써 펀드 확장과 수익성 제고라는 두 가지 목적을 동시에 추구하여야 한다.

전환
대한민국 재설계 프로젝트 53

초판 발행　2025년 4월 22일

지은이　미래전환
펴낸이　박해진
펴낸곳　도서출판 학고재
등록　2013년 6월 18일 제2023-000037호
주소　서울시 영등포구 경인로 775 에이스하이테크시티 2-804
전화　02-745-1722(편집) 070-7404-2782(마케팅)
팩스　02-3210-2775
전자우편　hakgojae@gmail.com
페이스북　www.facebook.com/hakgojae

ⓒ 미래전환, 2025

ISBN　978-89-5625-472-2 (03350)
값　22,000원

이 책은 저작권법에 의해 한국 내에서 보호를 받는 저작물이므로 무단전재와 복제를 금합니다.